城市轨道交通专业培训系列教材

城市轨道交通
电动列车驾驶

上海申通地铁集团有限公司
轨道交通培训中心
编著

中国铁道出版社有限公司

2021年·北 京

内 容 简 介

本书结合上海地铁二十余年运营经验编写，内容包括运行安全与行车组织基础、车辆机械、车辆电气、通信与信号、列车驾驶、列车故障处理。

本书可作为城市轨道交通职工培训教材，也可以作为职业院校相关专业教学参考用书。

图书在版编目(CIP)数据

城市轨道交通电动列车驾驶/上海申通地铁集团有限公司轨道交通培训中心编著. —2 版. —北京：中国铁道出版社有限公司，2021.12

城市轨道交通专业培训系列教材

ISBN 978-7-113-27835-9

Ⅰ.①城… Ⅱ.①上… Ⅲ.①城市铁路-电力动车-驾驶术-技术培训-教材 Ⅳ.①U266.2

中国版本图书馆 CIP 数据核字(2021)第 049998 号

书　　名：城市轨道交通电动列车驾驶

作　　者：上海申通地铁集团有限公司轨道交通培训中心

责任编辑：侯跃文　　**编辑部电话：**(010)51873423　　**电子信箱：**jiche@tdpress.com

封面设计：崔丽芳

责任校对：焦桂荣

责任印制：高春晓

出版发行：中国铁道出版社有限公司(100054，北京市西城区右安门西街 8 号)

网　　址：http://www.tdpress.com

印　　刷：北京柏力行彩印有限公司

版　　次：2010 年 3 月第 1 版　2021 年 12 月第 2 版　2021 年 12 月第 1 次印刷

开　　本：710 mm×1 000 mm 1/16　**印张：**16.5　**字数：**307 千

书　　号：ISBN 978-7-113-27835-9

定　　价：60.00 元

城市轨道交通专业培训系列教材

《城市轨道交通电动列车驾驶》

编写人员

主　　编：鲁新华

副 主 编：姚　军

主　　审：瞿展瑜

编　　著：第1章　邱钢虹　郁文斌

第2章　浦汉亮　余佑民

第3章　余　强　李　佩

第4章　徐金祥　徐宏基

第5章　沈世昉　姚　军

第6章　瞿仁元　陈　怡

序

随着城市化进程的加快，城市“出行难”的社会问题越来越突出。在“以人为本、公交优先”方针的指引下，城市轨道交通因运能大、速度快、安全准点、节约资源、保护环境等优点，日益成为广大市民出行的首选，深受市民欢迎。当前我国的城市轨道交通正处在大发展、大建设时期，尤其是北京、上海等大城市的轨道交通已率先由单线运营进入了网络化运营；其他城市的轨道交通网络化建设规划也在不断深化和完善。便捷的城市轨道交通运营网络在为市民带来出行便利的同时，也为轨道交通运营部门带来了新的管理课题。

城市轨道交通的自身特点决定了：一旦开通运营，就必须持续保持高度的安全性、可靠性和服务的人性化。网络化运营带来的客流迅猛增长，对客运组织和客运服务提出了高要求。城市轨道交通的发展需要有一大批专业人才，急需有一套能满足城市轨道交通网络化运营要求的人才培训教材。

“城市轨道交通专业培训系列教材”是以上海城市轨道交通：十余年运营实践为基础并结合全国轨道交通发展状况，推出的面向国内、面向未来的教材。城市轨道交通多专业“联动”的要求决定了专业技术人才的“一专多能”要求，因此本“系列丛书”既是城市轨道交通各专业人员的入门和提升培训教材，也能满足非本专业人员对其他专业的业务进修。

坚持科学发展观，提高自主创新能力。把多年积累的地铁各专业运营管理与维护方面的经验及解决实际问题的思路和方法，由多位具有运营实践的专业技术人员提炼总结，汇编成书，期望能给轨道交通运营管理与维护人员以启迪和帮助。

“源于实践、高于实践”，“符合国情”是本套丛书的两大特点，不但可以满足当前运营管理培训的需要，也为今后城市轨道交通网络化发展的管理提出了新的思考和知识点。随着城市轨道交通不断引进新技术，运营管理的要求越来越高，虽然书中阐述的技术和管理的基本原理是相同的，但是《城市轨道交通专业培训系列教材》必然还要在实践中不断补充实例、不断完善，希望本套丛书能真正成为技术和管理人员的“良师益友”。

编委会

2020 年 7 月

前　言

城市轨道交通是集线路、车辆、供电、通信信号、自动售检票、运营管理等专业工种于一体的综合系统；新工艺、新技术在城市轨道交通各个专业得到充分地运用；城市轨道交通职业是新的职业工种，所以对从业职工的岗前培训、岗位培训以及技能考核，成为城市轨道交通职业教育的重要任务。

《城市轨道交通电动列车驾驶》是在借鉴上海地铁运营有限公司《电动列车驾驶员》一书的基础上，由工作在第一线的专业培训师及相关技术人员撰写。结合上海地铁二十余年来驾驶员工作的经验，从驾驶员专业的角度出发，对于运行安全与行车组织、车辆机械、车辆电气、通信与信号、列车驾驶及列车故障处理等都进行了描述和概括；作为一本面向城市轨道交通一线职工的教材，理论联系实际是这本教材的特色，尤其结合城市轨道交通准军事化作业理念的推广，本书将其融入到驾驶员的具体工作之中。

本版结合当前城市轨道交通最新的发展形式，在第一版基础上更新了相关数据、补充了最新技术，尤其是增加了列车驾驶员标准化作业内容。本书在编写过程中得到上海申通地铁集团公司技术研究中心、维护保障中心和各运营公司领导的指导和大力支持，在此表示衷心地感谢！

本书不仅是城市轨道交通职工培训教材，也可以作为城市轨道交通大专院校、职业学校学生的教学参考用书。

编著者于上海

2021 年 10 月

目　　录

第1章　运行安全与行车组织基础

1.1　运行安全管理基础概念

1.1.1　城市轨道交通运输的特点

城市轨道交通是城市公共交通工具，因而有着区别于其他交通工具以及其他轨道运输工具的特点。

1. 全部为旅客输送服务

城市轨道交通列车是旅客输送设施，不具备其他运输任务和其他相关运输的设施，不进行货物等运输。由于全部承担客运任务，因此对列车整体环境设置与车站整体环境设置有较高要求，以确保相应的舒适度与安全要求。

2. 运行距离较短、具有日客流峰谷

城市轨道交通运输与航海、航空运输以及铁路、长途路上运输相比其运输过程和距离较短，是比较典型的城市短途客运形式。但是客流量相对集中，有比较明显的客流分布的时间差异，存在着日客流高峰与日客流低谷现象。

3. 具有与其他城市交通工具相联系的网络和辐射能力

城市轨道交通作为城市主要交通设施必须要具备同其他交通工具相互联系与协调的网络功能，既方便乘客去四面八方又能够接纳四面八方来的乘客，因此城市轨道交通与其他交通工具相互联系、相互支撑的能力，将成为轨道交通发展的立足点。

1.1.2　城市轨道交通运行的宗旨

城市轨道交通运行是一个具有规律性的动态过程。这个动态过程要避免各种不利因素的影响和作用给正常运行造成不良后果，如人的因素影响、设备因素影响、环境因素影响等，而这种影响造成的后果将辐射到安全、服务、营运乃至社会的各个方面。为了减少和消除由于各类因素造成的不良影响，每位参与城市轨道交通运行的工作人员必须时刻牢记“安全第一、便民第一”的运营宗旨，确立安全行车和服务乘客的思想意识，并落实在我们的各项工作之中。

1. 强化行车安全思想意识

行车安全一般是指城市轨道交通列车在运送旅客的过程中对行车人员行车设备以及乘客产生作用和影响的安全。

城市轨道交通在社会生活、社会经济中的重要地位决定了城市轨道交通行车安全的重要性。国内外轨道交通运输都把运行管理中的行车安全放在突出位置，行车安全的质量指标成为衡量城市轨道交通管理水平的重要环节和内容；由于行车安全涉及企业的形象、人民生命财产安危、国家财产以及社会稳定，因此强化行车安全意识，确保运行安全成为电动列车驾驶员工作的重中之重，成为列车运行的永恒主题。

2. 树立社会服务意识

服务社会是城市轨道交通运行工作开展的依据和原因，也是轨道交通运输行业强化基础管理的目的所在，因而树立社会服务意识是在行车工作中必须确立的思想观念。

随着社会发展和人民生活水平的不断提高，城市轨道交通已经成为市民出行的重要交通工具。在当前，由于城市轨道交通工具有着其他交通工具所无可比拟的优越性，越来越多的市民选择乘坐城市轨道交通列车，因此城市轨道交通列车的运行与广大人民群众的利益紧密联系起来，社会服务成为列车运行的立足点和出发点。只有真正树立社会服务意识，真诚为乘客服务，才能树立良好的企业形象、增强企业的竞争力，使企业的经济效益不断提高、使企业职工的受益不断提高，使企业在整个社会经济的竞争中立于不败之地。

行车安全和服务社会是相辅相成、相互联系的。如果没有列车运行的安全，服务社会就将是一句空话，将成为无源之水、无根之木；而如果没有真正树立社会服务意识，缺乏为乘客服务的思想观念，就不可能切实、完整地做好行车安全工作，这已经被许多的实践反复证明。

1.1.3 影响行车安全的重要因素

在城市轨道交通运营过程中，行车安全直接关系到人民生活财产、国家财产、社会安定等十分重要的内容。因此，分析和研究影响行车安全的主要因素以及确保安全行车、安全管理是紧迫而长期的任务。

1. 违章行车的基本分类与危害性

违章行车是指驾驶员在值乘、出勤或操纵电动列车运行过程中与有关安全规定、运行规定、行车纪律等的要求相违背的行为。

(1)违章行车的分类

①按照违章行车实施时的意识倾向可以分为有意识的和无意识的违章。

a. 有意识的违章一般是指驾驶员在明知其行为触犯有关规定的情况下，存在着侥幸心理而实施的违章。

b. 无意识的违章一般是指驾驶员由于在技术业务上或经验上的缺陷而发生的其没有知觉的违章。

②按照违章行车的后果和程度可以把违章分为严重违章和一般违章。

a. 严重违章是指在违章行为的实施过程中，可能或已经对行车安全构成威胁和影响的违章。

b. 一般违章是指在违章行为的实施过程中，没有对行车安全产生直接威胁和影响并且情节比较轻微的违章。

③按照驾驶员值乘列车的过程可以把违章分为值乘准备阶段违章、操纵列车阶段违章和退勤阶段违章。

a. 值乘准备阶段的违章是指驾驶员在出勤后至列车动车前进行各种值乘准备过程中产生的违章行为。

b. 操纵列车阶段违章是指驾驶员在操纵列车运行过程中产生的违章行为。

c. 退勤收车阶段违章是指驾驶员在退出列车运行进行各项退勤以及收车辅助工作时产生的违章行为。

(2)违章行车的危害性

违章行车无论是何种类型、何种表现形式，从一开始产生就会造成不良后果与危害，所不同的只是这种不良后果与危害的程度以及损害的客体有区别。其危害性主要有以下四个方面：

①违章行车是行车事故的源头，是行车事故的隐患、恶疾，是行车事故发生的先兆。

②违章行车使操纵者对行车事故的后果失去应有的警惕，一次违章可能不会立即产生事故，但是在每一次行车事故中都隐藏着违章行车的痕迹。

③违章行车会给城市轨道交通运输正常的运行秩序造成紊乱，给市民的出行造成不便。

④违章行车给企业以及轨道交通运输的形象造成伤害。

2. 行车事故的危害性

行车事故的发生，必然会产生相应的后果，而这种后果由于受环境影响，受事故性质的作用从事故产生的一开始就不以人的意志、愿望而变化或终止，具有十分严重的不可预测性和危害性。

①造成人民生命财产的损失与伤害。

②造成国家和财产的严重损失，给企业的经济效益造成损失。

③给城市轨道交通运输的正常秩序造成紊乱，严重影响乘客出行。

④严重的行车事故将会给城市轨道交通的形象以及社会造成十分恶劣的负面影响。

3. 影响安全行车的主要因素

(1)行车纪律松弛、制度执行不严

纪律松弛,出乘标准化作业不落实,责任制贯彻不力,是影响安全行车的一大顽症。

(2)疲劳行车、情绪开车

睡眠不足和受外界环境影响产生的情绪并带入运行作业中,使驾驶员产生生理、心理的疲劳,使操纵者精力不济、精神不能集中,给安全行车造成事故隐患。

(3)业务素质不高

由于技术培训问题或学习不够,驾驶员业务水平不精,不能及时处理运行中的突发事件和故障。

(4)安全意识不强

驾驶员责任心不强、行车纪律观念淡薄、臆测行车是造成行车事故发生的重要原因。

(5)行车技术设备不完善

行车设备老化,技术设备结构的不合理使其不能适应实际行车的需要。

(6)风、雪、雷、电等恶劣天气及环境的影响

风、雪、雷、电等恶劣天气对安全运行的影响是不可低估的。驾驶员对气候环境变化,突发事件的适应与处置直接影响城市轨道交通运输的安全。

(7)安全管理以及制度、规章的适应性存在缺陷

安全管理归根结底是对人的管理,而各项制度的健全和完善是行车安全的基础,是行车安全的依据,没有完整有效的制度与规定是制约安全行车的重要因素。

1.1.4 行车不安全因素的控制

从安全运行管理的角度分析,行车事故的发生是由多种原因造成的,它必然包含一系列的变化,最终导致由各种不安全因素的演变,造成行车事故的发生。因而,对行车不安全因素的控制是行车安全的重要环节。

1. 加强对驾驶员违章行为的管理与控制

从许多的行车事故案例分析表明,人的不安全行为是引起行车不安全因素以及行车事故的直接原因。因此,通过对驾驶员的教育、培训、考核、惩戒等方法,使驾驶员对安全行车采取正确的态度。

2. 不断做好对驾驶员的技术业务培训

驾驶员的技术知识不足特别是缺乏安全行车知识的和安全行车经验是引起行

车不安全因素的重要原因。通过加强安全行车知识、业务技术知识的不断学习和“传、帮、带、教”的措施，使驾驶员在技术和经验上提高，成为合格的操纵者。

3. 强化和改善对行车设备的管理

许多行车事故的发生，都留下了行车设备技术状态不良的痕迹，因而不断进行相关行车设备的技术改造、与时俱进，使行车设备功能符合运营要求。

4. 提高驾驶员的适应环境变化与处置突发事件的应变能力

由于运行环境变化和行车中产生突发事件的经常性，因而提高驾驶员在产生意外事件时的应变能力是防止与减少行车事故的重要因素。在不断学习的基础上，以各类预案和规定为依据，开展定期和不定期的讲解、演练与培训，增强应变意识和能力。

1.1.5　运行规则和行车安全规章的基本意义

城市轨道交通运输的过程是一个动态过程，在整个动态过程中必须有一个十分权威的规定来制约和维持它的运作，这就是运行规则。

1. 运行规则的意义

所谓运行规则是指运行中必须遵守的维护正常运行秩序的符合城市轨道交通运行实际状态和城市轨道交通运行规律的规范准则。

通过这个概念我们可以看出它表达了四层含义。

①运行规则是参加城市轨道交通运行的有关人员与有关行车过程中必须遵循的依据。

②运行规则是城市轨道交通运行的规范准则，它是一个非常明确的标准、法则或要求，是有规定内容的决定。

③运行规则符合并适应了城市轨道交通运输的实际状态和客观规律性，它把城市轨道交通运输内在联系具体地表述出来。

④运行规则最主要和最基本的作用是维护正常的运行秩序，通过调整和约束，使整个城市轨道交通运输运营系统得以正常开展。

运行规则主要种类有：《行车组织规则》《列车运行图》《技术管理规程》《站场管理细则》《行车调度工作规则》《客运组织规程》以及各车站的《站规细则》等。

城市轨道交通运行的文件还包括了各行车组织、管理部门制订的其他相关文件。

在以上种类的规范性文件中《技术管理规程》是综合性规程，包含了行车组织运作在内的各专业、各工种的规定；《行车组织规则》是指导行车、运行工作进行的重要文件；《列车运行图》是行车、运行的综合性计划和执行工具。其他文件都是为了加强对行车管理、确保运行正常进行而制订的支撑性文件，用以规范各具体执行部门的行车组织工作。

2. 行车安全规章的意义

所谓行车安全规章是指在运行过程中必须执行的符合运行规律的控制不安全因素的规范准则。

通过概念,可以有以下四个方面的理解。

①行车安全规章是一个规范准则,它规定了在运行过程中的安全法则,具有强制性。

②行车安全规章是所有参加运行的人员都必须遵守和执行的,是行车安全保障工作的管理依据。

③行车安全规章是符合运行规律的控制运行过程中不安全因素、避免和减少事故发生的一种有力工具。

④行车安全规章最重要和最基本的作用是从制度上、措施上确保城市轨道交通运行的安全,消除事故隐患,它是行车安全管理的基础。

根据行车安全规章所表达的含义,可以把遵循运行安全规则的意义做如下归纳。

①行车工作有着与一般的生产经营活动所不同的特点,有着自身的规律性,它的过程具有十分广泛的社会效应和重大的社会意义。城市轨道交通运输行业是为社会服务的行业,特别是在政治、经济、文化相对密集的城市,它的存在已经为社会认可,得到整个社会的关注,成为社会和市民生活重要的环节,是城市交通的动脉。它的存在价值就在于通过列车的安全运行把乘客平安、准时地送到目的地,如果背离了安全运行这个基本原则,就直接背离了运行的目的和价值,而行车安全规章能够在制度上保证运行安全,所以执行行车安全规章就是对社会的一种责任,所以它具有一定的社会性。

②行车安全直接联系到千家万户,关系到国家和人民生命财产的安危,因此运行安全规则在制订时具有一定的法律依据,它是许多年以来人们在交通运输,特别是轨道交通运输经验积累和血的教训基础上运用科技知识得出的符合行车客观规律的保障措施,所以在某种意义上安全规则是法律或者法规的延伸与继续,因此它具有一定的强制性。

③行车安全规章对于行车人员来说还是一种纪律,它是行车安全管理的根据之一。一般来说,制度规章和纪律的要求比法律法规的要求更加高、更细,具体化,因此行车安全规章还是行车事故调查和处理以及采取措施的依据和工具,也是运行基础管理奖惩的依据和工具,它具有一定的可操作性。

1.2 行车信号

1.2.1 信号基础

1. 信号定义与基本要求

(1)定义

所谓信号是指示列车运行与调车工作开展的命令,它传达指挥者的意图,指示列车运行条件,表示有关行车设备的位置和状态等,是行车指挥的一种形式。

信号装置就是实现信号含义的专用装置。

(2)对信号的基本要求

①各种信号机的灯光排列、颜色、外形尺寸应符合规定的标准。

②信号机的显示方式和表达的含义必须统一并且符合规定的要求。

③信号机的设置须保持能够进行实时检测、故障警告,为列车运行提供安全保障、正确信息。

④在一般情况下,信号机设置在运行线路的右侧,与驾驶员的驾驶位置相同,便于瞭望和确认信号。

⑤行车手信号、行车听觉信号的显示方式和表达的含义应该符合规定要求。

⑥信号机的设置以及行车手信号、行车听觉信号的显示应考虑线路地形、地物的相关影响。

2. 信号的基本分类

(1)按接收信号信息的器官分类

根据人体器官感受的区别,把信号分为视觉信号和听觉信号两大类。

①视觉信号

视觉信号是以信号的颜色、形状及用数字、灯光数目和状态等来表达的信号,如信号机、信号旗、信号标志牌、信号灯、信号表示器等。

②听觉信号

听觉信号是以不同器具发出的音响的次数、音响长短作符号来表达的信号,如口笛、铃声以及车辆的鸣笛声等。

(2)按信号是否可以移动分类

按信号是否可以移动可分为固定信号、移动信号和手信号三类。

①固定信号

固定信号是被固定地安装在运行线路一定位置,用以指示列车运行和调车工作的信号,如信号机、行车信号标志牌、信号表示器等。

②移动信号

当运行线路在特殊情况下需要施工、救援，要求列车禁止驶入某地点、区域或须减速运行时应设置移动信号，移动信号根据需要临时设置或撤除。如停车信号牌或灯、减速信号牌或灯、减速防护地段终端信号牌或灯。

③手信号

手信号是行车有关人员手拿信号旗或信号灯或者直接用手臂显示的信号，用来表达相关的含义，指示列车或者车辆的允许和禁止条件。

(3)按信号的用途分类

①信号机信号和手信号音响信号

信号机信号和手信号及音响信号是通常用以指示列车、车辆的运行条件和要求的信号。

②信号表示器信号

信号表示器信号是表示运行线路设备状态、位置变化的信号，如道岔表示器、脱轨表示器、车挡表示器、发车表示器等。

行车工作的整个过程中。一般情况下，按其功能可分为进站信号机、出站信号机、防护信号机、调车信号机、复视信号机、阻挡信号机、引导信号机等。

1.2.2 行车标志

轨道交通运输运行中的行车标志分为线路标志和信号标志。它们是行车工作的一个重要组成部分，主要用来对列车运行时的驾驶以及运行设备的巡检、维修等指示相关目标、条件、操作要求。

1. 线路标志

表示建筑物及线路设备位置或状态的标志称为线路标志。通过各种线路标志可以使工作人员知道或明了线路情况，方便进行各种设备维修、检查，使驾驶员能够掌握和依据各种标志指示的条件与要求驾驶列车，达到运行安全和规范行车的目的。

与行车直接有关的线路标志主要有六种：

(1)百米标

表示正线距离里程计算起点每一百米的长度，以百米为单位。

(2)公里标

表示轨道交通线路从起点开始计算的连续里程标志，以公里为单位。

(3)曲线标

曲线起点和曲线终点标志的简称。设在曲线中点处，标志上标明了曲线中心里程、半径大小、圆曲线及缓和曲线长度、超高、加宽等有关数据。

(4)圆曲线及缓和曲线始终点标

设在直线、曲线、缓和曲线三者相互联系的节点处或开始与终止处，标明所向方向为直线、圆曲线、缓和曲线。

①缓和曲线是指线路上直线和圆曲线相接处为减少振动而设置的一段半径渐变的曲线，它起点没有弯度，然后逐渐变弯，弯度加大、半径减小与圆曲线半径相同时和圆曲线相接，这种曲线称缓和曲线。

②圆曲线是线路上的一段弧，它的弯曲程度用圆半径表示，即曲线半径，以“米”为单位。曲线半径越大弯度越缓和，曲线半径越小弯度越紧促。

(5)坡度标

设在线路纵断面的变坡点处。它在正面与背面分别表示两边的坡度与坡段长度，箭头所指为上坡或下坡，箭尾数字表示坡度千分率，侧面标明变坡点位置。

(6)桥梁标

表示桥梁位置(中心里程)的标志，一般设置在桥梁中心里程处或桥头端，上面标明桥梁编号及中心里程数。

2. 信号标志

表示运行线路所在地点的情况和状态，指示行车人员依据标志的要求，及时、正确地进行相关作业与操作的标志称为信号标志。

与行车相关的信号标志主要有八种：

(1)警冲标

警冲标在两条线路汇合处，为了防止停留在一线的车辆与邻线上的车辆发生侧面冲撞而设在两汇合线路之间间隔 4 m 的中间的标志。股道之间间距不足 4 m 时应设在两线路中心线最大间距的起点处。

(2)站界标

站界标是车站与区间的分界处的标志，主要用于车站管辖范围区界划分和列车运行时位置识别。

(3)鸣笛标

鸣笛标是要求驾驶员鸣笛的标志。一般设在道口、桥梁、隧道口以及线路状况复杂地段的外方规定位置。

(4)停车牌

停车牌是指示列车停车位置的标志。通常用于车站站台规定的乘客上下车的停车地点以及列车折返时指示驾驶员停车的地点，它固定设置在规定位置。

(5)一度停车标

一度停车标是要求列车(机车)在该地点停车后进行确认线路、道岔以及进行相关操作后继续行驶的指示标志。

(6)车挡表示器

车挡表示器是设在线路尽头线车挡上的表示器，便于驾驶员确认车挡位置。隧道内显示红色灯光，地面线路昼间使用红色方牌、夜间使用红色灯光。

(7)接触网终止标

接触网终止标是表示接触网已终止的标志，设在接触网终端，警告驾驶员不准越过该标，防止脱弓。

(8)预告标

预告标是通常设于非自动闭塞区段进站信号机外方，用以预告进站信号机位置距离的标志。在城市轨道交通车场的试车线设置了类似的预告牌(警告牌)，用于预告试车线尽头端距离。预告牌(警告牌)为直立白色长方形牌，三个为一组，牌上分别涂有三条、二条、一条黑色斜线，表示距尽头止挡距离。

立牌地点距尽头的距离由城市轨道交通管理部门依据实际情况制订。

在信号标志中，有些标志具有警告意义和防护功能，运行列车必须在其标志的内方停车，不得越过或者相碰，一旦越过或者相碰将构成行车事故(事件)，如警冲标、车挡表示器、接触网终止标等，它们与行车信号显示有相同性质的含义。

1.2.3 视觉信号

1. 色灯信号机的显示方式和含义

色灯信号机是运行组织过程中最基本的信号设备，它通过固定装置上的各种光色的变化来表达电动列车或其他车辆运行的条件，对列车的开行指示命令。

(1)正线行车信号

①防护信号机的信号显示含义

防护信号机是列车运行正线上对道岔以及运行进路进行防护而设置的信号，它对通过的列车或车辆显示信号。它有四种显示状态。

a. 一个红色灯光：不准列车越过该架信号机，实际是命令列车在该架信号机外方停车。

b. 一个绿色灯光：表示前方进路道岔在直向位置，允许列车按规定速度运行。

c. 一个月白色灯光：表示前方进路道岔在侧向位置，允许列车按规定速度运行。

d. 一个红色灯光加一个白色灯光：准许列车在该信号前方不停车，以不超过20 km/h的速度进站或越过该架信号机继续运行，并须准备随时停车。

②阻挡信号机的显示含义

阻挡信号机一般设置在线路的尽头线，用以指示列车的停车位置或者在停运检修期间指示检修作业位置，阻挡列车(车辆)越过，确保安全。

a. 尽头线定义：尽头线是指线路一端已经终止，无任何道岔连接，并设置安全车挡，以防车辆溜出的线路。

b. 显示状态：一个红色灯光是指不准列车（车辆）越过该架信号机。

③进站信号机的显示含义

进站信号机一般设在进入车站前方的线路上，用于防护车站和指示列车运行条件的信号机。它有两种显示状态。

a. 一个红色灯光：禁止列车越过该架信号机，列车在该架信号机外方停车。

b. 一个绿色灯光：允许列车越过该架信号机，进入车站。

④出站信号机的显示含义

出站信号机一般设在站界内出站前方的线路上，用于防护发车进路及运行线路。它有两种显示状态。

a. 一个红色灯光：禁止列车越过该架信号机，列车不得出站。

b. 一个绿色灯光：允许列车越过该架信号机，出站运行。

⑤复示信号机的显示含义

复示信号机一般设在受地形、地物影响，当主体信号机的显示达不到规定的显示距离时，设置复示信号机，复示主体信号机的显示状况。它有两种显示状态。

a. 一个黄色灯光：前方主体信号机显示为红灯或引导信号（白灯＋红灯），允许列车越过该架信号机，继续运行，但随时准备停车。

b. 一个绿色灯光：前方主体信号机显示为绿灯或白灯，允许列车越过该架信号机，继续运行。

⑥通过信号机的显示含义

通过信号机一般设在区间内的线路上，用于防护前方进路。它有两种显示状态。

a. 一个红色灯光：禁止列车越过该架信号机，列车在该架信号机外方停车。

b. 一个绿色灯光：允许列车越过该架信号机，继续运行。

⑦道岔预告信号机的信号显示含义

道岔预告信号机一般设置在防护信号机的前方，用以预告防护信号机的显示状态。它有三种显示状态：

a. 一个红色灯光：不准列车越过该架信号机，列车在该架信号机外方停车。

b. 一个绿色灯光：表示前方防护信号机显示绿灯或白灯，允许列车越过该架信号机继续运行或停站。

c. 一个红色灯光加一个白色灯光（引导信号）：允许列车在特定的模式下越过该架信号机，并随时准备停车。

(2)停车场行车信号

①停车场调车信号机的显示含义

停车场调车信号机是对停车场内进行调车作业的列车指示准许或禁止作业条件和要求的信号机。

a. 显示状态

(a)一个红色灯光(一个蓝色灯光):禁止越过该架信号机进行调车作业。

(b)一个白色灯光:准许越过该架信号机进行调车作业。

b. 调车信号说明

(a)调车信号机显示一个白色灯光一般是指该架信号机显示所指示的调车进路前方道岔在开通状态。它与调车作业所应该到达或需要的路径是有所区别的,也就是说调车信号机显示所指示的路径可以是作业需要的路径,也有可能是错误的路径,可能由于信号控制人员的失误操作使进路开通方向与调车作业的目的地或方向不一致,因此,在调车作业中参加调车作业的相关人员除看清信号显示外,还必须确认调车进路。

(b)调车信号机的显示表示前方进路情况,但是是否可以开始进行调车作业还应有参加调车作业的调车指挥人的指示命令,因为调车作业还将受到多种因素的影响与制约。

②停车场列车信号机的显示含义

停车场列车信号机是对停车场内出库进入正线列车作业的列车(车辆)指示准许或禁止作业条件和要求的信号机。它有三种显示状态。

a. 一个蓝色灯光:禁止列车越过该架信号机进行调车作业。

b. 一个绿色灯光:准许列车越过该架信号机运行至出场信号机前方一度停车并根据停车场信号机显示状态准备进入正线。

c. 一个白色灯光:准许越过该架信号机进行调车作业。

(3)出、入场信号机

①出场信号机的显示含义

出场信号机是对停车场内进入场外(车站)的列车指示准许和要求的信号机。它有三种显示状态。

a. 一个红色灯光:禁止列车越过该架信号机。

b. 一个绿色灯光:准许列车按规定速度运行至信号机所防护的位置。

c. 一个白色灯光:准许越过该架信号机进行调车作业。

②入场信号机的显示含义

入场信号机是对进入停车场的列车指示准许和要求的信号机。它有四种显示状态。

a. 一个红色灯光:禁止列车越过该架信号机,进入停车场。

b. 一个黄色灯光:表示列车经道岔进入车场内准备停车。

c. 两个黄色灯光:表示列车经道岔进入停车场内指定线路或库房准备停车。

d. 一个红色灯光加一个白色灯光(引导信号):允许列车在该架信号机前方不停车,以不超过规定的速度进入停车场,并随时准备停车。

2. 手信号的显示方式和含义

(1)手信号显示的作用与分类

①手信号基本作用

手信号是运行系统的重要的信号显示,在运行实践中经常要使用手信号来表示或传达相关的行车指示和命令,它与运行以及运行安全有着密切的联系。手信号是运行中普遍采用的一种视觉信号,它是用信号旗或信号灯及显示信号的人用手臂显示的信号,主要通过旗、灯、手臂的状态变化使接收信号的行车人员明确显示的意义并遵守执行。

a. 手信号的基本作用是机动地指挥列车运行和调车作业,对相关的行车事项进行联络。

b. 手信号显示的准许通行信号、停车信号、注意或减速信号、引导信号同固定信号机所显示的含义具有相同的作用。

②手信号分类

手信号显示根据它的作用与用途可以分为列车运行有关手信号、调车手信号和联系用手信号。

(2)手信号显示方式和意义

①列车运行有关手信号

a. 停车信号:要求列车停车。

昼间——展开的红色信号旗;夜间——红色灯光。

昼间无红色信号旗时,两臂高举头上向两侧急剧摇动;夜间无红灯光时,用白色灯光上下急剧摇动。

b. 减速信号:要求列车降低到要求的规定速度。

昼间——展开的黄色信号旗;夜间——黄色灯光。

昼间无黄色信号旗时,用绿色信号旗下压数次;夜间无黄色灯光时,用白色或绿色信号灯下压数次。

c. 发车信号:要求驾驶员发出列车。

不分昼夜都用绿色信号灯灯光面对驾驶员作顺时针圆形转动。

d. 通过手信号:在列车行车凭证具备的条件下,向准许从车站通过的列车显示的信号。

昼间——展开的绿旗；夜间——绿色灯光。

e. 临时停车信号：必须使列车临时停车的时候显示的信号，要求驾驶员立即采取停车措施。

昼间——展开的红旗高举头上左右摇动；夜间——红色灯光高举头上左右摇动。

f. 引导手信号：准许列车进入站内。

昼间——展开的黄色信号旗高举头上左右摇动；夜间——黄色灯光高举头上左右摇动。

g. 道岔开通信号：表示进路准备妥当、准许列车通过道岔区段。

昼间——拢起的黄色信号旗高举头上左右摇动；夜间——白色灯光高举头上。

②联系用手信号

联系用手信号一般情况下与调车手信号配合使用，在整个调车作业包括正线列车救援作业时，仅有调车手信号的显示是不能够完成调车作业任务的，必须有联系用手信号辅助配合，才能形成完整的调车作业的过程。由于在调车作业时会存在特殊环境因素的影响，如噪声、距离、气候、语言规范程度等。使用一般的语言联系会产生失误与误解，所以用联系用手信号作为调车工作特殊的“语言”表示形式，表达工作要求。

a. 连挂信号：向驾驶员指示可以进行连挂作业。

昼间——两臂高举头上，使拢起的手信号旗杆成末端水平相接。

夜间——红绿灯光交替显示数次（无绿色灯光时用白色灯光交替显示数次）。

b. 停留车位置信号：向机车、列车驾驶员表示线路上停留车地点和位置，便于驾驶员确认，准备停车进行下一程序的作业步骤。此信号用于夜间作业时或确认停留车位置困难时。

夜间——白色灯光左右小动。

c. 三、二、一车距信号：向驾驶员指示推进车辆的前端距被连挂车辆的距离，便于驾驶员在调车作业时掌握制动时机进行相应的减速措施，采取适当的运行速度。

昼间——展开的绿色信号旗单臂平伸，在距停留车三车的连续下压三次，二车的连续下压二次，一车时下压一次。

夜间——绿色灯光在距停留车三车时连续下压三次，二车时连续下压二次，一车时下压一次。

(3)手信号的显示原则与时机

①手信号的显示原则

手信号的显示原则是指在进行手信号显示时要遵循的使用规范，否则其显示将失去意义或是无效的。

a. 地面车站及停车场内，昼间使用信号旗，夜间使用信号灯；地下车站一律使用信号灯，按夜间形态办理。

b. 在显示手信号时左手持红旗，右手持绿旗(扳道员右手持黄旗)。

②手信号显示时机

手信号的显示时机是指正确及时地掌握显示手信号的时间，时机的掌握对安全行车与提高行车效率有着直接密切的关系。如果过早显示将影响行车工作效率，易产生行车节奏被打乱现象，而太迟显示将不能够保证列车运行安全和失去显示要求所要达到的目的。

a. 显示通过、停车等信号时，必须在看见列车灯光时开始显示，待列车头部越过显示信号地点后方可收回。

b. 显示发车信号必须在确认列车启动后方可收回。

c. 显示引导信号要待列车越过显示地点后方可收回。

d. 显示调车手信号须待司机回示后方可收回。

e. 显示停车信号和临时停车信号须待列车或车辆停止后方可收回。

1.2.4　听觉信号

1. 听觉信号使用标准

(1)用途

在行车工作中，各工种或作业人员相互之间有时不能通过口头、电信及视觉信号的方法取得联系，因此必须使用听觉信号进行相互的联络，维持工作的持续、效率、安全。

(2)标准

鸣示听觉信号时，为防止混淆，应按音节长短及间隔的规定标准进行，其规定有四点内容：

①长声显示时间为 3 s；短声显示时间为一秒钟；音响的间隔时间为 1 s。

②如果需要重复鸣示时，每次(组)间隔 5 s 以上。

③在一般情况下隧道内取消列车、机车启动鸣笛和声响联络，如遇运行中危及行车安全以及人身安全的突发事件和特殊情况时除外。

④地面车站、停车场作业时应充分考虑城市社会生活、居民区等情况，执行城市轨道交通有关规定。

2. 听觉信号显示含义

(1)种类

城市轨道交通运行中常用的听觉信号有：通知注意信号、退行信号、召集信号、呼唤信号、警报信号、紧急停车信号六种。

(2)显示方式及含义

①通知注意信号

通知注意信号是在列车起动或机车、车辆前进时;接近车站、鸣笛标、道口、曲线、遇行人侵入限界、施工地点或天气不良时使用的听觉信号。

鸣示方式:一长声;符号:"—"。

②退行信号

退行信号是在列车、机车(车辆)开始退行时使用的听觉信号。

鸣示方式:二长声;符号:"—"。

③召集信号

召集信号是在要求防护人员撤回或根据某种事先约定原因呼唤回规定地点时使用的听觉信号。

鸣示方式:三长声;符号:"—"。

④呼唤信号

呼唤信号是在机车或列车要求出入库、出入场在车站、车场要求显示信号时使用的听觉信号。

鸣示方式:二短一长声;符号:"··—"。

⑤警报信号

警报信号是在发现线路有危及行车安全的不良处所时;列车发生重大事故、大事故、火警以及其他需要救援时使用的听觉信号。

鸣示方式:一长三短声;符号:"—···"。

⑥紧急停车信号

紧急停车信号是在要求操纵列车司机采取紧急停车措施时;邻线发生障碍,向邻线运行列车发出紧急停车信号时使用的听觉信号。

鸣示方式:连续短声;符号:"······"。

1.2.5 色灯信号机

1. 复示信号机(图 1-1)

(1)一个月白色灯光——表示调车信号机在开放状态。

(2)无显示——表示调车信号机在关闭状态。

2. 调车信号机(图 1-2)

(1)一个月白色灯光——准许越过该架信号机调车。

(2)一个红色灯光——不准许越过该架信号机调车。

图 1-1　复示信号机

图 1-2　调车信号机

3. 道岔防护信号机(图 1-3)

(1)一个绿色灯光——表示前方道岔开通直向位置,准许越过该架信号机,按规定的速度运行。

(2)一个月白色灯光——表示前方道岔开通侧向位置,准许越过该架信号机,按规定的速度运行。

(3)一个红色灯光——不准许越过该架信号机。

(4)一个红色灯光加一个月白色灯光(或闪光)——表示前方进路已开通,准许越过该架信号机,驾驶员应注意慢速通过,并注意道岔位置,随时准备停车。

4. 进场信号机(图 1-4)

图 1-3　道岔防护信号机

图 1-4　进场信号机

(1)一个绿色灯光(未使用)——无含义。

(2)一个黄色灯光——表示进场进路已开通,准许越过该架信号机进入站场。

(3)二个黄色灯光——表示进场进路已开通,准许越过该架信号机进入站场内的特定线路。

(4)一个红色灯光——不准许越过该架信号机。

(5)一个红色灯光加一个月白色灯光——表示前方进路已开通,准许越过该架信号机进入站场,驾驶员此时应注意慢速通过,并注意道岔位置,随时准备停车。

5. 发车表示器(图 1-5)

(1)当发车表示器开始闪亮时,提醒驾驶员可以关门。

(2)当发车表示器稳定时,驾驶员可以凭列车收到的速度码与发车表示器稳定灯光发车。

图 1-5 发车表示器

6. 出场信号机(图 1-6)

(1)一个绿色灯光或一个月白色灯光——表示出场进路已开通,准许越过该架信号机进入车站;此信号机可以兼作道岔防护信号机,当兼作道岔防护信号机时,应显示一个月白色灯光。

(2)一个红色灯光加一个月白色灯光——表示前方进路已开通,准许越过该架信号机进入车站,驾驶员此时应注意慢速通过,并注意道岔位置,随时准备停车。

(3)一个红色灯光——不准许越过该架信号机。

7. 阻挡信号机(图 1-7)

一个红色灯光——不准许越过该架信号机。

图 1-6 出场信号机

图 1-7 阻挡信号机

1.2.6 手信号

1. 停车信号

停车信号如图 1-8 所示。

2. 通过信号

通过信号如图 1-9 所示。

3. 发车信号

发车信号如图 1-10 所示。

(a)

(b)

图 1-8　停车信号

图 1-9　通过信号

图 1-10　发车信号

4. 临时停车信号

临时停车信号如图 1-11 所示。

5. 引导信号

引导信号如图 1-12 所示。

图 1-11　临时停车信号

图 1-12　引导信号

6. 道岔开通信号

道岔开通信号如图 1-13 所示。

7. 连挂信号

连挂信号如图 1-14 所示。

图 1-13 道岔开通信号

图 1-14 连挂信号

1.2.7 移动信号

1. 停车信号

停车信号如图 1-15 所示。

2. 减速信号

减速信号如图 1-16 所示。

图 1-15 停车信号

图 1-16 减速信号

3. 减速防护地段终端信号

减速防护地段终端信号如图 1-17 所示。

1.2.8　线路标志

1. 车挡表示器

车挡表示器如图 1-18 所示。

图 1-17　减速防护地段终端信号

图 1-18　车挡表示器

2. 公里标、半公里标

公里标、半公里标如图 1-19 所示。

3. 桥梁标

桥梁标如图 1-20 所示。

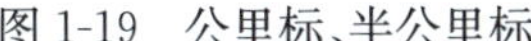

图 1-19　公里标、半公里标

图 1-20　桥梁标

4. 圆曲线和缓和曲线始终标

圆曲线和缓和曲线始终标如图 1-21 所示。

5. 坡度标

坡度标如图 1-22 所示。

图 1-21　圆曲线和缓和曲线始终标

图 1-22　坡度标

6. 曲线标

曲线标如图 1-23 所示。

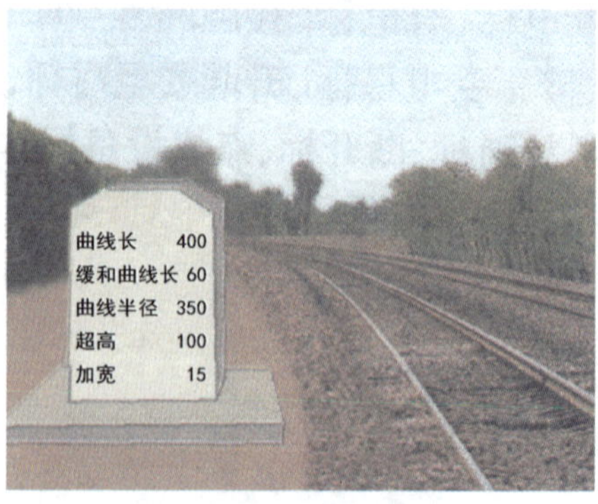

图 1-23　曲线标

1.2.9　信号标志

1. 警冲标

警冲标如图 1-24 所示。

2. 站界标

站界标如图 1-25 所示。

图 1-24　警冲标

图 1-25　站界标

3. 鸣笛标

鸣笛标如图 1-26 所示。

4. 列车停车位置标

列车停车位置标如图 1-27 所示。

图 1-26　鸣笛标

图 1-27　列车停车位置标

5. 一度停车牌

一度停车牌如图 1-28 所示。

6. 接触网终点标

接触网终点标如图 1-29 所示。

图 1-28　一度停车牌

图 1-29　接触网终点标

7. 预告标

预告标如图 1-30 所示。

图 1-30　预告标

1.3　行车事故处理规则

1.3.1　行车事故分类及《行车事故处理规则》制订与作用

1. 行车事故定义

行车事故是指列车运行中发生的对运营产生影响、造成人员伤亡、中断或延误行车、设备损害的事故。

2. 基本分类

城市轨道交通行车事故按照其性质、损失以及对行车造成的影响，分为四个类型。

①重大事故；

②大事故；

③险性事故；

④一般事故。

3.《行车事故处理规则》制订与作用

(1)意义

为了及时处理在城市轨道交通运输中由于各类因素的影响而产生的行车事故，吸取事故教训，不断总结经验，维护轨道交通运营秩序，确保轨道交通行车安全，认真贯彻执行"安全第一、预防为主、综合治理"的方针。根据《城市轨道交通管理条例》的基本原则，城市轨道交通管理部门制订了相关的行车事故处理文件，作为规范、分析、调查、处理行车事故的依据。

(2)作用

《行车事故处理规则》的定义：所谓事故处理规则是在与行车运营有关事故发生后，进行处理救援、分析调查、性质认定等相关程序的规范准则。

《行车事故处理规则》是行车工作的重要规范文件，它主要有以下三点作用：

①它是处理行车运营事故的依据。在条款中具体列举了各种事故现象，界定了各类事故的性质，便于相关部门参照执行。

②明确了事故发生后的报告程序、报告内容、处置权限。有利于在实际操作时有效、迅速、准确分清职责、落实责任、采取措施。

③有利于有关行车部门制定相应的安全规章制度，使"安全第一、预防为主、综合治理"的方针、政策进一步细化、深化、落实，保障行车安全。

1.3.2 城市轨道交通行车事故的内容

1. 重大事故

(1)载客列车发生冲突、脱轨、火灾或爆炸，造成下列后果之一时：

①人员死亡三人或者死亡、重伤五人及其以上者。

②双线中断行车 150 min 及其以上者。

③根据机车、车辆破损的规定，电动客车中破一辆。

(2)其他列车发生冲突、脱轨、火灾或爆炸，造成下列后果之一时：

①人员死亡三人或死亡、重伤五人及其以上者。

②双线行车中断 150 min 及其以上者。

③根据机车、车辆破损规定,电动客车大破一辆或中破二辆。

④根据机车、车辆破损规定,内燃机车大破一辆或轨道车报废一辆或车辆报废一辆或车辆大破一辆。

(3)调车作业(包括整备作业)发生冲突或脱轨,造成第二款各项后果之一时。

(4)由于其他原因造成第二款各项后果之一时。

2. 大事故

(1)载客列车发生冲突、脱轨、火灾或爆炸,造成下列情况之一时:

①人员死亡或重伤二人及其以上者。

②双线中断行车 90 min 及其以上者。

③根据机车、车辆破损规定,电动客车小破一辆。

(2)其他列车发生冲突、脱轨、火灾或爆炸,造成下列后果之一时:

①人员死亡或重伤二人及其以上者。

②双线中断行车 90 min 及其以上者。

③根据机车、车辆破损规定,电动客车中破一辆。

④根据机车、车辆破损规定,内燃机车中破一辆或轨道车大破一辆或车辆大破一辆。

(3)调车作业(包括整备作业)发生冲突或脱轨,造成第二款各项后果之一时。

(4)由于其他原因造成第二款各项后果之一时。

3. 险性事故

凡事故性质严重,但未造成损害后果或者损害后果不够认定为大事故的行车事故为行车险性事故。

(1)列车冲突;

(2)列车脱轨;

(3)列车分离;

(4)载客列车错开车门、运行途中开车门、车未停稳开车门;

(5)载客列车车门夹人动车时;

(6)载客列车夹物动车导致客伤事件或损坏地铁有关设备时;

(7)列车冒进信号;

(8)列车无人驾驶运行;

(9)在运行中,电动客车的悬挂件脱落,造成列车下线或产生其他后果时;

(10)列车及其他行车设备发生火警影响运营时;

(11)异物侵入车辆限界造成后果时;

(12)未经批准,自动切除“ATP”运行时;

(13)未经批准,使用未正式投入使用的设备功能时;

(14)未经批准,人员或列车进入已占用的线路时;
(15)运营期间正线及折返线上挤岔;
(16)未准备好进路接、发列车;
(17)进入未批准或未登记的正线(含折返线)区段施工。

4. 一般事故

(1)调车冲突;
(2)调车脱轨;
(3)调车作业冒进信号;
(4)挤岔;
(5)列车运行中,因车辆部件脱落或其他原因损坏行车设备;
(6)因行车设备故障或其他原因造成单线行车中断 60 min 及其以上时;
(7)行车有关人员因漏乘、漏接、出乘迟延耽误列车运行造成影响的;
(8)错误办理行车凭证发车;
(9)漏发、漏传、错发、错传调度命令;
(10)列车停车超过停车牌位置一节车厢及以上;
(11)未预告司机变更列车运行进路;
(12)应停列车在车站通过或应通过列车在车站停车。

1.3.3　事故车辆破损范围界定及相关名词说明

1. 事故车辆破损范围界定

(1)车辆破损范围界定(电动列车以一节车辆为基数)

①报废

由于发生行车事故造成列车、车辆损坏,经有关部门鉴定和确认直接经济损失为现值的 90%以上时。

②大破

由于发生行车事故造成列车、车辆损坏,经有关部门鉴定和确认直接经济损失为现值的 60%以上时。

③中破

由于发生行车事故造成列车、车辆损坏,经有关部门鉴定和确认直接经济损失为现值的 40%以上时。

④小破

由于发生行车事故造成列车、车辆损坏,经有关部门鉴定和确认直接经济损失为现值的 10%以上时。

(2)行车事故发生后造成其他运行设备的损坏,有关部门需列入事故界定范围时,其损失价值数由轨道交通管理部门或其他权威部门认定。

2. 相关名词说明

(1)列车:按规定辆数编组的电动列车的车列,具有规定的列车标志,从停车场或始发站至到发线待发起,直至再回到终点站为止,在此运行过程中称列车。轨道车单机或挂有平板车进入运营线并编有车次,发生事故时算列车事故。

①列车与其他调车作业机车和车辆相互冲撞而发生的事故算列车事故。

②列车在车场以调车方式进行摘挂或转线而发生的事故算列车事故。

③其他列车:指空驶列车、救援列车、调试列车、轨道车单机或挂有车辆开动的列车。

(2)冲突:列车、车辆、轨道车互相间或与设备(如车库、站台、车挡等)以及其他车辆间发生冲撞,造成电动列车、轨道车或其他车辆破损或损坏。

(3)脱轨:电动列车、轨道车、平板车的车轮落下钢轨轨面(包括脱轨后自行复轨)。

(4)列车分离:包括车钩破损分离和车钩自动分离(含车钩缓冲装置的破损)。

(5)挤岔:车轮挤过或挤坏道岔设备。

(6)列车冒进信号:列车前端任何一部分越过固定信号显示位置即为冒进信号。包括临时变更信号(不论原因)而使列车冒进。

(7)双线中断行车:一条线发生某一站或某一区间及以上中断行车的同时,另一条线也发生某一站或某一区间及以上中断行车。

(8)单线中断行车:上、下行线中任何一条线上有一个车站或区间发生了行车中断。

(9)行车中断时间:指由事故发生时间起至调度发出线路开通命令时止的时间。

(10)应停列车在车站通过:指应停列车未办理有关客运业务而开走的列车,包括列车在车站停车但未开关门上下乘客即开走的列车。

1.4 行车组织基础

1.4.1 行车组织基本要求

1. 行车工作的原则

城市轨道交通运输行车工作的基本任务是合理使用各类运输设备,安全、迅速、及时、准确地运送旅客,为公共交通提供良好的服务。

(1)贯彻安全生产方针的原则

安全生产是党和国家开展生产劳动活动的一贯方针，也是城市轨道交通运输行车工作的基本要求。在城市轨道交通运输工作中发生事故，不仅给国家财产和人民生命财产造成损失与伤害，而且在社会影响上也会带来伤害。

(2)坚持高度集中，统一指挥的原则

①行车工作具有点多、线长、面广和多工种多专业联合作业的特点，只有坚持高度集中、统一指挥的原则才能够把各个单位、各个专业、各个岗位组成一个统一的整体，使各环节紧紧相扣，确保行车工作的正常秩序。

②为了使各专业、各岗位、各单位能够步调一致、配合协同必须坚持高度集中，统一指挥的原则。

③为了保证安全运行，提高行车工作效率必须坚持高度集中，统一指挥的原则。

(3)发扬协作、团结精神的原则

城市轨道交通运输是城市社会生活和国民经济中的一个重要组成部分，不但具有行业内相互协作，配合的工作联系，而且与城市的各个方面都有着广泛的联系。因此，必须确立全局观念和服务社会的思想观念，发扬协作精神、团结精神的原则，共同完成城市交通运输任务。

(4)均衡、合理组织运输，不断提高运输效率的原则

均衡、合理组织运输，不断提高运输效率的原则，是城市轨道交通运行管理部门不断增强输送能力的重要环节和途径。通过强化运输的组织和调度，积极开发和挖掘各个运行环节的先进经验，改进工作方式、方法，充分发挥设备与人的潜力，保证全面完成服务乘客，安全行车的生产任务，全面完成企业的整体运营目标。

2. 列车运行图

(1)列车运行图的概念

①定义

所谓列车运行图是用坐标原理表示列车运行状态的图解形式，它规定和包括了运用列车占用区间的时分、车站到发时分、终点站折返时分以及其他列车运用的相关内容。

列车运行图是一个综合性的运行计划和运营工作的操作工具，它比较完整地规定了运营中列车进行的时间要素、数量要素、相关要素相互协作、统一的状态。

②要素内容构成

a. 时间要素

区间运行时分：指相邻车站之间的运行时分。

停站时分：指列车停站作业(包括减、加速、开、关车门等)，乘客上、下车所需时

间总和。

折返作业时分:指列车到达终点站或在区间站进行折返作业的时间总和。折返作业时分包括确认信号时间、出入折返线时间、驾驶员换岗时间等。

出入车辆停车场作业时分:指列车从停车场到达与其相接的正线车站或以正线车站返回车场的作业时间。

营运时间:指城市轨道交通运营线路运送乘客的时间。

停送电时间:指每天营运开始前送电和运营结束后停电所需操作和确认时间。

b. 数量因素

全日分时段客流分布:按客流的时间分布进行预测、调查分析、确定高峰、低谷时段客流量,从而对列车编组数或列车运行列数等相关因素进行合理安排,并作为开行不同形式列车的主要依据,如区间列车、连发列车等。

列车满载率:列车满载率指列车实际载客量与列车定员数之比。编制列车运行图时,即要保证一定的列车满载率,又要留有一定余地,以应付某些不可测因素带来的客流量波动,同时也要考虑乘客的舒适水平。

出入库能力:由于停车场与线路车站之间的出入库线有限,加之出入库列车插入正线受到正线通过能力的影响,因此,每单位时段通过出入库进入运营线的最大列车数,即出入库能力,是编制列车运行图的一个重要因素。

列车最大载客量:列车最大载客量即一个编制列车按车厢定员计算允许装载的最大乘客数,分为定员载客量和超负载客量。

c. 相关因素

与其他交通方式的衔接:包括大交通系统如铁路、港口、机场、公路交通枢纽等;城市交通方式如公交线路、车站布置、自行车停放、其他车辆停放等。

与大型体育场所、娱乐、商业中心的衔接:这些场所会有突发性的客流冲击城市轨道交通,造成车站一时运力和人力安排的困难。

列车检修作业:为保证列车状态完好,需均衡安排列车运行与检修时间,即使每个列车均有日常维护保养与检修时间。

列车试车作业:检修完的列车除了在停车场试验线试车外,某些项目有可能在正线上试车,此时需在运行图编制时考虑周全。

驾驶员作息时间:根据驾驶员作息制度,交接班地点与方式,途中用餐等因素,均衡安排各个列车的运行线。

车站的存车能力:线路上的车站大多数无存车线,只有在终点站、区间个别车站设有存车线,可存放一定数量列车,在日常运行时可作为停车维护用,在夜间可存放列车减少空驶里程,均衡早上运营发车秩序。

电动列车的能耗:在计算、查定电动列车的各区间运行时分时,要协调区间的运行等级、限速与给电时间的关系，尽可能使之达到最佳。同时也要使同一区段同时启动的列车最少。

（2）列车运行图实施的意义

①列车运行图规定了全部运行列车在各个车站、区间的运行时分和停站、折返时分。

②列车运行图规定了列车在正线运行的行车间隔、周转间隔、技术速度、旅行速度以及开行列车数等内容。

③列车运行图规定了列车在正线的运行方式和其他相关作业的要求。

④列车运行图是维持运行秩序，保证行车安全，协调各部门运行工作的综合计划和基本依据。

⑤列车运行图的实施为确保提高运输效率和运输能力，完成客运任务起着保障作用。

（3）列车运行图的基本要求

城市轨道交通运输的列车运行图在编制中确定了整个运行过程的基本要素，它对行车安全和提高运输效率起着非常重要的作用。

①列车在区间的运转时分：

确定列车运行于两个相邻车站之间所需要的标准时间。

②列车在车站的停站时分：

是列车停站后进行旅客乘降所规定的最小停站时间标准。

③追踪列车间隔时分：

追踪列车间隔时分是一个站间区间内同方向有两列或两列以上列车运行时相互之间最小间隔时间。

④列车进行技术作业时间标准：

列车进行技术作业时间标准它包括列车正线运行中终点站的折返作业时间标准、列车出入库技术作业时间标准和其他运行相关因素所需的时间标准。

（4）列车运行图的基本格式及要素

列车运行图是列车在各区间运行和在各车站到达、出发或通过时刻的图解形式。在列车运行图上，将横轴按一定比例用竖线划分等分，竖线代表一昼夜的小时或分；将纵轴按一定比例用横线加以划分，横线代表车站的中心线，这样便构成了列车运行图的基本格式（图1-31）。

①横坐标：表示时间变量，按要求用一定的比例进行时间划分，一般城市轨道交通列车运行图采用1分格或2分格，即每一等分表示1 min或2 min时间。

②纵坐标：表示距离分割，根据区间实际里程，采用规定的比例，以车站中心线所在位置进行距离定点。

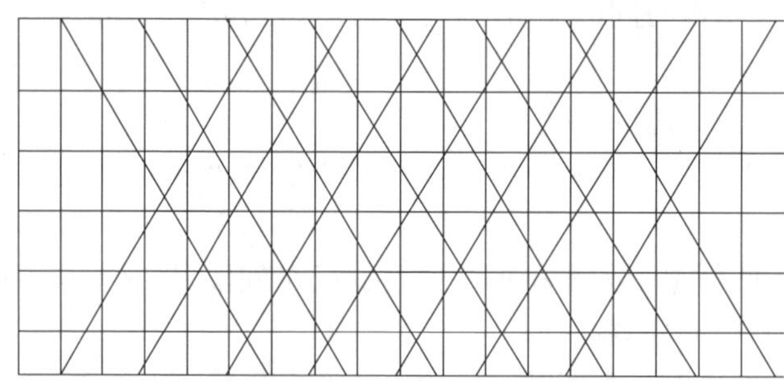

图 1-31　列车运行图

③垂直线:是一族平行的等分线,表示时间等分段。

④水平线:是一族平行的不等分线,表示各个车站中心线所在的位置。

⑤斜线:列车运行轨迹(径路)线,一般以上斜线表示上行列车,下斜线表示下行列车。

⑥在列车运行图上,列车运行线与车站的交点即表示该列车到达、出发或通过的时刻。由于城市轨道交通列车停站时间较短,一般不标明到、发不同时间。

⑦在列车运行图上,每个列车均有不同的车号与车次。一般按不同的列车类别规定代号与列车号。如专运列车、客运列车、施工列车等;按发车顺序编列车车次,上行采用双数,下行采用单数。

(5)列车运行图的分类

①分类

按区间正线数分:单线运行图和双线运行图。

按列车之间运行速度差异分:平行运行图和非平行运行图。

按上下行方向的列车数分:成对运行图和不成对运行图。

按同方向列车运行方式分:连发运行图和追踪运行图。

按使用范围分:日常运行图、节假日运行图、其他特殊运行图。

城市轨道交通系统的列车运行图因其系统特征所致,一般均为双线成对追踪平行运行图。

②编制原则

在保证安全可靠的条件下,提高列车的运行速度,缩小列车的运行时分。在安全得到保证的前提下,通过提高列车运行旅行速度,压缩折返时间,减少出入库作业时间等方式,提高系统的运行效率和服务水平。

尽量方便乘客:编制运行图时主要考虑列车发车间隔在满足运行技术前提下尽量选择最小值,从而减少乘客的候车时间。在安排低谷运行时,最大的列车运行图间隔不宜过大。

充分利用线路的能力和车辆的能力。通常情况下，折返站的折返能力是限制全线能力的关键，因此必须对折返线的折返作业时间进行精确的计算，尽可能安排平行作业。当车辆周转达不到运营要求时，要合理安排车辆解决高峰客流组织。

在保证运量需求的条件下，运营车数达到最少。在保证运量需求的条件下，综合考虑高峰时段列车运行速度、折返时间、列车开行方式等要素，使运营列车数量达到最少，从而降低系统的车辆保有量与运营成本。

3. 列车运行方向及车次

(1)列车在区间的运行方向

上海城市轨道交通运输目前采用双线区段运行的方式，列车在区间内的行车采用右侧单向运行制，即列车在区间内运行时列车司机的位置及信号机的设置位置均在列车运行方向的右侧(法国阿尔斯通列车驾驶室司机位置在中间)。

(2)列车运行线路

在双线区段单向运行时，上下行列车分别固定在右侧正线运行，上行列车走上行线，下行列车走下行线。

在双线区段单向运行时，以右侧方向运行的列车称为双线正方向行车；反之称为反方向行车。

(3)列车车次的规定

在目前上海城市轨道交通运输中，列车的上下行始终点由行车运行管理部门设定；列车车次号按规定的上行或下行方向编制，原则上上行列车编为双数车次，下行列车编为单数车次。

特殊状况下的列车车次由运行管理部门确定并以规范文件的形式下达。

4. 列车运行交路

(1)交路的种类

传统上将列车交路分为长交路、短交路和长短交路三种。

①长交路是指列车在两个终点站进行折返运行。长交路具有对中间站折返线路要求不高、行车组织运行方式简单的优点，但不考虑区段客流量不均衡的因素，合理利用运能方面有所欠缺。

②短交路是指列车在指定的折返站折返，在一段区间内运行。在城市轨道交通的运营组织中除特殊情况下一般不采用此种交路模式。

③长短交路是指列车在线路运行中结合了长、短交路两种情况的运行模式。长短交路的行车组织方式是比较经济合理的一种运行方案，特别是在区段客流不均衡程度高，造成某一区段运能不能满足运量的需要时，长短交路运营组织方式尤为适用；但这种方式行车组织方式相对较为复杂，同时对客运组织也有较高的要求。

（2）交路计划的确定

列车交路计划的确定应建立在对线路各区段客流量进行统计分析的基础上，充分考虑行车组织与客运组织的条件，进行可行性研究后加以确定。

①区段客流分析是列车交路计划确定的主要因素之一，也就是根据客流在时间上、空间上所表现出的不均衡性加以研究分析，作为列车交路计划确定的依据，有关的概念和方法将在其他章节予以详细介绍。

②行车条件决定了交路计划实现的可能性，城市轨道交通的线路设置由于其运营特点，不可能采取每个车站具备列车进行调车作业功能线路设置方式，交路计划的实现只能在两个设有调车或折返线路的车站之间进行，同时还必须注意列车交路是否会影响到行车组织的其他环节，例如，是否会影响行车间隔、车站后续列车的接车等。

③客运组织是列车交路计划确定的必要客观条件，由于列车交路计划的实现可能导致列车终到站的变化，相关车站的乘客乘降作业、列车清客、客运服务工作都会随之不断调整，对客运组织水平的要求比较高，由于客运组织的不利可能会直接影响到列车运行图的执行情况，因此，确定交路计划应对客运组织的条件一并加以考虑。

5. 乘务制度

（1）定义

乘务制度是列车驾驶员值勤的一种工作制度，它表示列车驾驶员对运行列车值乘的方式。

（2）类型

城市轨道交通运输运行管理中通常使用二种乘务制度：轮乘制和包乘制。

（3）区别

①轮乘制是列车驾驶员在运行的整个工作中轮流使用参加运行的列车的制度。轮乘制具有以下特点：

a. 节省参与运行的驾驶员人数，其配量可减少到最小程度，有较高的工作和管理效率。

b. 能够比较合理地利用列车台数，降低车辆使用成本。

c. 对列车驾驶员的技术素质要求较高，对列车（车辆）性能的适应性要求较强。

d. 不利于列车保养、维护。

②包乘制是一列车由一个乘务组固定使用的制度。包乘制具有以下特点：

a. 列车驾驶员能够比较全面地掌握值乘列车（车辆）的性能，熟悉列车（车辆）情况，有利于处理列车运行时的故障。

b. 有利于管理、监督。

c. 有利于列车维护、保养。

d. 由于定人包车，对提高列车(车辆)的技术状况有一定的帮助。

e. 投用列车台数较多，列车(车辆)使用相对不均匀、不平衡。

f. 需配量的驾驶员人数较多。

1.4.2　运行列车的控制

1. 运行控制的原则

城市轨道交通运输系统是一个技术密集，社会化程度较高的公共交通系统，它由多部门、多工种相互配合，并且工作环节紧密联系，工作过程连续不断的特点。因此必须实行高度集中、统一指挥的运行指挥调度体制，以构成日常运输指挥与调度的中枢。

(1)坚持服从指挥原则

各级、各类行车部门必须坚决服从行车调度员的行车调度命令与指示，维护轨道交通的正常秩序。

(2)坚持单一指挥原则

在一个区域的行车工作的指挥，只能由负责该区域值班行车调度员一人统一指挥，防止令出多头，造成行车工作的混乱以至造成行车事故。

(3)坚持调度工作责任制原则

原则上由调度集中控制的区域内，各个行车部门和人员必须严格按调度命令展开工作，如需由调度集中控制转为车站控制时，应实行授权并实施监督，掌握列车运行整体状态。

2. 运行控制的基本方式

行车调度员对运行状态的基本控制采用调度集中控制，行车指挥自动化的方式进行，在特殊情况下可以采用车站控制的方法进行。

(1)调度集中控制

调度集中控制的行车组织方式，在行车调度员的统一指挥下，利用行车设备对列车的到、发、折返等作业进行人工控制及调整。调度集中控制下的行车组织的指挥人为行车调度员，车站不参与行车组织的工作。调度集中控制应实现的功能有：

①应具有电气集中联锁设备，实现远程控制功能，并从设备方面提供列车运行安全保障。

②通过控制屏或显示器可监护全线列车运行状态、信号显示、道岔位置及区间、线路占用的情况。

③利用电气集中联锁设备转换道岔、排列进路、开放信号，指挥和调整列车

运行。

④自动或人工绘制列车实际运行图。

(2)行车指挥自动化

自动运行控制是当今城市轨道交通列车运行组织的发展趋势及主流行车控制方式。自动运行控制利用计算机技术对列车运行实行自动指挥和自动运行监护，并有列车运行保护系统提高行车安全系数。行车指挥自动化可实现的功能有：

①计算机系统可输入及储存多套列车运行图，可按设定的列车运行图自动实行行车指挥功能。

②对正线运行列车实行自动跟踪，显示进路、道岔位置、区间及线路占用情况。

③可自动或人工对列车运行进行调整，可使用人工对进路排列、信号开放、道岔转换进行控制。

④提供中央及车站两级运行控制模式，可根据需要进行控制权转换。

⑤列车运行自动保护系统对列车运行设定防护区段，控制前后列车运行的安全间距。

⑥列车可使用自动驾驶功能，也可采用人工驾驶，列车占用区间的凭证是列车收到的速度码。

⑦通过计算机系统自动绘制列车实际运行图，并进行有关运营数据统计。

(3)车站控制

这种列车运行组织方式是在行车调度员统一指挥和监督下，由车站行车值班员操作车站电气集中或临时信号设备控制列车运行。在一些早期建成的城市轨道交通至今仍采用这种列车运行组织方式，在一些新线上，由于信号系统尚未安装调试完毕，在过渡期运营时也会采取这种方式进行行车组织。其可实现的功能有：

①车站信号控制系统具有联锁功能，对进路排列、道岔转换、信号开放实行人工操作。

②控制中心可实时反映进路占用、信号及道岔等工作状态，对线路上的列车运行进行监护。

③控制中心可储存信号开放时刻、道岔动作、列车运行等各类运行资料，并根据需要可调用。

④车站根据指令对列车运行进行调整。

⑤计算机自动绘制或人工绘制列车实际运行图。

(4)调度指示

通常情况下，城市轨道交通的行车指挥中，调度指示发布分为调度书面命令、调度口头命令、调度口头通知三种类型。

指挥列车运行的调度命令，只能由当班行车调度员发布。调度命令发布时必须直接填记在调度命令登记簿内，并指定受令进行内容复诵。命令内容应该保持规范、明了，不能随意简化，如图 1-32 所示。

月日	发出时刻	命令			复诵人姓名	接受命令人姓名	调度员姓名	阅读时刻（签名）
		号码	受令及抄知所处	内容				

图 1-32　调度命令登记簿

①调度命令发布基本要求

在具备良好通信。与录音设备条件下，行车调度员可以使用列车无线电以及其他通信。设备直接发布口头命令。

在无线通信。与录音设备故障停用时，遇列车救援、反方向运行及 ATP 故障实施人工无 ATP 驾驶时均需发布书面调度命令。其他突发事件处置时认为有必要时，行车调度员应发布书面命令。

②调度命令发布基本条件

行车调度员在组织、指挥列车运行过程中遇到下列情况须发布调度命令，有关行车人员必须执行行车调度员的命令：

封锁、开通区间。

向封锁区间开行救援列车、施工列车。

临时变更或恢复原闭塞法。

临时加开或停运列车。

实施反方向行车。

使规定在车站停车的列车变为通过时。

在向有停留列车车辆的线路上接车时。

发生行车设备故障或灾害，需使列车减速运行、一度停车后再开或特别注意运行时。

行车调度员认为有必要发布的上述情况以外的命令。

③行车调度命令的基本内容

调度命令发布时无论口头命令和书面命令都必须明确以下内容：命令号、受令处所、受令人、命令内容、发令日期、发令时间、发令人以及复诵人。

行车相关人员必须严格按照有关规定发布与执行调度命令，不得随意改变和简化调度命令的具体方式与内容，以保证调度命令的严肃性和权威性。在发布和接受命令时有关人员要仔细核对、明确内容，并且复诵无误。在命令中，发令人、受令人、复诵人都必须填记全名。受令处所可根据规定填记标准缩写，发令日期与时间必须正确，命令内容要正确、明确，不得随意涂改或者含糊其词。

调度口头通知作为日常运行指挥与调整的方法，可以不给命令号，只下达通知内容、受通知人并明确发令人。

④书面命令的标准格式

区间下人命令：　　(受令者：＊＊站并交＊＊司机)

“自________时起，准________(单位)人员________，凭令登乘________次列车，在________站至________站________行区间抢修施工。”

限速命令：　　(受令者：＊＊站至＊＊站，＊＊站交运转)

“自________时起，至________时止，________站至________站________行线，列车限速________公里/小时运行。”

救援命令：　　(受令者：＊＊站至＊＊站，＊＊站交＊＊司机、＊＊司机)

“自________时起，准________站________行故障列车清客，同时________次，在________站清客后开救________次至________站(站外)与故障车连挂，(牵引/推进)运行至________站(回段/折返线)。”

封闭区间命令：　　(受令者：＊＊站并交运转)

“自________时起，至________时止，段(站)发________次至________站(站外/折返线)，________站(站外/折返线)至________站(站外/折返线)封闭，准________次凭令进入封闭区间。________次至________站(站外/折返线)后，封闭区间自行解除。”

其他命令：

运行指挥中，如遇其他特殊情况时(即命令内容超出现有标准格式)，应由行车调度员将命令内容手写在“其他命令”表中，格式可自拟，如图 1-33 所示。

____年____月____日____时____分第____号

受令处所		调度员姓名	
内　容			

(规格 110 mm ×160 mm)　　受令车站______车站值班员______

图 1-33　调度命令

3. 运行调整的主要方法

在始发站正点始发的情况下，由于途中运缓、作业延误或设备故障等原因，会造成列车运行晚点。此时行车调度应根据列车运行的实际情况，按恢复正点和行车安全兼顾的原则，对列车的运行等级进行调整，尽快使晚点列车恢复正点运行。

列车运行调整的主要方法：

(1)始发站提前或推迟出发列车。

(2)根据车辆的技术状态、线路允许速度，改变列车运行等级，组织列车提高速度，恢复正点。

(3)组织车站快速作业，压缩停站时间。

(4)组织列车放站运行(行车调度员应严格掌握列车跳停原则：客流较大车站原则上不安排通过、首末班车不安排跳停、不允许办理连续二列车通过同一车站、列车以运行等级4速度通过车站、通过车站作业原则上在始发站安排，中途进行放站作业时应提前二站广播通知乘客)。

(5)变更列车运行交路，组织列车在具备条件的中间站折返。

(6)组织列车反方向运行：在双线运行时，当一个方向列车密度较大，而另一方向列车密度较小，为恢复列车正点运行，可利用有岔站的渡线，将列车转到密度较小的线路上反方向运行；当一方向由于列车故障救援等原因可能造成大间隔时，可利用有岔车站的渡线，将列车转到另一条线路上反方向运行，以缩小列车间隔，均衡运行。

(7)扣车：当一条线路的列车由于车辆或其他设备故障引起运行不正常，造成乘客拥挤时，调度员可采取扣车措施，将列车扣在附近车站，以缓和压力确保列车间隔。

(8)加开或停运列车：当线路某区断中断时，以不能满足在线列车运行时，调度员可适当抽调部分列车下线，拉大列车时间间隔运行。在正线运营客流量剧增时，根据具备条件组织加开列车。

1.4.3　行车闭塞法

1. 行车闭塞

(1)行车闭塞的定义

①定义

为了确保列车运行安全，在组织列车运行时，通过设备或人工控制方式，使一个区间或规定的空间范围内在同一时间只有一个列车占用，并保持列车与列车间一定的安全距离的技术方法称为闭塞或行车闭塞法。

②作用与目的

行车闭塞是一种列车运行的规范和方法。闭塞的实现同整个运行系统和实际状况即技术状况和社会需求状况有相当密切的关系。列车运行中使用的运行区间是不变而相对固定的。如何使用现有的区间,使列车运行能够符合高密度、快速度、小间隔的要求,提高运输能力,同时确保列车运行的安全,就是我们使用何种行车闭塞的目的。

③闭塞中的运行区间

所谓"区间"是为了安全和有效地组织列车运行,轨道交通运行线路以车站为界点,划分的许多线段。而区间是轨道交通列车在线路上运行时最基本的空间。闭塞就是在行车时能够确认列车运行区间的状态是否符合运行与行车规范要求。区间的三种状态:

区间开通,指区间内无列车占用或未相关的施工作业。列车通行信号和条件已经具备,可以允许列车进入。列车可以依据有关的行车凭证进入该区间。

区间占用,指区间内已经进入列车或者有关列车已经取得了占用该区间的行车凭证,例如进路已经准备完毕,信号机已经呈开放状态或者司机已经取得合法的行车凭证。

区间空闲,指该区间没有被占用,该区间的行车凭证未发给任何列车或者进入该区间的信号机也未开放。

行车闭塞法就是利用区间的不同状态,利用技术手段或者制度管理手段对列车的运行状态作相应的指示,对整个列车运行做全面的调节、协调,使列车运行既安全又合理。

(2)行车闭塞的分类

①城市轨道交通运输中的行车闭塞一般分为自动闭塞、区间闭塞、电话闭塞三种类型,它们有着不同的使用范围与方式。

②除正常运行中使用的闭塞方法外,在特殊运行状况发生还可以使用封锁区间和时间间隔法进行行车。

2. 行车组织中联锁关系的基础条件

(1)联锁定义

把进路、道岔、信号三者之间相互制约、相互检查、相互依存的关系称为联锁或联锁关系。

为了确保列车运行安全和调车作业运行的安全,在运行的线路上通过相互制约的作用,使进路、道岔、信号机的信号显示建立一定的关系,用来保障行车安全,维持正常的运行秩序。

(2)进路与道岔

①进路

在车站、停车场或规定停留地点的列车、车辆由一个地点到另一个地点运行中所经由的路径叫进路。

进路可以分为列车进路和调车进路两种。

②道岔

道岔是使列车、机车、车辆从一条线路转往或越过到另一条线路的设备。

城市轨道交通系统使用的道岔一般分为单开道岔、复式交分道岔和交叉渡线道岔三类。目前城市轨道交通系统正线及列车折返线上统一采用 9 号道岔,其侧向通过速度为 30 km/h。停车场内采用 7 号道岔,其侧向通过速度为 25 km/h。这里所指的通过速度是最高通过速度。

列车、机车(车辆)侧向通过的速度,取决于道岔号数的大小。侧向通过速度高,号数要求较大,侧向通过速度低,号数要求小。道岔由转辙部分、连接部分和辙叉部分组成,如图 1-34 所示。

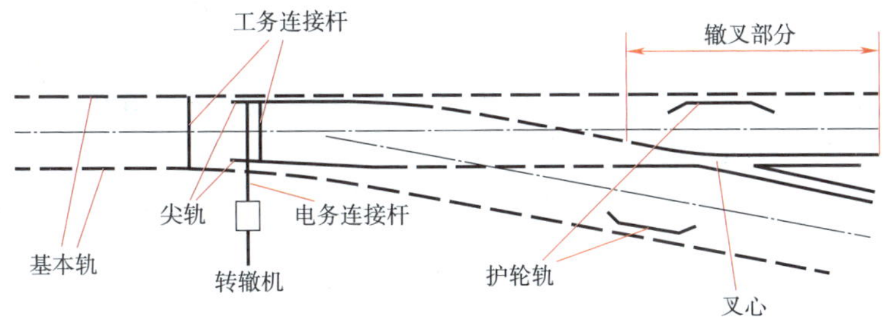

图 1-34　道岔示意图

(3)敌对进路

①定义

敌对进路指在联锁范围内的固定进路,如果不能以道岔的位置分开敌对关系的都是敌对进路。

②敌对进路的基本状态

一般情况下敌对进路状态规定为以下含义:

同一到发线上对向的列车进路与列车进路。

同一到发线上对向的列车进路与调车进路。

同一停车场或车站的两端线路的出入口区域(道岔密集地点)对向或顺向的重叠的列车进路。

同一停车场或车站的两端线路的出入口区域(道岔密集地点)对向或顺向的重

叠的调车进路。

同一停车场或车站的两端线路的出入口区域(道岔密集地点)对向或顺向的重叠的列车进路与调车进路。

(4)联锁关系的基本条件

①进路不对或敌对信号机没有关闭,有关信号机就不能开放。

②进路上的信号机一旦已经开放,显示进行信号,进路就被锁闭,进路上所有有关道岔就不能被扳动,敌对信号机就不能开放。

③当进路上有停留的列车(车辆)时,列车进路就无法开放,包括不能扳动道岔和开放防护信号机的进行信号。

(5)轨道电路的基本作用

所谓轨道电路是为了使列车、机车(车辆)的行动直接与车站或站场的信号设备发生联系,将一段轨道的钢轨作为导线,两端用绝缘节隔开(即在钢轨接头连接处用绝缘装置隔断),中间的轨缝用导线连接起来,一端送电,一端受电,这样构成的电路叫轨道电路。轨道电路有下列作用:

①可以检查和监督股道是否占用,防止错误地办理进路,即防止向已经被机车车辆占用的线路上接车。

②可以检查和监督道岔区段有无机车车辆通过,锁闭占用道岔区段的道岔,防止在机车车辆经过道岔时扳动道岔。

③检查和监督轨道上的钢轨是否完好,当某一轨道电路区段的钢轨折断时,轨道继电器也将因无电而释放衔铁,防护这一段股道的信号机也就不能开放等。

④传输不同的信息,使信号机根据所防护区段及前方邻近区段被占用情况的变化而变换显示。

(6)联锁关系确立的目的

联锁关系实际上是一种技术保障的条件和措施,使用联锁的目的,是保证列车运行、调车作业的安全,提高运行的效率。联锁控制是利用继电器元件作为开关来远程控制相关进路的联动或用计算机系统自动控制、自动设制进路的联动关系。最终使运行能够遵循一定的规范和秩序。

3. 组织实施列车运行

(1)自动闭塞法

自动闭塞法是由在运行中的列车通过整个运行系统的技术设备的运转来实现的闭塞方法。自动闭塞法用了列车自动控制系统(ATC)来确保地铁运输快速、安全、舒适、高密度的要求。

①列车自动控制系统(ATC)通过三个子系统——列车自动保护(ATP)、列车自动监护(ATS)、列车自动运行(ATO)来对运输组织进行自动的调整与操作。

②列车自动控制系统是一个全方位的控制系统，在实现闭塞的方法上能够保持列车运行的最佳间隔，合理的安全距离以及多种组织功能的自动操作与协调，包括强制限速、自动驾驶、自动联锁、自动监控等。

③自动控制系统中列车进入区间的凭证是列车控制系统收到的速度码信号，列车发车的凭证是车站站台端的发车表示器显示的稳定白色灯光。

自动闭塞法是城市轨道交通运输的基本行车闭塞方法。

(2)列车按双区间闭塞法运行

①双区间闭塞是通过运行空间间隔的方法，使列车在区间内运行保持一定的距离，从而保证行车安全和运行秩序的一种闭塞方法。

②在城市轨道交通运输中一般作为临时或运营前期行车的闭塞方法。

③双区间闭塞法运行时列车占用区间的凭证为车站出站信号机显示的进行信号，通常为绿色灯光；列车发车信号可以使用手信号或规定的固定信号机显示的灯光。

(3)列车按电话闭塞法运行

①当自动闭塞设备发生故障停止使用或停运期间开行施工列车、调试列车、车载信号设备不良以及非规定制式列车时而采用的一种代用闭塞法。

②电话闭塞是没有机械、电气设备控制的条件下，仅凭电话联系来保证列车空间间隔的行车闭塞法，其安全保障程度较低，行车效率不高，人力投入要求较大所以只是一种临时代用的闭塞法。

③电话闭塞法行车，为了确保列车运行的安全，规定了列车的运行间隔为双区间，也就是接车站承认闭塞的前提条件是前次列车已由前方站整列出发。

④改用电话闭塞法行车，电话记录号码是承认闭塞的依据，必须应有行车调度员的命令。列车占用区间的凭证为路票(图1-35)，发车凭证是行车值班员或规定的行车人员的手信号。

装订处

路　票

电话记录第　　号　NO.000001

车次________

车　场——>龙阳路

值班员________

年　月　日

图1-35　路票

(4)封锁区间的列车开行

封锁区间是指由于施工原因或者其他原因在指定的区间,指定的时间内禁止列车运行,必须进入该区间的救援列车、工程列车等可以经批准后进入。

①封锁区间适用于轨道交通运输中由于特殊情况的需要,如必须在运行区间内进行抢险、抢救、施工、救援时。有计划的调试列车、工程列车可以根据情况适用区间封锁行车方式。

②封锁区间必须有控制中心的行车调度员的调度命令。

③一切行车部门与人员应该认真执行调度命令。

④有关人员及列车、车辆因工作需要而必须进入时应得到行车调度的同意,并得到允许进入封锁区间的命令作为凭证。

⑤解除区间封锁必须由行车调度员依据现场状态发布调度命令。

(5)时间间隔法的使用时机与条件

在城市轨道交通运输中,保持区间列车安全距离和间隔的方法一般有两大类:空间间隔法和时间间隔法。

自动闭塞、区间闭塞、电话闭塞均是按空间间隔法来组织列车在区间内行车的闭塞方法,它按一定的区间空间隔开前后开行的列车,保持相邻列车的安全距离。

时间间隔法是在一切电话中断并且自动闭塞系统大面积故障的特殊情况下维持列车运行,以一定的时间间隔由车站向区间发出列车、组织列车运行的一种方法。以时间间隔法行车的基本条件如下:

①一切电话中断是指控制中心、车站行车室、列车司机调度电话等的一切电话全部中断,无法进行行车人员相互之间有效联系的情况,并且包括自动闭塞设备大面积故障不能正常使用。

②一切电话中断应该实行区间两端车站只准发出正向运行的列车的行车方式。

③时间间隔法行车时必须使用红色许可证或规定格式与标准的书面凭证。

④规定格式与标准的书面凭证必须包含安全注意事项,准许占用的区间、车次号等内容。

1.4.4　客流组织的基本要求

1. 车站设置与客流组织的关系

(1)客流组织

轨道交通主要通过合理的客流组织来完成其大容量的客运任务。客流组织是通过合理布置客运有关设备、设施以及对客流采取有效的分流或引导措施来阻止客流运送的过程。

①客流组织的主要内容包括：车站售、检票位置的设置、车站导向的设置、车站自动扶梯的设置、隔离栏杆等设施的设置以及车站广播的导向、售检票数量的配置、工作人员的配备、应急措施等。

②轨道交通客运工作的特点决定客流组织应以保证客流运送的安全，保持客流运送过程的畅通，尽量减少乘客出行的时间，避免拥挤，便于大客流发生时的及时疏散为目的。

③影响客流组织的因素较多，不同类型的车站其客流组织的内容有着较大的区别，中小车站的客流组织比较简单，而大车站、换乘站因客流较大、客流方向比较复杂，其客流组织也比较复杂。侧式站台的车站相对于岛式站台的车站，侧式站台的车站容易将不同方向的客流分开，但不利于乘客的换乘，售、检票设置较分散，不利于车站管理。

(2)车站的设置与客流组织的关系

轨道交通车站的选址、布置、规模等对其运营效果具有决定性的意义。优良的车站建筑既为乘客提供安全、便捷、舒适的乘降条件，又能吸引更多的客流，获得更好的运营效益。同时可以美化城市景观，以取得经济、社会和环境的综合效益。

①轨道交通车站的设置，所要考虑的因素：

考虑客流的吸引，站距不能过长。

要考虑保持一定的行驶速度，站距不能过短。

轻轨线路的站距一般在 500～1 000 m，地铁线路的站距一般在 1 000～1 500 m之间。市区的站距应当小一些，市郊可以相对大一些。

轨道交通车站的规模应能满足远期预测客流集散量的需求，并设置与之相适应的出入口数，以方便乘客出入。车站的大小在很大程度上取决于站台的长度，而站台应满足远期预测客流的要求，且站台的宽度取决于高峰小时的客流量。

②轨道交通车站的选址和规模在轨道交通建设时已经确定，一般不能再改变，出入口及通道宽度、站厅及站台的规模一般在建设时根据预测客流量确定，在运营管理中如何正确设置售、检票位置，合理布置付费区，进行合理的导向对客流组织起着很重要的作用。在布置时一般要以符合运营时最大客流量，保持客流的畅通为原则。

轨道交通车站一般按以下要求进行布置：

售、检票位置与出入口、楼梯应保持一定距离。售、检票位置一般不设置在出入口、通道内，并尽量保持与出入口、楼梯有一定的距离，从而保证出入口和楼梯的畅通。

保持售、检票位置前通道宽敞。售、检票位置一般选择站厅内宽敞位置设置，以便于售、检票位置前客流的疏导，售、检票位置应适当保持一定距离，避免排队时拥挤。

售、检票位置根据出入口数量相对集中布置。因轨道交通车站一般有多个出入口，为了减少乘客进入车站后的走行距离，一般设置多处售、检票位置，但过多设置售、检票的位置容易造成设备使用的不平衡，降低设备使用效率，并且不利于管理，因而售、检票位置应根据车站客流的大小相对集中布置。

应尽量避免客流的对流。客流的对流减缓了乘客出行的速度，同时也不利于车站的管理。因此车站一般对进出客流须进行分流，进出车站检票位置分开设置，保持乘客经过出入口和售、检票位置的线路不至于发生对流。

(3)车站大客流的组织

轨道交通线路的走向一般都是客流集中的交通走廊，连接着重要的客流集散点，如铁路车站、汽车客运站、航空港、航运港等交通枢纽，大型商业经济活动中心、体育场、博览会、大剧院等重要文体活动中心，以及规模较大的住宅区等。正因如此，某些特殊车站会不定期地遇到大客流。为了保证乘客的安全和正常的运营秩序，这些车站在客流组织方面应备有完善的运营组织方案和措施。在一定程度上这些方案、措施补救了硬件设施的缺陷。

①大客流的定义

大客流是指车站在某一时段集中到达的，客流量超过车站正常客运设施或客运组织措施所能承担的流量时的客流。大客流一般在大型文体活动散场时或重要枢纽节假日期间发生。

②大客流的组织

大客流的组织应在保证疏散客流安全的前提下，尽快地疏散客流，大客流组织的主要措施包括：

增加列车运能。

根据大客流的方向，在大客流发生时，利用就近的折返线、存车线组织列车运行方案，增加列车运能，从而保证大客流的疏散。列车的运能是大客流组织的关键。

增加售、检票能力。售、检票能力是大客流疏散的主要障碍，车站在设置售、检票位置时应考虑提供疏散大客流的通道。在大客流疏散时，可采取事先准备足够的车票，在地面、通道、站厅增加设置售票点，增设临时检票位置来疏散大客流。

采取临时疏导措施。在大客流组织中，临时合理的疏导对客流方向进行限制是一项很重要的组织措施。主要包括出入口、站厅的疏导，站厅、站台扶梯以及站台的疏导，出入口、站厅的疏导主要是根据临时售、检票位置的设置，限制客流的方向，来保持通道的畅通和出入口、站厅客流的秩序。站厅、站台扶梯以及站台的疏导主要是为了保证客流均匀上下扶梯和尽快上下列车，保证站台候车的安全。疏导措施主要有设置临时导向、设置警戒绳、采用人工引导以及通过广播宣传引导等措施。

关闭出入口或进行进出分流。大客流往往是难以预测的，因此为了保证大客流发生时疏散客流的安全，在难以采用有效的措施及时疏散客流时，可采用关闭出入口或对某部分出入口限制乘客进入车站的措施来阻止一部分客流或延长大客流疏散的时间。

2. 客流的特征与调查分析

客流是规划轨道交通网络、安排工程项日建设顺序、设计车站规模和确定车站设备容量的依据，也是轨道交通系统安排运力、编制运输计划、组织行车和分析运营效果的基础。因此，我们要抓住客流变化的特征，通过调查分析将得出的结果运用到工作中，不断地完善、不断地改进使我们的工作计划更贴近实际情况，取得最佳的效果，同时也减少了资源的浪费。

(1)客流的特征

客流是动态流，它随天、时、地的变化而改变，这种变化是城市社会经济活动和生活方式以及轨道交通系统本身特征的反映。

①一日内各小时的客流变化

小时客流随人们的生活节奏和出行特点而变化。一般清晨与夜间的乘客最少，上班和上学时段客流达到最高峰，高峰过后渐渐进入低谷，傍晚下班和放学时段客流进入次高峰，午夜客流逐渐趋于均衡。

②一周内每日客流的变化

日客流的变化上，例如在双休日，上下班的两次高峰就不明显，全日客流往往也有所减少。而在连接商业网点、旅游景点的轨道交通线路上，双休日的客流又往往会有所增加。另外，周一与节日后的早高峰小时客流量和周末与节日前的晚高峰小时客流会比一般工作日早、晚高峰小时客流要大。

③季节性或短期性客流的变化

客流还存在着季节性的变化。例如每年的六月份即梅雨季节和学生复习迎考时期，客流通常是全年的低谷。另外，在旅游旺季，城市中流动人口的增加会使轨道交通线路的客流也随之增加。而短期性客流的激增，通常是因举办重大活动或遇天气骤变引起的。

(2)客流的调查分析

客流是动态变化着的，但这种动态变化又是有规律的，可以在实践中了解它、掌握它，并根据客流的动态变化，及时配备与之相适应的运输能力，给乘客提供良好的服务。在运营过程中，要掌握客流在时间、空间上的动态变化规律，必须经常进行各种形式的客流调查。

客流调查问题涉及客流调查的内容、调查地点和时间的确定、调查表格和设备的选用以及调查方式的选择等事项。

根据不同的情况和不同的需要，运营轨道交通系统的客流调查种类主要有：

①全面客流调查

全面客流调查是对全线客流的综合调查，通常也包括了乘客情况抽样调查。这种类型的客流调查时间长、工作量大、需要较多的调查人员。但通过调查及对调查资料进行整理、统计和分析，能对客流现状及出行规律有一个全面清晰的了解。

全面客流调查有随车调查和站点调查两种调查方式。

随车调查是在车门处对全天运营时间内所有运行列车的上下车乘客进行调查；站点调查是在车站检票口对全天运营时间内所有在车站上下车乘客进行调查。轨道交通系统采用后者。

全面客流调查的内容通常包括全线客流调查和乘客抽样调查两部分。

全线客流调查一般应连续进行2～3天，在全天运营时间内，调查全线各站所有乘客的下车地点和票种情况，并将调查资料以5 min作为间隔分组记录下来。乘客情况抽样调查通过问卷方式进行，内容包括乘客构成情况调查和某类乘客乘车情况调查两项。乘客构成情况调查通常在车站进行，而某类乘客乘车情况调查可在特定的地点进行。

②乘客情况抽样调查

a. 乘客构成情况调查

在车站进行，被调查人数取全天在车站乘车人数的一定比例，调查表内容有年龄（老、中、青），性别（男、女），居住地（本地、外地），出行目的（工作、学习、购物、游览、访友、就医、其他）等。该项调查的时间可选择在客流比较正常的运营时间段。

b. 乘客乘车情况调查

可在月票发售点或其他地点进行，如对持月票乘客进行调查。被调查人数取某类乘客总数的一定比例，调查内容有年龄，性别，职业，家庭住址，到达车站的方式（步行、骑自行车、乘电汽车）和时间，上下车站，下车后到达目的地的方式（步行、骑自行车、乘电汽车）和时间，乘坐列车比过去乘坐电、汽车节省的时间等。

c. 断面客流目测调查

断面客流目测调查是一种经常性的客流抽样调查，根据需要，可选择一或两个断面进行调查，一般是对最大客流断面进行调查，调查人员用目测估计各车辆内的乘客人数。

d. 节假日客流调查

节假日客流调查是一种专题性客流调查，重点对春节、元旦、国庆节、双休日和若干民间节日期间的客流进行调查。调查的内容包括机关、学校、企业单位的休假安排,都市旅游业、娱乐业的发展程度,城市居民生活方式的变化等。节假日客流调查一般是通过问卷方式进行的。

1.5 列车救援操作规定

1.5.1 列车故障救援的基础要求

1. 列车故障救援的含义

故障救援运行是城市轨道交通运输中较为常见的特殊运行方式,它是为了迅速及时地将在正线运行中出现故障而在规定时分内处理、排除故障的列车及时迅速地移动到指定地点而开通运营线路的运行方式。

2. 列车故障救援的基本方式

故障救援运行一般可使用停车场内的内燃机车或由参加正线运行的电动列车进行牵引或推进作业完成。目前使用较多的是利用正线运行的电动列车完成,在一般情况下,它更加快捷、迅速,有利于线路开通。

3. 列车故障救援的基本原则

(1)故障救援运行的方式方法由行车调度员根据当时的运行,状态决定,各车站、停车场运行的列车驾驶员等有关人员必须根据行车调度员的命令执行,遵循相关行车规则积极、认真、负责地配合故障救援运行的实现。

(2)正线运行的列车发生故障需要进行救援时,应竭力遵循"正向救援、尽快恢复正线运营"的原则,以确保其他正线列车运行的秩序。

(3)正向救援作业原则性要求在实施中不排斥或禁止其他救援方式、方法,实际运用中须由行车调度员依据当时的实际情况应变处置。因为在部分实际状况下采用其他的方式会有更好的效果。在一般情况下采用正向运行能够保持比较正常的与其他正线运行列车影响较小的调整效果,阻塞后续列车运行的概率小于反方向救援运行。

4. 列车请求救援后的基本处置要求

(1)"清客"的时机要求

为防止线路堵塞,遇下列情况之一,应及时清客:

①列车故障,无法安全运行,或需要救援时。

②由于车辆故障原因(主回路一级故障/一个列车中有1/2车辆失去牵引力/制动一级故障/两辆以上失去制动力),列车最高速度40 km/h及其以下时。

③列车内发生火灾、爆炸或不明物危及乘客时。

④列车中有一辆及其以上整辆车门打不开，或全列中 1/2 车门打不开时。

⑤关门后门灯不灭、或外侧墙门灯显示正常，司机室关门灯不亮，制动无法缓解，且驾驶员处理后需切除关门旁路及 ATP 才能恢复行车的。

⑥担当救援列车时。

⑦由于 ATP 故障，不能保证切除 ATP 安全运行至终点站时。

⑧临时安排，公安请求。

(2)迫停列车驾驶员的处置

①运行列车在区间或者车站因故障被迫停车，在 3 min 内无法判断故障或在判断故障后 10 min 内处理完毕，驾驶员要立即采取有效制动措施，并且用无线电话或其他有效通信工具向行车调度报告情况，并在规定的时间内进行故障排除，如果不能迅速排除应及时向行车调度员汇报并且请示故障救援，已经请求救援的列车不得移动。

②故障列车驾驶员故障救援请求报告内容：

列车车次、车号；

请求救援的事由原因；

迫停时分、地点(以百米标为准)；

是否妨碍邻线；

其他需要说明的事项。

③救援请求后的处置

行车调度员确认列车状况，并下达调度命令，讲清救援车开来方向。

故障车驾驶员根据行车调度员指示的来车救援方向进行救援前的准备工作，包括技术与服务准备，如施加列车停车制动，关闭相关开关、阀门进行客室广播说明情况或者进行“清客”等措施。

在救援列车开来方向进行防护。

④命令发布基本格式

行调向被救援列车驾驶员发令：“命令号××，××次××号车××站清客等待救援，救援来车为后续(前行反方向)××次。”

被救援列车驾驶员复诵：“××次明白，××站清客等待救援，救援来车为后续(前行反方向)××次。”

行调向救援列车驾驶员发令：“命令号××，××次××号车××站清客后担当救援，ATP 手动运行至停车，按连挂信号与故障车××次连挂后，切除 ATP 开救援车××次牵引(推送)至××处。”

救援列车驾驶员复诵:“××次明白,在××站清客后担当救援,连挂后切除ATP开××次牵引(推送)至××处。”

(3)救援运行准备

①“清客”基本规定

担任救援的列车在接到行车调度员的命令后,要根据行车调度命令在就近的车站进行“清客”作业。在高峰时,原则上救援列车与故障列车不在同一车站“清客”。

“清客”时要按规定进行广播,适时关闭车厢照明。

救援列车开行时不办理行车闭塞,驾驶员要获得进入已经封锁区间的行车凭证(调度命令)。

有关列车的开行、折近地点,沿途运行进出车站方法等按调度命令要求执行;

如果故障列车或者救援列车在调度命令下达时在区间内,应在救援运行到达的第一个车站“清客”。

使用内燃机车开行救援列车时,救援机车驾驶员应确认被救援列车的“清客”状态。

②“清客”程序

行车调度员做出“清客”决定后,通知驾驶员、车站做好“清客”准备。

车站、驾驶员做好宣传解释工作,驾驶员应关闭车厢照明,车站派人协助驾驶员“清客”。

“清客”完毕后,由车站通知驾驶员关门,车门关好后,驾驶员与行车调度员联系动车。

“清客”2 min以后,若车上仍有少数乘客未下车,车站通知驾驶员车内乘客情况,驾驶员与行车调度员联系,确定是否再清或关门动车。

若列车上乘客未清完,则在列车退出正线前最后一个车站再次“清客”,需提前通知车站,公安配合清客。

回库列车若在退出正线前最后一个车站“清客”仍有乘客未下车,调度员在决定列车回库后,应通知公安、运转等部门。

发生列车“清客”后,调度员应及时通知有关部门。

在“清客”过程中,列车故障被排除可恢复运行时:

若已“清客”完毕,可不组织重新上客,放空至前方站后,再决定是否载客;

若“清客”未完成,行车调度员应通知车站、驾驶员停止“清客”,恢复载客运行。

在没有直接危及人身安全的情况下,行车调度员根据运营的特殊要求,可决定带客运行。

1.5.2　驾驶员与行车调度员的联系方法

1. 调度与驾驶员的通信分类

(1)故障报修

①当列车有故障时驾驶员应主动与行调联系,若故障无法处理时应及时汇报。

②汇报内容:车次号,车体号,车站(说明上下行),故障/事件情况。

(2)调度命令

①调度命令分书面命令和口头命令。口头命令与书面命令同样具有严肃性,均须做到规范发令、严格执行。

②所有命令必须有命令号,书面命令号每月出 1 至 100 顺序循环使用,口头命令每天由 101 至 200 顺序循环使用。

③口头命令为向单个受令对象(一般为列车驾驶员)直接发布的短期性指令,书面命令一般至少有两个受令对象,有时还需送达驾驶员,较长时间影响行车的命令一般为书面命令。

④调度命令要求清楚简洁,要素齐全。一般采用任务制发令。驾驶员需要呼唤应答,对调度命令进行复诵。

(3)调度建议、通知

列车发生故障时,调度员可对相应的处理措施进行提醒和建议,该类建议不作为调度命令,不具有强制执行性,仅作为参考。

2. 调度与驾驶员的通信渠道

(1)正常手段

在正常运营情况下,调度与驾驶员之间采用无线对讲机进行联系。行车调度员通过控制台操作可对列车车载台或手持机进行选呼、组呼、全呼。

(2)紧急手段

在无线对讲机故障或受干扰时,驾驶员可用站台电话、轨旁电话或手机与行调联系,并明确联系方式。

驾驶员需离开司机室及其他可能与行车调度员失去联系的情况下,驾驶员需主动留下手机号。

发生紧急呼叫时,驾驶员需主动与行车调度员联系并说明原因。

1.5.3　列车救援方法

1. 执行信号与命令的要求

(1)救援调车作业必须按照行车调度员的救援命令和有关道岔的防护信号机或手信号显示的要求进行。

(2)进行手信号调车时,调车指挥人为故障列车驾驶员。

(3)作业时,调车指挥人(故障列车驾驶员)必须正确及时地显示信号,救援驾驶员应确认信号并鸣笛回示。

(4)无论是故障列车驾驶员还是救援列车驾驶员在接受救援命令时都须复诵核对,确认无误后执行。

(5)故障列车驾驶员与救援列车驾驶员应将救援发生时分,包括故障出现,处理、救援、救援开始、结束以及救援列车故障列车“清客”等时间比较完整记录,以利于运行程序的处理、分析。

2. 救援连挂作业的要求

(1)救援列车开往故障地点时应使用“ATP”人工驾驶方式进行,并且加强瞭望,限制行车速度,当接近故障车地点时列车收到“零码”,列车停车后驾驶员应使用“close-in”方式驾驶列车进行。

(2)以内燃机车为救援列车时必须在运行中高度警惕,不得超过规定速度。彻底瞭望,防止失去制动时机与制动距离而撞车。

(3)救援车在距被连挂故障列车三车距离(约 75 m)时一度停车,慢行至一车距离(约 25 m)时再停车,作连挂准备,按显示的信号进行连接。

(4)故障列车驾驶员在完成等待救援的准备工作后应在与救援列车连挂端前方防护,发现救援列车到达,必须按规定显示手信号或用无线电对讲机与救援列车驾驶员联络,待救援列车驾驶员回复后才能允许挂车。

(5)故障列车应并按信号显示规定引导连挂作业,连挂作业时的速度不得超过 3 km/h。

(6)连挂后的列车必须进行试拉,试拉距离不小于 2 m,确认连挂妥当。

(7)救援列车驾驶员与故障列车驾驶员必须进行无线电对讲设备的测试校对,确定良好后才能按规定动车。

1.5.4　救援运行进路确认和速度要求

1. 进路确认

(1)救援列车连挂故障列车牵引运行时,前方进路确认由救援列车驾驶员负责,行车方式为“ATP”人工驾驶。

(2)救援列车连挂故障列车推进运行时,前方进路确认由故障列车驾驶员负责,并随时用无线电对讲设备通知救援列车驾驶员,遇有危及行车安全与人员安全的情况,要及时通知救援列车驾驶员采取紧急停车措施;推进运行的行车方式为人工驾驶。

(3)救援运行时,通过车站的运行方式,车站停车位置等事项按调度命令和有关规定执行。

2. 速度要求

(1)故障救援牵引运行时的运行速度正线限速 40 km/h,进站及侧线限速 30 km/h。

(2)故障救援推进运行时运行速度限速 30 km/h。

(3)天气不良或环境恶劣时应适当掌握降低速度。

1.6 乘务人员及乘客心理分析

1.6.1 乘务人员心理分析

1. 乘务工作的性质与环境

(1)乘务工作的性质

轨道交通具有线多、面广、且每日运营时间长等特点,而列车驾驶员乘务工作的好坏将对国家和人民生命财产安全直接造成影响。因此,乘务工作一般具有以下特性:

①责任性:列车驾驶员在值乘过程中对工作中所涉及的相关行车设备和乘客安全负责。

②固定性:列车驾驶员在值乘过程中,只对值乘的当次列车安全负责。

③独立操作性:每次列车只配备一名驾驶员。因此,列车驾驶员在值乘过程中具有独立操作性。

(2)乘务工作的环境

乘务工作的环境可以分为:周围环境和驾驶环境两种。

①列车驾驶员每天驾驶着列车穿梭于城市地下、地面或高架沿线上,从周围环境来看,驾驶员每天面对的是漆黑的隧道、固定的线路以及来往的乘客等,相对而论是一种固定的环境。

②从驾驶环境来看,每趟列车驾驶员都重复着开车、停车、开门、关门、开车的循环劳动,看似机械,但在驾驶过程中,驾驶员必须时刻保持高度的警惕心、责任心。

从以上两种环境可以看出环境对驾驶员乘务工作具有一定的影响。

(3)基础管理的要求

如何管理好驾驶员队伍,帮助他们及时调整生理、心理状态,以充沛、饱满的精神投入到乘务工作中去,确保列车的运行。安全是基础管理的基本要求。要以以人为本为基础管理思路注重观察与分析、了解驾驶员的生理、心理状态,完善各项规章制度,充分考虑乘务工作的特殊性,实现全方位的综合管理,以提高管理效率与效果。

2. 驾驶员心理状态的因果关系

(1)产生心理情绪的主要原因

产生心理情绪的主要原因有:工作、社会、家庭等各类因素的影响。如:工作中遇到道床伤亡事故时,虽然在驾驶操作中无过失,但会对自己产生一种不信任感,从而产生心理压力。又如:生活中与女友(男友)或交往中,由于受到经济条件的限制,无法满足女友(男友)的物质要求,从而产生一种自卑感或失落感,使工作积极性不高,甚至厌恶等心理状态等。

(2)驾驶员心理情绪的主要表现

①情绪低落或抑郁

轻者情绪低落,忧心忡忡,愁眉不展,唉声叹气;重者忧郁沮丧,悲观绝望,感到自己一无是处,度日如年,自卑自责。

②焦虑

表现在紧张恐惧、顾虑重重,好似大祸临头,坐卧不安,认为问题无法解决。

③恐惧

恐惧是个体面临危险时的情感体验。与焦虑不同的是危险已经存在,认为自己无法克服这种危险,试图回避。

④情感脆弱与易激惹性

在无明显外界因素影响下情绪容易波动,易出现过激与攻击行为。

⑤情感淡漠

情感对外界任何刺激缺乏相应的情感反应,对周围的事漠不关心,言语声调平淡,面部表情呆板,内心体验贫乏或缺失。

(3)心理情绪对列车驾驶的影响

心理情绪的不稳定极易产生生理、心理疲劳,思想不集中、思维混乱、反应能力迟钝、动作差错增多、工作效率下滑等状态情况。这样的工作状态将严重威胁列车行车安全,容易引发行车事故、有责投诉事件或客伤事故。

(4)心理问题对运行安全的危害

乘务人员心理发生问题或障碍,必然会对运行安全产生相应的后果。而这种后果具有十分严重的不可预测性和严重性。

①给国家和人民生命财产带来损失和伤害。

②给企业经济效益与形象带来负面影响。

3. 心理疏导与乘务基础管理

(1)心理疏导的重要性

心理疏导能有效地解决驾驶员心理,帮助他们加深树立正确的人生观、价值观,对自身、社会等的认识。从而避免心理的问题发生,对预防行车安全事故起到重要作用。

(2)心理疏导对基础管理的作用

在基础管理中,对于驾驶员的管理至关重要,作为一名在运营一线工作的驾驶员,其个体行为将直接影响到行车安全。一旦驾驶员的心理发生问题或障碍,如果处理不当,后果将非常严重,甚至会蔓延到其他成员。因此开展心理疏导,能有效地缓冲或解除驾驶员的心理压力或病症,减轻驾驶员心理负担,有利于做运行安全工作,从而有利于基础管理工作顺利有序地进行。

(3)改善心理状态的有效途径

心理疏导是应用心理学知识改变驾驶员的认知、情绪、行为的意志,来达到消除症状的一种方法。通过解释、说明、支持、同情、相互之间的理解,运用语言和非语言的交流方式,来影响对方的心理状态,来改变对方的认知、信念、情感、态度和行为等,达到排忧解难、降低心理痛苦的目的。其途径可有:

①开展又针对性的思想教育,增强驾驶员对各种境遇的适应和承受能力。

②创建良好的工作生活环境,使驾驶员置身于优良的工作氛围中。

③明确行车工作的重要意义,树立高度的责任感和使命感。

④热爱行车岗位,消除自卑感,自觉培养对工作的兴趣。

(4)心理疏导在乘务基础管理中的应用

心理疏导通常以沟通交流作为重要手段,通过谈心、网聊、家访等形式,了解驾驶员的思想动态和心理状态,然后对症下药,通过交流讨论,解除心理障碍,面对未来。

心理疏导还可以以“行为”作为手段,在进行思想沟通后,对他们的正确行为做出判断,在思想与行为上进行支持或鼓励,使他们重新建立面对工作,生活的信心。

1.6.2 乘客心理分析

根据2018年、2019年对轨道交通的客流调查,可以发现轨道交通运营的乘客群的年龄、职业、出行目的等大致分布情况,见表1-1。

表1-1 上海轨道交通主要乘客群的特征

年份	性别(%)		地别(%)		年龄		出行原因	
	男性	女性	本地	非本地	≤30	≥50	上下班、学	因公
2018	52.7	47.3	80.6	19.4	67.3		43	40.3
2019	52.6	47.4	84	16	72.1	4.4	57.8	24

上海轨道交通主要乘客群的特征是:以本地乘客群为主的、年龄在30岁以下的、出行目的以上下班、上下学为主的、其中男女比例相对比较接近而男性乘客又

略多的一群人。对乘客心理的分析就从年轻乘客、本地乘客和非本地乘客三方面进行分析。

1. 年轻乘客的心理特点

在轨道交通众多30岁左右的乘客中，独生子女占有相当的比例，这些乘客经常表现出以下行为特点：独立性较强、有较强烈的维权意识、对轨道交通服务的质量要求也比较高、容易偏激。

针对他们的心理特点，就需要服务员以车站管理的权威性，明确指出乘客应尽配合管理的义务，同时辅以热情的服务态度，才能施行有效的车站管理。

2. 本地乘客的心理特点

城市轨道交通最大的乘客群当然是本地乘客，尤其是在早晚上下班、学的高峰时段，本地乘客更是主流乘客群。

作为主流乘客群，这部分乘客的心理和由此形成的行为特点，是轨道交通服务人员必须掌握的。

本地乘客一般都是将轨道交通作为上下班、上下学的首选交通工具，其理由为：安全、快捷、准时、时间容易掌握等，由于上下班的时间较紧，他们往往是“单位家庭、两点一线”，他们追求的是“花最少的时间到达目的地”，因此无论是进站、购票、候车、出站都要求快，唯一可以让他们安心的只有在正常行驶的列车上。由于出行规律相对固定，因此他们对车站的布局、乘车线路、甚至候车时间、位置也基本上是固定的。他们有较明显的“就近心理”“从众心理”和“自我心理”的倾向，在心理表现上，往往具有“焦虑”和“疲劳”的表现，当发生突发事件时，容易产生“怀疑”和“恐惧”心理。在这种心理指导下，他们的行为表现往往是运营正常时，对车站导向、广播、告示等“熟视无睹”或“充耳不闻”；在遇到突发事件时，提意见“激烈而又尖刻”，因此车站服务员必须了解他们的心理特点，进行及时引导和指点。

3. 非本地乘客的心理特点

虽然目前非本地乘客在轨道交通乘客群中所占比例不高，但是作为衡量轨道交通服务质量和城市文明程度的重要指标，也需要了解他们的心理和可能发生的行为。

对非本地乘客还可从国籍分为：中、外乘客；从出行目的分为：旅游、因私、公务等；从在本市的居住时间分为：短期(1天～2周)、中长期(2周以上)；根据从事的职业可分为：白领、蓝领和无职业等。乘坐轨道交通的非本地乘客的流动性很大，有些乘客在城市居住的时间已经相当长，对轨道交通的熟悉程度丝毫也不亚于本地乘客，他们的心理就可等同地视为本地乘客。

第 2 章　车 辆 机 械

2.1　车　　体

轨道交通车辆是用以运送乘客的运载工具，其供运送乘客及为乘客服务的部分称为车厢。车厢外壳按使用的材质可分为铝合金车、耐候钢车和不锈钢车。按制造工艺又可以分为焊接、铆接或混合连接结构。按承载方式分类，有底架承载、底架与侧壁共同承载和整体承载三种承载形式，轨道车辆的车体一般采用整体承载方式。

2.1.1　轨道交通车辆车体的特征

与普通铁路客车相比，轨道交通车辆的车体具有如下特征：

1. 一般为动力分散型电动车组，有动车与拖车之分。

2. 车厢内的座位少、车门多且开度大，内部服务于乘客的设施较简单。

3. 重量限制较为严格，特别是高架轻轨，要求轴重较轻。故车体采用轻量化概念设计，车体材质一般采用大型中空铝合金挤压型材、高强度复合材料或不锈钢。车体其他辅助设施尽量采用轻型高科技新材料。

4. 车体的防火要求严格，故采用防火阻燃、低烟和低毒的材料。

5. 车辆的隔音和减噪有严格要求，以最大限度地降低车辆噪声。

6. 列车的外观造型和色彩与城市市容规划相协调。

2.1.2　轨道交通车辆车体的结构

轨道交通车辆的车体主要组成部分包括：底架、侧墙、端墙、车顶及其他附属设备。

车体的承载方式一般采用底架承载或整体承载两种方式，轨道交通车辆的车体是由底架、侧墙、车顶和端墙等部件组成的桶形结构，整体承载方式。

轨道交通车辆车体断面形状为鼓形或梯形，上海轨道交通车辆车体断面形状多为梯形，选取这样的外形是为了提高车辆在圆隧道内获得最大的空间截面积(或称之为充塞比)，从而使地铁工程的整体取得最好的经济效益，同时也改善了车辆在圆隧道内的“活塞”效应，加强隧道的自然通风能力。

司机室为一整体，通过焊接与车体拼接。司机室地板下部设有数排椭圆孔，当车辆受到迎面意外撞击时，利用椭圆孔的塑性变形来吸收纵向冲击能量，以保护司机和乘客的安全，并避免车体的损坏。

通常轨道交通车辆的首车前端安装有防爬器，防爬器不仅可以起到车辆之间冲撞时的防爬作用，也可以设计成为具有能量吸收和防爬双重功能的防爬器。它通过防爬器内部部件剪切破坏来实现能量的吸收，以保护司机、乘客安全，避免车体的损坏。

2.1.3 上海轨道交通西门子A型电动列车车体

上海轨道交通西门子A型电动列车是由德—沪地铁集团(GSMG)承制，其车体结构基本相同如(图2-1)，均为大型铝合金挤压型材的焊接结构，主要技术参数见表2-1。

图2-1 西门子A型电动列车

表2-1 西门子A型电动列车主要技术参数

两端车钩连接中心面之间长度	有司机室(Tc车)	24 400 mm	贯通道最小宽度	1 500mm
	无司机室(Mp/M车)	22 800 mm	车钩水平中心线距轨面高	720 mm
车体长	有司机室(Tc车)	23 690 mm	两转向架中心距(定距)	15 700 mm
	无司机室(Mp/M车)	22 100 mm	转向架固定轴距	2 500 mm
车体最大外宽		3 000 mm	轴重	≤16 t
车体内部宽度		≥2 720 mm	座位数	56人/辆
车顶中心线距轨面高(新轮，不包括静压排风扇和受电弓)		3 800 mm	额定乘客总数(按6人/m^2)	310人/辆
客室地板面距轨面高度		1 130 mm	超载时乘客总数(按9人/m^2)	410人/辆

2.1.4 上海轨道交通西门子 A 型电动列车的车体结构与内部设施

上海轨道交通西门子 A 型电动列车为整体承载的封闭梯形结构，其材料均采用大型铝合金中空挤压型材，连接方式为焊接。

1. 车体结构

列车车体结构主要由底架、侧墙、端墙、车顶通过焊接组成。车体底架通过心盘支承在转向架上，承受着作用在车体上的各种载荷，它是车体的基础，因此，车体的底架是车辆最重要的部件之一。车体底架由地板、侧梁、枕梁、小横梁和牵引梁组成。枕梁用于连接转向架，牵引梁设在底架的两端，用来安装车钩缓冲装置，西门子 A 型电动列车车体断面，如图 2-2 所示。

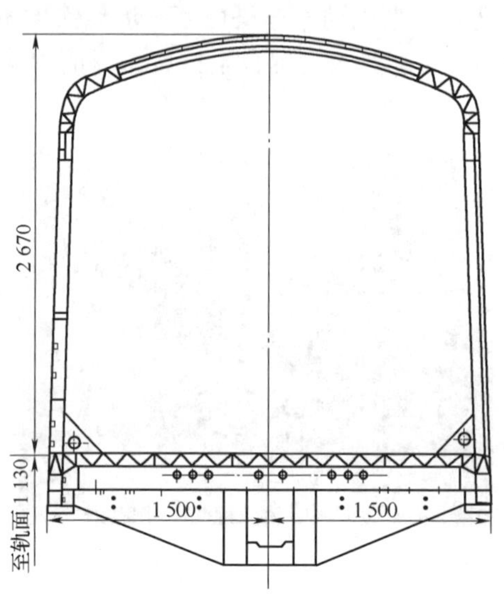

图 2-2　西门子 A 型电动列车车体断面(单位:mm)

车体的左右侧墙各有五扇车门和四个车窗，侧墙被分隔成六块，组装时分别与底架、车顶拼接，各块均为整体的挤压铝型材或焊接部件。

车顶两侧小圆弧部分，采用形状复杂的中空挤压铝型材，中部大圆弧部分也是带有纵向加强杆件的大截面挤压铝型材，车顶组装时仅留下几条与车顶等长的纵向长焊缝。

车体两端的端墙也为大截面挤压铝型材。

司机室为一整体，通过焊接与车体拼接。司机室地板下部设有数排椭圆孔，当车辆受到迎面意外撞击时，利用椭圆孔的塑性变形来吸收纵向冲击能量，以保护驾驶员和乘客的安全，并避免车体的损坏。

2. 内部设施

(1)地板

客室地板的底层是铝合金中空型材,在铝型材表面黏接 2.5 mm 厚的 PVC 塑料地板(DC01 型车的 PVC 塑料地板下是防火处理过的木板),具有耐磨、阻燃和防滑的性能。

(2)顶板

客室顶板由三部分组成,中间为平板,平板两侧为多孔的空调通风口,最外侧为客室照明灯的灯箱和门控驱动机构的弧形盖板。

(3)客室侧墙、端墙

侧墙、端墙的内侧(客室侧)都是阻燃的密胺树脂胶合板。组装后的侧墙、端墙其铝合金型材的内侧均喷涂了阻尼浆,并敷贴了隔音、隔热材料,所以侧墙、端墙都具有良好的隔音和隔热效果。

(4)客室车窗

客室每侧均匀布置四扇车窗,车窗采用中空玻璃,具有良好的隔热、隔音性能。玻璃用环型氯丁橡胶条嵌入装配在侧墙内。

(5)司机室挡风玻璃

驾驶台前挡风玻璃安装有约 12 mm 厚的安全挡风玻璃,玻璃内埋有电加热丝,在冬季可进行加热除霜;玻璃外侧装有刮雨器。

(6)司机座椅

司机座椅是按人机工程学原理专门为司机设计的专用座椅,驾驶员可按个人需求对其进行上下和前后调节。

(7)客室座椅

为了适应城市轨道交通短途、大运量的特点,客室座椅采用靠侧墙纵向布置的方式,在每节车厢两侧车门之间设置有座椅,共 56 个座位。根据上海气温特点和车厢内的空调条件,座椅采用玻璃钢材料。

(8)立柱、扶手

为了方便站立乘客的乘行,在客室内设有立柱及纵向扶手。在每节车厢的纵向中心线处,均匀设置了 13 根立柱。在座椅的端部也设有立柱以方便站立在车门区的乘客。同时在这些立柱上还装有纵向扶手。立柱与纵向扶手采用用铝合金材料,表面进行阳极氧化处理。立柱的直径为 40 mm,扶手的直径为 35 mm。

(9)紧急疏散门

紧急疏散门设置在正、副驾驶台中间的前端墙上,供乘客在紧急情况下逃生。

(10)贯通道

在车辆与车辆之间设有贯通道，贯通道为封闭的折棚，底部是用轧花铝合金制成的过渡板，不仅供乘客在车厢间自由走动，并增加车辆通过曲线时的灵活性。

(11)其他

在客室的座椅下面，安装有受电弓升弓脚踏泵(仅 Mp 车有)及灭火器等。

2.2 车　　门

轨道交通电动列车客室车门数量多且操作频繁，车门状态的好坏将会直接影响运营品质，因此保证车辆客室车门的安全与可靠至关重要。

2.2.1 轨道交通车辆客室车门的特点

车门要均匀分布，以方便乘客上、下车；要有足够数量的车门，以使乘客上、下车时间满足运行密度的要求；要有足够的有效宽度；要具有较高的可靠性。

2.2.2 客室车门的结构形式

轨道交通电动列车的客室车门，按照驱动系统的动力来源分为电动式车门和气动式车门。电动式车门的动力来源是直流或交流电机，气动式车门的动力来源是驱动气缸。按照车门的运动轨迹以及与车体的安装方式，客室车门主要可分为三种形式：

1. 内藏嵌入式移门

内藏嵌入式移门简称内藏门，车门开/关时，门叶在车辆侧墙的外墙板与内墙板之间的夹层内移动。传动系统设于车厢内侧车门的顶部，装有导轮的门叶可在导轨上移动，传动机构的钢丝绳、皮带或丝杠与门叶相连接，借助气缸或电机驱动传动机构，从而实现门叶的往复动作。

2. 外挂式移门

外挂式移门与上述内藏嵌入式移门的工作原理完全相同，主要区别在于门页和其悬挂机构处于侧墙的外侧。

3. 塞拉门

塞拉门在车门开启时，其门页贴靠在侧墙的外侧；关闭时，其门页外表面与车体外墙成一平面。这不仅使车辆外观美观，便于自动洗车装置对车体的清洗，而且也有利于减小列车高速行驶时的空气阻力和空气涡流产生的噪声。塞拉门开/关的平移动作是通过电机驱动与门页相连的传动机构，装有导轮的门页沿着门页上方的导轨滑移；其关门的塞拉动作可以是导轨的导向，也可以通过摆杆摆动来实现。

2.2.3 上海轨道交通西门子A型电动列车的客室车门

西门子A型电动列车的客室车门是以压缩空气为动力的风动门，具有结构简单、容易控制、安全可靠、故障率低等优点。压缩空气经过门控电磁阀的控制作用于驱动气缸，气缸活塞杆带动钢丝绳、绳轮、防跳轮、滚轮和导轨等组成的机械传动系统动作、使两车门同步反向移动，完成车门的开、关动作。

1. 主要技术参数(表2-2)

表2-2 西门子A型电动列车客室车门主要技术参数

门框宽度	1 550 mm	关门时间	(2±0.5) s
门框高度	1 860 mm	电源电压	DC 110×(1±30%)V
车门开度	(1 400±4)mm	工作温度	−12～+40 ℃
车门厚度	32 mm	工作湿度	≤90%
机械装置高度(距轨面)	2 800 mm	压缩空气工作压力	4～5 bar[注]
开门时间	(2±0.5) s	关门夹紧力	150～200 N

注:1 bar=100 kPa。

2. 基本结构和功能

(1)门页和导轨

如图2-3所示，车门上部装有由钢化玻璃及氯丁橡胶密封条组成的玻璃窗；车门的中心处可承受90 kg的横向载荷，而挠度不允许大于6.2 mm。车门的两侧立边装有氯丁橡胶密封条；橡胶密封条在两车门的结合处呈凸凹状，保证车门关闭时有良好的密封效果，并可在车门关闭的瞬间起保护乘客免于被夹伤的作用，因此它又被称为护指橡胶条。在门另一立边的橡胶密封条主要起防尘、防风的作用。一般来讲，各型列车门页结构基本相同。

每扇车门的顶部装有两个尼龙防跳轮(图2-4)和两个尼龙滚轮，滚轮沿门上导轨滑动并承受门重载荷。

(2)机械传动系统

机械传动系统的作用是将驱动气缸活塞杆的力传递至两扇门页，使车门产生开、关动作。由左门驱动架、右门钢丝绳架、驱动气缸、绳轮、钢丝绳和上下导轨等组成。

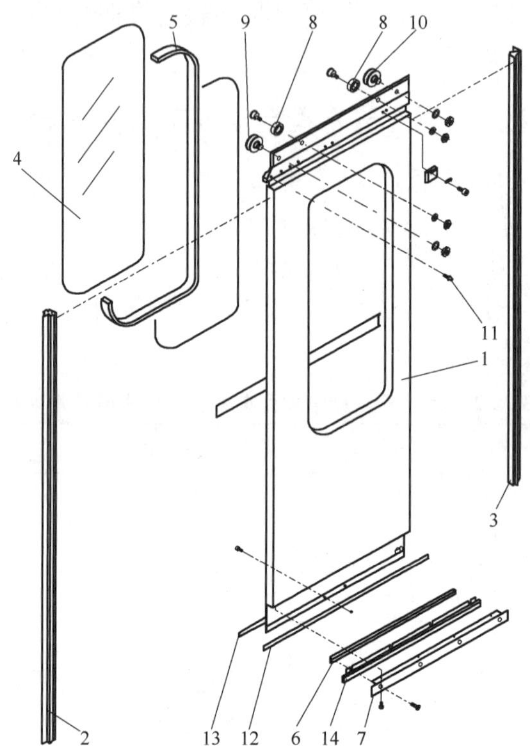

图 2-3　西门子 A 型电动列车车门

1—门页内部；2—护指橡胶条；3—密封橡胶条；4—窗玻璃；5—窗玻璃密封橡胶框；6—门下毛刷卡条；7—门下毛刷封条；8—偏心防跳轮；9—承载轮；10—偏心承载轮；11—锁销；12—内侧磨耗板；13—外侧磨耗板；14—门下毛刷

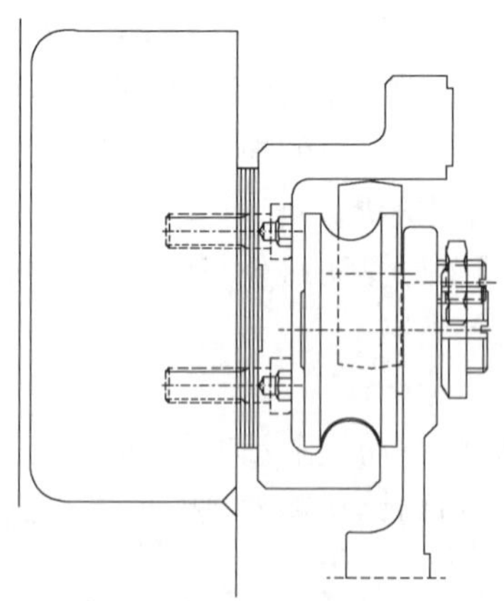

图 2-4　西门子 A 型电动列车防跳轮

左门驱动架(图 2-5)安装在左车门上,主要作用是将驱动气缸的活塞杆固定在左车门上,使左车门在活塞杆的带动下,随着活塞杆的动作而进行车门的开、关动作,因此左车门为主动门。左门驱动架与活塞杆的连接方式为球铰连接。

右门钢丝绳架(图 2-6)安装在右车门上,主要作用是将右车门与钢丝绳相连,使右车门与钢丝绳连动。

图 2-5 西门子 A 型电动列车左门驱动架

图 2-6 西门子 A 型电动列车右门钢丝绳架

驱动气缸(图 2-7)是车门系统的主要部件,是车门开、关门动作的执行元件,由压缩空气推动驱动活塞杆运动,并带动左车门开、关,再通过钢丝绳将动力传递至右车门,因此右车门为从动门。驱动气缸的性能好坏直接影响到车门动作的可靠性。

图 2-7 西门子 A 型电动列车驱动气缸

气缸的尾座与车体相连,气缸可在车体纵向转动;气缸与左车门上的驱动架通过球铰相连,因此处于浮动状态,不会因车体变形而产生活塞杆在气缸内卡死现象。

钢丝绳在绕过 2 个绳轮后通过左门驱动架，左门驱动架上的钢丝绳夹板夹紧钢丝绳后，钢丝绳的 2 个端头在右门钢丝绳架上汇合。通过这样的动作钢丝绳将左、右车门联系起来，实现了左、右车门的同步反向联动。钢丝绳的安装如图 2-8、图 2-9 所示。

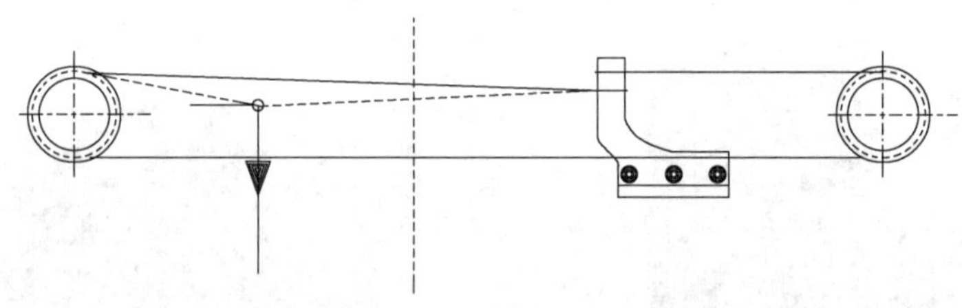

图 2-8 西门子 A 型电动列车钢丝绳的安装

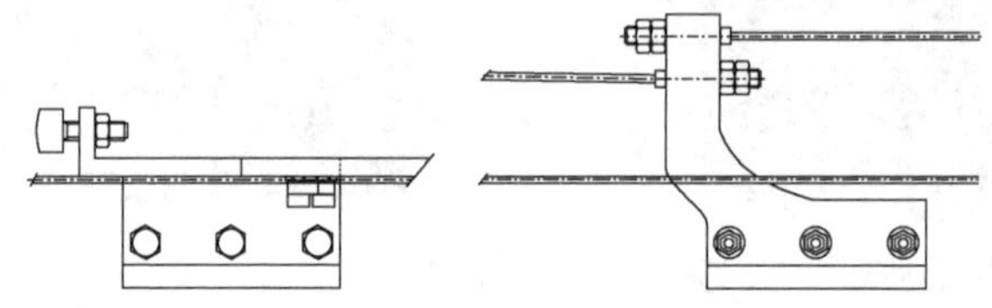

图 2-9 西门子 A 型电动列车钢丝绳夹板及钢丝绳的安装

(3)机械锁闭机构

机械闭锁机构(图 2-10)安装在车门系统中心位置的上方，由车门锁钩组件、门上锁销和解锁气缸等组成。解锁气缸是执行门钩解锁动作的部件。锁钩板呈反 S 形，将车门上的圆销锁住后车门无法开启。扇形板在锁钩板打开时可将 S1 行程开关触发。复原弹簧的作用是使锁钩板复位。

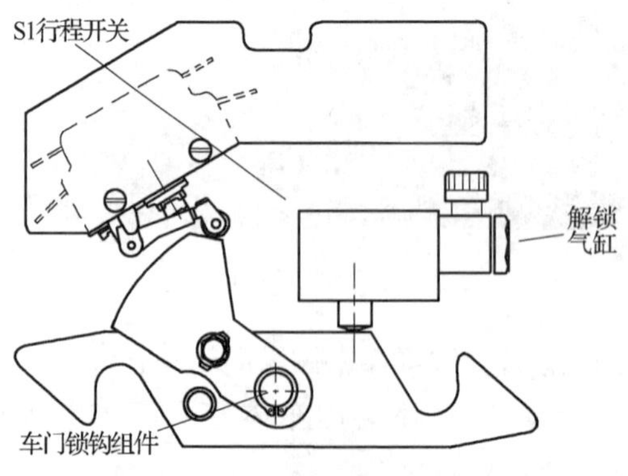

图 2-10 西门子 A 型电动列车机械闭锁机构

(4)紧急解锁装置

红色紧急拉手(图 2-11)安装在车门上方的正中,安装有 3 个行程开关,并附有紧急机构解锁和切除机构,便于遇到紧急情况时乘客使用或车门发生故障时乘务人员操作。

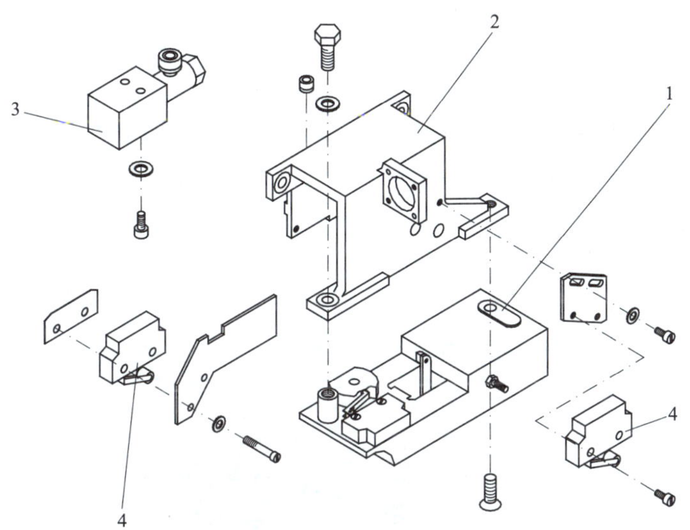

图 2-11 西门子 A 型电动列车红色紧急拉手

1—紧急拉手总成;2—支架;3—解锁气缸;4—行程开关

(5)关门止挡

关门止挡(图 2-12)安装在车门左上方。由于两车门关闭时的中心位置须与门框的中心重合,且两车门上的圆销进入锁钩板圆孔后与圆孔的间隙两边须均匀,因此须通过关门止挡来调整车门关停的位置。

图 2-12 西门子 A 型电动列车关门止挡

(6)门控电磁阀

门控电磁阀是负责控制进入车门驱动气缸的压缩空气压力的大小,从而实现调节开门速度、关门速度、开门缓冲和关门缓冲的功能。它是由3个二位三通电磁阀(MV1、MV2、MV3)、5个节流阀和2个快速排气阀的组成,如图2-13所示。

MV1、MV2和MV3电磁阀分别为开门、关门和解锁电磁阀。

5个节流阀的功能分别为调节开门速度、关门速度、开门缓冲、关门缓冲和解锁速度。

2个快速排气阀的功能是主气缸两端排气管可通过快速排气阀排向大气。快速排气阀相当于一个双向选择阀,排气口是常开的,当驱动气缸通过它充气时,其阀芯将排气口关闭。

西门子A型电动列车的节流阀装在气缸两端的出口处;3个二位三通电磁阀装在气缸的缸体中部;2个快速排气阀分别与同一端的节流阀为一体。

图2-13　西门子A型电动列车门控电磁阀

(7)行程开关

行程开关是反映车门开关动作的限位开关,它把车门的机械动作变成电信号反映到车门的监控回路,使驾驶员随时了解车门的开关状态。S1、S2、S3、S4四个行程开关分别对门钩位置、关门行程、门控切除及紧急手柄位置进行监控和显示。

①S1门钩位置行程开关(图2-14)表示门钩锁定与否的信息,为常闭的行程开关,装在红色紧急拉手上。当门钩锁定时,其1/2触点(为常闭触点)合上(在线路中将电路接通),3/4触点(为常开触点)断开,反之则是门钩尚未锁定。

②S2关门行程开关(图2-15)表示车门关闭与否的信息,为常开行程开关,固定在门导轨上部的一个安装架上。当车门关闭时,其1/2触点(常闭)断开,3/4触点(常开)合上(在线路中将电路接通),反之则是车门尚未关闭。

图 2-14 S1 门钩位置行程开关

图 2-15 S2 关门行程开关

S1 行程开关与 S2 行程开关为连锁作用，即同一侧 5 个门的所有 S1 与 S2 行程开关均为串联，若其中任意一个不闭合，司机室会显示故障，列车则无法启动。

③S3 车门紧急切除行程开关(图 2-16)为常闭的行程开关，装在红色紧急拉手上。在正常情况下，1/2 触点(常闭)闭合。当某车门由于故障而不能被正常使用时，使用方孔钥匙启动紧急拉手上的切除机构，S3 行程开关的 1/2 触点断开，3/4 触点合上，从而将该门的监控回路短接，排除在列车门控系统之外，使列车不因此车门的故障而影响正常运营。

④S4 紧急开门行程开关(图 2-17)为常闭的行程开关，装在红色紧急拉手上。有如下两种情况：

在 ATP 系统开通时，当客室内的紧急手柄被拉下时，S1 和 S4 两个行程开关同时动作，此时 S1 的 1/2 触点断开，使监控回路断开、司机室会显示故障，列车将自动紧急停车，同时 S4 的 1/2 触点的断开使关门电磁阀也失电，且由于紧急手柄的动作使门锁也被打开，车门可由人工开启。另外由于 S4 的 3/4 触点的合上，则向驾驶员报警，显示在客室里有异常情况发生，列车会自动停车。

图 2-16 S3 车门紧急切除行程开关

图 2-17 S4 紧急开门行程开关

在 ATP 系统关闭时，当客室内的紧急手柄被拉下时，S4 的 3/4 触点的合上，则向司机报警，客室有异常情况，但是列车不会自动停车。

3. 车门功能

(1)客室车门的开关

正常情况下，车门的开关和锁闭由驾驶员在驾驶室按动左右侧壁上的开关门按钮来完成(交流传动列车在右侧壁上还增设左侧门开、关按钮)，不允许乘客操作。开关门按钮上带有指示灯，以显示车门开关的状态。只有当开门按钮的指示灯点亮时，车门才有可能打开。在客室外 2 位端的两侧窗下有门锁机构，驾驶员在车外可用钥匙打开车门。门外设有脚蹬和扶手。

(2)关门报警

为了提醒乘客不要被车门夹住，在关门前夕设置了关门报警。报警时蜂鸣器鸣叫约为 4～5 s，蜂鸣器停止鸣叫后车门关闭。

(3)客室车门监控系统

列车在正常运营时采用全自动列车控制(ATC)模式，车上只有一位驾驶员监控。为了保证列车安全运营，有一套客室车门监控回路来监控列车全部车门的开关状态。

S1 行程开关与 S2 行程开关为连锁作用，同一侧所有车门的 S1 与 S2 行程开关均为串联。若其中任意一个行程开关不闭合，说明某个车门没有关好或锁好，司机室会显示故障，列车则会无法启动或紧急刹车。全列车每侧的 S1 行程开关与 S2 行程开关形成的串联回路是客室车门的监控系统。当所有车门均关好、锁好时，客室车门的监控回路接通，驾驶员首先是通过关门按钮上的按钮灯来判断全列车的客室车门是否关闭及锁定，然后才根据司机台的显示屏显示内容或车外侧侧墙灯、车门灯来进一步确认。

(4)列车再开门

只有ATP系统开通时,列车才具有再开门功能。

当车门在关闭过程中,如果在规定的时间内关门灯未亮,则意味着车门尚未完全关好,则再按一下开门按钮,此时仅有未关闭的车门再次开启,并隔4~5 s后自动关闭。

(5)紧急开门

在紧急情况下乘客可扳动车门正上方位置的红色紧急手柄开门。此时:S1行程开关的1/2触头打开,使列车产生紧急制动。S4行程开关的1/2触头打开,使关门电磁阀的电器连接被中断;但该电磁阀可以通过一个并联接头供电,气缸仍不会释放,直到列车降速到3 km/h时电磁阀断电、然后车门系统的气路被中断,车门可手动打开;红色紧急手柄会从下方顶起车门的锁钩板,使门的机械锁打开。3 km/h以下使用红色紧急手柄时关门电磁阀的电器连接会立刻被中断、然后车门系统的气路被中断,车门立刻可手动打开。由于S4行程开关的3/4触头闭合,使驾驶员获得车门紧急开启的信息。

若再将紧急手柄推上复位后,车门会自动锁闭。

在车外2位端的两侧窗下、距轨面1 600 mm处,有门锁机构,必要时乘务员在车外可用钥匙打开端头的车门。门外设有脚蹬和扶手。

(6)车门切除

但是当某车门由于故障而不能正常开关时,则可将该单扇门的控制电路切除,使该门处于关闭状态而不能开启。其方法是使用方孔钥匙将应急拉手旁的S3行程开关的3/4触点合上,1/2触点断开,从而将该扇门的监控回路短路,整列车不会因这扇门的故障而影响正常运营;并从机械上阻止车门的打开;在实施切除前车门须关闭、锁定且紧急手柄处于正常位。

4. 司机室侧门的基本结构

司机室两侧各有一扇单叶内藏式滑动侧门,用于驾驶员出入。司机室侧门的开闭为手动,没有电气控制系统。司机室侧门可以确保司机室与外界进行物理、热量和声音的隔离。

司机室侧门结构与客室门类似,但门上装有与门把手联动的锁板,并安装有门锁。侧门的锁闭由驾驶员使用钥匙控制,侧门由驾驶员锁好后,任何人无法进入。在侧门未锁时,进出侧门须扳动门把手,由于门把手与司机室侧门上方的锁板为联动,因此锁板与门框上的锁销脱离,侧门即可打开。

侧门上的窗户可开启。门框上装有开关门止挡,可调整侧门关停的位置。

5. 司机室通道门的基本结构

在司机室与客室之间有一扇单叶的推拉门,用合页安装在司机室与客室之间的隔墙上。车门下部装有百叶通风板。

通道门在司机室一侧有开门把手;客室一侧没有开门把手,乘客不能开启这扇门的。但在门上方有一红色紧急拉手,在紧急情况下乘客可扳下紧急手柄开启通道门。

6. 紧急疏散门的基本结构

列车在隧道内运行一旦发生火灾或其他险性事故时,必须紧急疏散乘客。驾驶员可打开设在 2 个 Tc 车端头正中间的紧急疏散门,引导乘客通过紧急疏散门走向路轨中央,然后向两端的车站疏散。

紧急疏散门门页下部和地板之间用铰链连接;门页上方装有门锁机构和锁门行程开关;门锁开启后车门能自动倒向路基,门板可成为连接车体地板与地面的斜梯,门板由铝合金板型材制成,表面涂有防滑漆,防止乘客滑倒。门的两侧各有一组由数个铝合金杆和气弹簧铰接在一起的拉杆机构,拉杆机构一头与车端相连、一头与门板相连,在门倒下的过程中起到缓冲作用,防止倒下速度过大,使车门装置的损坏;拉杆机构也是斜梯的栏杆和扶手。

紧急疏散门有一个检查钢丝绳安放位置是否正确的行程开关、一个锁门行程开关和二个检查紧急疏散门是否关闭良好的行程开关。紧急疏散门打开后的状况,如图 2-18 所示。

图 2-18 紧急疏散门打开后成为斜梯

2.3 车钩缓冲装置

车钩缓冲装置是车辆最基本的也是最重要的部件之一,通过它使机车和车辆或车辆和车辆之间实现连挂,并且传递和缓冲列车在正常运行或在调车作业时所产生的纵向牵引(制动)力或冲击力。

车钩缓冲装置可分为牵引连挂装置(车钩)和缓冲装置两部分。牵引连挂装置用于车辆间的连接,并传递拉伸(牵引)力的作用;缓冲装置用来传递和缓冲压缩力的作用,减小车辆相互冲击时所产生的作用力。

2.3.1 轨道交通车辆车钩缓冲装置的类型

一般分为三种类型:全自动车钩、半自动车钩和半永久车钩,它们均属于密接式车钩。

(1)全自动车钩:联挂或解钩时其机械、气路和电路可以实现完全自动连接或分离,也可人工解钩。

(2)半自动车钩:联挂或解钩时其机械和气路可以实现完全自动连接或分离,也可人工解钩,但其电路必须靠人工连连接或分离。

(3)半永久车钩:联挂或解钩时其机械和电路的连接或分离都需要人工操作。

2.3.2 上海轨道交通西门子A型电动列车车钩缓冲装置的类型

西门子A型电动列车的车钩缓冲装置分为三种类型:全自动车钩、半自动车钩和半永久车钩,现以全自动车钩为例,介绍上海轨道交通现有电动列车的车钩。

西门子A型电动列车车钩是由德国夏芬伯格公司设计制造,全自动车钩结构如图2-19所示。车钩钩头由机械钩头、电气连接箱和气路连接器三部分组成。机械钩头部分居中,电气连接箱分设在左、右两侧,钩头中心线下方设有气路连接器。钩头可实现机械、电气和气路的完全自动连接和分离。车钩的缓冲装置由压溃管和橡胶缓冲器(EFG3)组成。

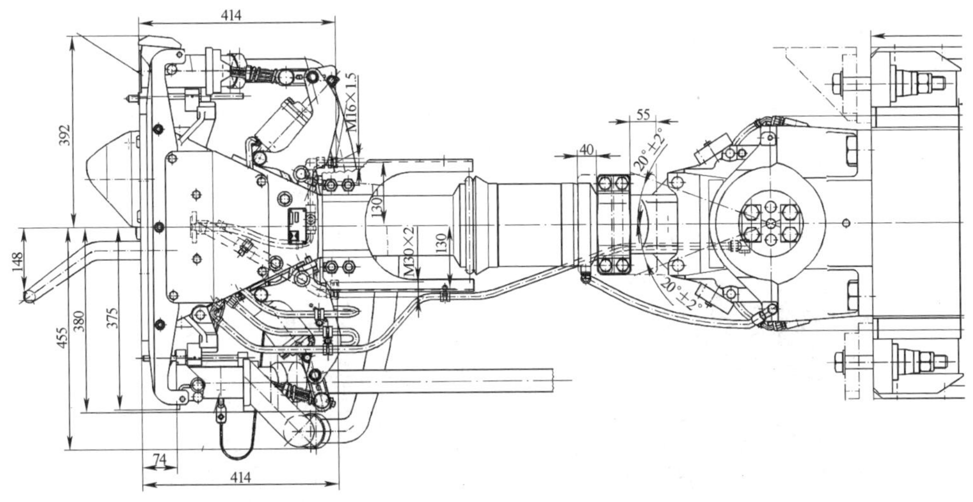

图2-19 西门子A型电动列车的全自动车钩结构(单位:mm)

2.3.3 车钩缓冲装置的组成

车钩缓冲装置一般由车钩钩头、缓冲装置、对中装置和钩尾冲击座等部分组成。

1. 车钩钩头

车钩钩头由机械钩头、电气连接箱和气路连接器等部分组成。全自动车钩与半自动车钩的机械钩头基本相同,半永久车钩的机械钩头采用半环箍型联轴器连接。

全自动车钩机械钩头由壳体、心轴、钩舌板、钩舌板连杆、钩舌弹簧、钩舌板定位杆(或称棘爪)、弹簧、撞块和解钩气缸组成。壳体的前部一半为钩头凸锥,另一半为钩头凹锥,车钩连挂时相邻两个车钩的钩头凹锥和钩头凹锥相互插入。钩舌板是车钩实现动作的关键零件,设有供连挂时定位和供解钩气缸活塞杆作用的凸舌以及与钩舌板连杆连接的定位槽、钩嘴等;钩舌板固定在心轴上,可在钩舌板弹簧的作用下绕心轴转动,并带动钩舌板连杆动作。钩舌板连杆是车钩连挂的主要部件,其在连杆弹簧拉力的作用下使车钩可靠连接。钩舌板定位杆是控制车钩处于待挂或解钩状态的部件。撞块是车钩连挂时解开钩舌板定位杆与钩壳的锁定,使两车钩实现连挂的部件。

2. 缓冲装置

缓冲装置分为可恢复缓冲器和不可恢复缓冲器两种;可恢复缓冲器又分为双作用环弹簧缓冲器、橡胶缓冲器、液压缓冲器和气液缓冲器等四种;不可恢复缓冲器常用的有压溃管缓冲器。

西门子 A 型电动列车车钩使用的缓冲器由压溃管(图 2-20)和橡胶缓冲器(图 2-21)组成。在列车连挂时,通过压溃管的变形来吸收冲击能量,压溃管属于免维修部件,当压溃管的变形部位超过规定的标准时必须进行更换。在列车正常的牵引和制动时,通过橡胶缓冲器的橡胶变形来吸收冲击能量。

图 2-20 压溃管

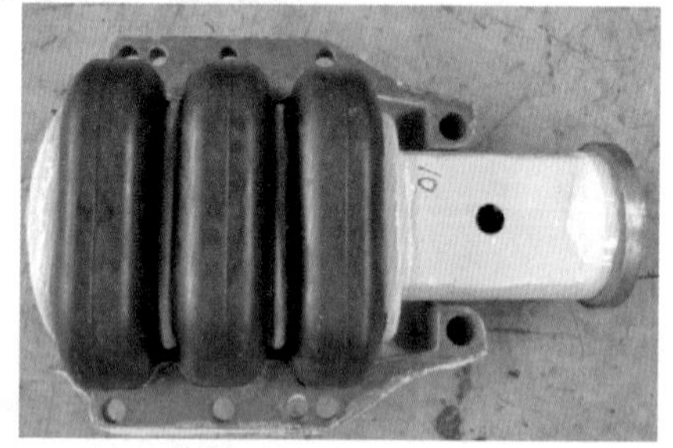

图 2-21 橡胶缓冲器

3. 对中装置

对中装置分为水平对中装置和垂向对中装置,水平对中装置可分为气动对中装置(图 2-22)和机械对中装置。垂向对中装置一般称为垂向支承,通过调整调节螺栓可以调节车钩端面中心线到轨道上表面的距离。

图 2-22 气动对中装置

西门子A型电动列车车钩对中装置采用气动自动对中。其结构和对中原理是:在缓冲器的尾部下方左右侧各设有一个对中气缸,对中气缸的活塞头部装有一个水平滚轮,当气缸充气活塞杆向外伸出时,能自动嵌入固定在球铰座下方的一块桃形凸轮板的左右两个缺口内,从而使车钩自动对中,使两个钩头凸锥对准车钩的凹锥。车钩连挂后,为有利于列车顺利通过弯道,两列车连挂后对中气缸处于排气状态。

4. 钩尾冲击座

缓冲器的尾部是通过一个球铰与车体底架相连,球铰部分简称钩尾冲击座。这样的结构可使整个车钩缓冲装置在水平面内摆动±40°,而在垂直面内摆动±5°,满足车辆在水平曲线和竖曲线上运行的要求。

西门子A型电动列车车钩钩尾冲击座的原理是钩尾冲击座通过鼓形过载保护螺栓与车体牵引梁连接,当冲击载荷大于800 kN时鼓形结构被破坏,车钩与车体分离并沿着导轨向后移动,从而避免超过许用载荷的冲击力加载到车体底架上。

2.3.4 全自动车钩的状态

全自动车钩的状态分为待挂、连挂和解钩三种状态。

(1)待挂状态:为车钩连接前的准备状态,这时钩舌定位杆外端的一个凸齿与钩壳啮合,钩舌板连杆弹簧处于拉伸状态,钩舌板连杆退至凸锥内,钩舌板上的钩嘴对正前方,如图2-23所示。

(2)连挂状态:相邻的两个车钩的凸锥嵌入对方车钩的凹锥并撞击对方的撞块使其顺时针转动,撞块转动时又撞击了定位杆使其原来与钩壳啮合的外齿脱钩,此时钩舌板在钩舌板连杆弹簧的作用下,使钩舌板产生逆时针转动,使钩舌板连杆伸进对方的钩头并嵌入对方钩舌板的钩嘴,完成两钩连挂锁闭,如图2-24所示。

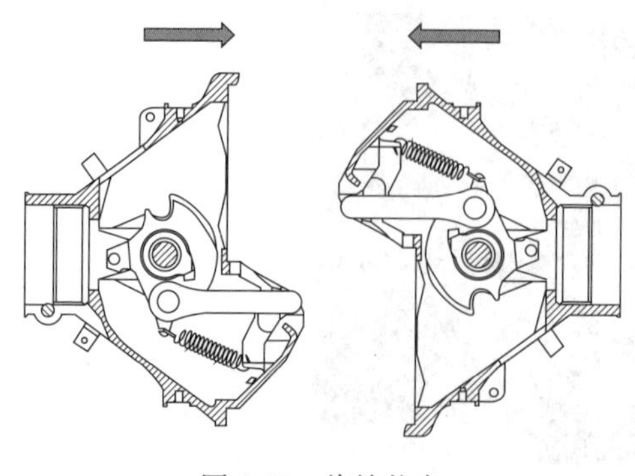

图 2-23　待挂状态

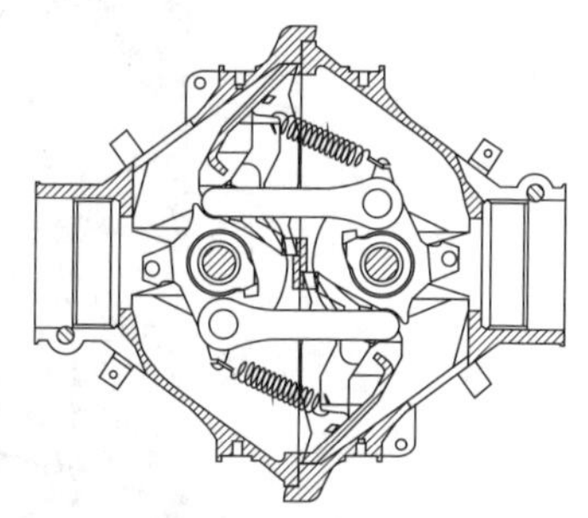

图 2-24　连挂状态

(3)解钩状态:解钩有气动解钩和人工解钩两种方式:

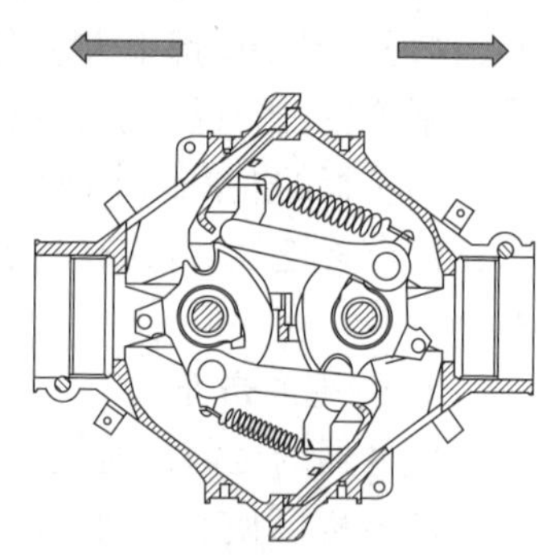

图 2-25　解钩状态

①气动解钩:解钩电磁阀得电,解钩气缸充气,活塞杆外伸使钩舌板顺时针转动,将钩舌板连杆与对方钩舌板脱离,同时又使钩舌板定位杆与撞块的爪啮合,这时两钩处于解钩状态。若对方钩头从凹锥中移出,撞块在弹簧的作用下产生逆时针转动,使撞块爪与钩舌板定位杆脱离,而定位杆又在它自己的弹簧作用下使其外爪与钩壳啮合,整个车钩又回复至待挂状态,如图 2-25 所示。

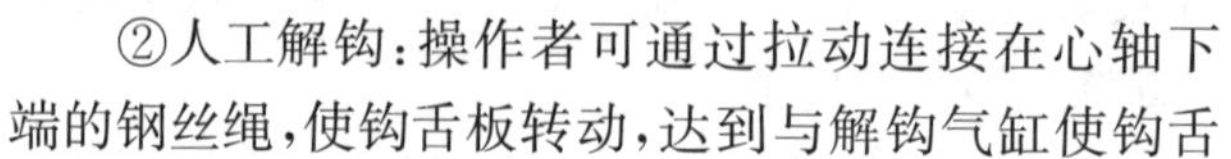

②人工解钩:操作者可通过拉动连接在心轴下端的钢丝绳,使钩舌板转动,达到与解钩气缸使钩舌板转动的同样效果。人工解钩时需两位操作者同时拉动相邻两个车钩的钢丝绳,才能使钩舌板转动。

2.3.5　车钩的连接

1. 电气连接

机械钩头的两侧为电气连接箱,其中一侧为动力电源,另一侧为信号电源。全自动车钩机械钩头的心轴转动时将带动其顶端凸轮一起转动,凸轮将推动二位五通阀动作,气缸活塞杆通过杠杆及弹簧使电气箱迅速合上。半自动车钩两侧的电气箱则是通过人工转动齿轮,然后再由齿轮带动齿条进行直线运动,从而带动杠杆和弹簧使电气箱合上。

2. 气路连接

气路连接设在车钩法兰下边的中间,分设两个风管弹簧阀,如图 2-26 所示。

当一方弹簧阀的阀芯管压迫另一方的阀芯时则阀被打开，使总风管和解钩风管接通。而一旦对方风管撤离，也就是两钩头的法兰面分离时，阀芯在弹簧力的作用下将阀关闭。

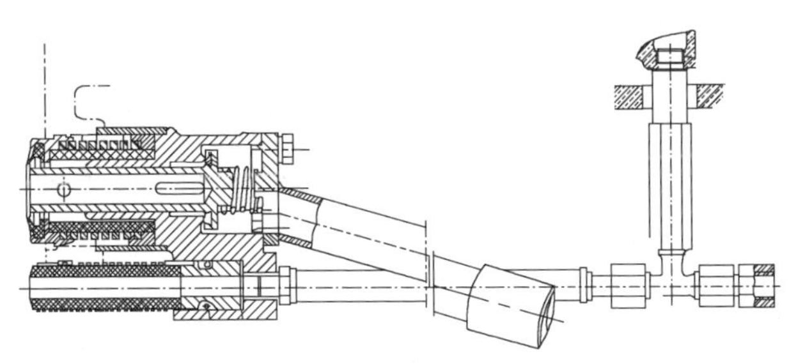

图 2-26 风管弹簧阀

2.4 转向架

转向架是支承车体并担负车辆沿轨道运行的支承走行装置，是轨道交通电动列车最重要的组成部件之一。

2.4.1 转向架的作用、组成及分类

1. 转向架的作用

(1)保证在正常运动条件下，车体能可靠地坐落在转向架上。通过轴承装置使车轮沿着钢轨的滚动转化为车体沿线路的平动。

(2)支承车体，承受并传递从车体至轮对或从轮对至车体之间的各种载荷及作用力，并使轴重均匀分配。

(3)保证车辆安全运行，能灵活地沿直线线路运行及顺利地通过线路水平曲线和竖曲线。

(4)便于弹簧及减振装置的安装。使车辆具有良好的减振特性，以缓和车辆和线路之间的相互作用，减小振动和冲击，减小动应力，提高车辆运行的平稳性、舒适性和安全性。

(5)通过安装在转向架上的牵引电机及齿轮传动装置，传递牵引力和制动力，驱动车辆沿着钢轨运行。

2. 转向架的组成

由于车辆的用途、运行条件、要求不同，使转向架的结构各异，类型很多。但它

们的基本组成部分是相同的，一般转向架可以分为以下几部分：

(1)轮对与轴箱装置

轮对沿着钢轨滚动，除了传递车辆重量外，还传递轮轨之间的各种作用力，包括牵引力和制动力。轴箱与轴承装置是联系构架和轮对的活动关节，它将轮对的滚动转化为车体沿钢轨的平动。

(2)弹性悬挂装置

为了减少线路不平顺和轮对运动对车体的各种动态影响(如垂向振动、横向振动和通过曲线等)，在轮对与构架之间或者构架与车体之间，设有弹性悬挂装置，前者称为一系悬挂装置，后者称为二系悬挂装置。

(3)构架

构架是转向架的基础，它把转向架的零部件组成一个整体。它不仅仅承受和传递各种作用力及载荷，而且它的结构形状、尺寸和大小都应满足各零部件的结构、形状及组装的要求。

(4)制动装置

为了使车辆在规定的距离内停车，车辆必须安装制动装置，其作用是将单元制动机制动缸产生的压力，通过闸瓦与轮对踏面或闸瓦与制动盘之间产生的转向架内摩擦力转换成轮轨之间的外摩擦(即制动力)，从而使车辆前进受阻，产生制动效果。

(5)中央牵引装置

中央牵引装置是车体与转向架的连接部分，其结构应能满足安全可靠地架承车体，并传递各种载荷和作用力，同时车体与转向架之间应能绕旋转中心相对转动，以使车辆顺利通过曲线。

(6)驱动系统

驱动系统是动车转向架所特有的，主要由牵引电机、联轴器、齿轮箱、齿轮箱悬挂装置以及动力轮对等组成。该系统将牵引电机的输出扭矩转化为轮对上的转矩，利用轮轨之间的黏着作用，驱动车辆沿着钢轨运行。

3. 转向架的分类

由于转向架用途的不同，运行条件的差异，对转向架的性能、结构、参数和采用的材料及工艺等提出不同的要求，从而出现了多种形式的转向架。各种转向架主要区别在于轴箱定位方式、弹簧装置形式和载荷传递方式等。

(1)按轴箱定位方式分类

①拉板式定位

用特种弹簧钢材制成的薄片形定位拉板，其一端与轴箱连接，另一端通过橡胶节点与构架相连。利用拉板在纵、横向的不同刚度来约束构架与轴箱的相对运动，以实现弹性定位。

②拉杆式定位

拉杆的两端分别与构架轴箱销接，拉杆两端的橡胶垫、套分别限制轴箱与构架之间的横向与纵向的相对位移，实现弹性定位。拉杆允许轴箱与构架在上下方向有较大的相对位移。

③转臂式定位

转臂式定位又称弹性铰定位，定位转臂的一端与圆筒形轴箱体固接，另一端以橡胶弹性节点与构架上的安装座相连接，弹性节点允许轴箱与构架在上下方向有较大的位移，弹性节点内的橡胶件设计成使轴箱在纵向和横向具有适宜的不同的定位刚度的要求。

(2)按弹簧装置的形式分类

①一系弹簧悬挂

在车体与轮对之间，只设有一系弹簧减振装置。它可以设在车体与构架之间，也可以设在构架与轮对之间，如图 2-27(a)所示。

②二系弹簧悬挂

在车体与轮对之间设有二系弹簧减振装置，即在构架与轮对间设轴箱弹簧减振装置，在车体与构架间设弹簧减振装置，两者相互串联，使车体的振动经历两次弹簧减振的衰减，如图 2-27(b)所示。

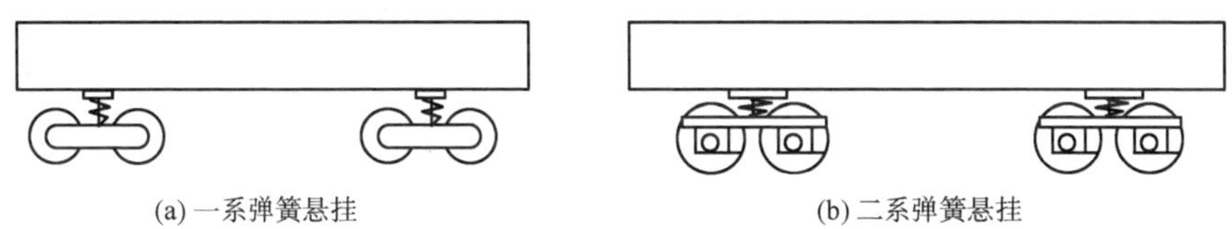

(a) 一系弹簧悬挂　　(b) 二系弹簧悬挂

图 2-27　弹簧悬挂装置

(3)按车体与转向架之间载荷传递方式分类

①心盘集中承载

车体的全部重量通过前后两个上心盘分别传递给前后转向架的两个下心盘，如图 2-28(a)所示。

②非心盘承载

车体上的全部重量通过弹簧悬挂直接传递给转向架构架；或者通过弹簧悬挂装置与构架之间装设的旁承装置传递，如图 2-28(b)所示。这种转向架虽还设有心盘回转装置，但它作用是牵引和转动。

③心盘部分承载

车体上的重量按一定比例分配，分别传递给心盘和旁承，使它们共同承载，如图 2-28(c)所示。

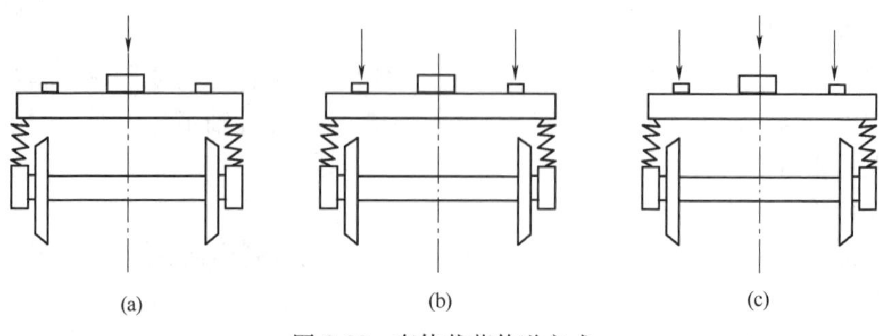

图 2-28　车体载荷传递方式

2.4.2　上海轨道交通西门子 A 型电动列车转向架

上海轨道交通西门子 A 型电动列车转向架分为拖车转向架与动车转向架两种，两者的区别在于动车转向架装有两套驱动装置，其他部件都相同，并且完全可以互换，如图 2-29 所示。

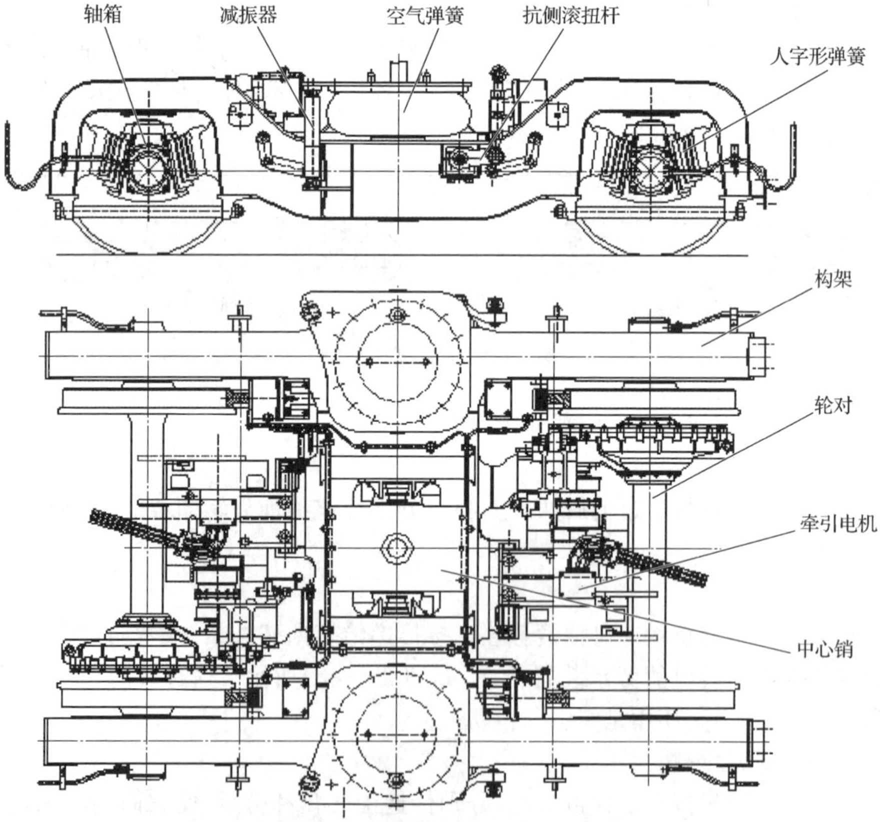

图 2-29　西门子 A 型电动列车转向架

1. 轮对轴箱装置

(1)轮对

轮对是由一根车轴和两个相同的车轮采用过盈配合使之牢固地结合在一起。轮对作用是承担从车体、钢轨传来的各种力的作用,引导车辆沿着钢轨运行,它是组成转向架的重要部件之一。轮对分为动车轮对和拖车轮对,区别在于动车轮对包含有齿轮箱;轮对的内侧距为(1 358±1)mm。

①车轴

西门子 A 型电动列车的车轴由优质碳素钢锻压成型,再经热处理和机械加工制成。

②车轮

西门子 A 型电动列车车轮为整体辗钢轮,它由踏面、轮缘、辐板和轮毂组成,如图 2-30 所示。车轮与钢轨的接触面称为踏面,一侧沿着圆周突起的圆弧部分称为轮缘,是保持车辆沿钢轨运行,防止脱轨的重要部分;踏面沿径向的厚度部分称为轮辋;轮与轴互相配合的部分称为轮毂;轮辋与轮毂连接的部分称为辐板。

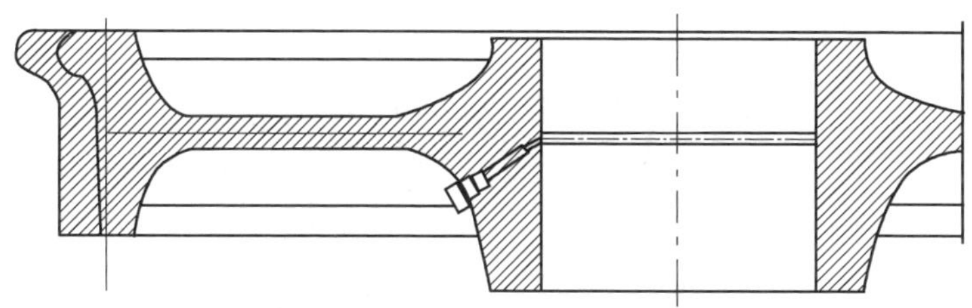

图 2-30 西门子 A 型电动列车车轮

西门子 A 型电动列车新车轮的轮径为 840 mm,允许车轮磨耗最小轮径为 770 mm,轮辋上刻沟槽作为轮径磨耗到限的警告标记。由于车轮踏面有斜度,各处直径不相同,根据国际铁路组织规定,在离轮缘内侧 70 mm 处测量所得的直径为名义直径(车轮的滚动圆直径)。

车轮踏面采用磨耗型踏面,如图 2-31 所示。由于车轮锥形踏面的初始形状在运行中将很快磨耗,当磨耗成一定形状后,车轮与钢轨的磨耗都变得缓慢,磨耗后踏面形状将相对稳定。磨耗形踏面可减小轮轨接触应力,提高车辆运行的横向稳定性和抗脱轨安全性。

(2)轴箱装置

车辆运行中车轴将承受变化着的静、动载荷作用,因此要求轴承具有承载能力大、强度高、耐冲击、寿命长等特点。西门子 A 型电动列车采用圆柱滚动轴承装置。

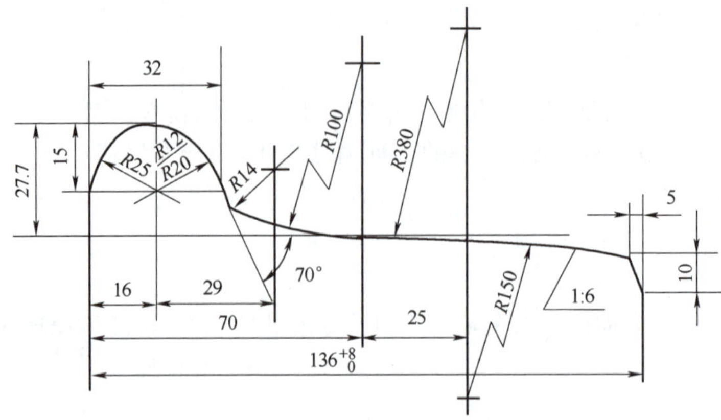

图 2-31 磨耗形踏面(单位:mm)

轴箱采用铝合金材料制成,其作用是连接轮对与转向架构架,传递和承受车体和钢轨传来的垂向和侧向载荷,如图 2-32 所示。轴箱内安装 SKF 双排单列圆柱滚动轴承,滚动轴承与车轴之间实行过盈配合。在轴承的两侧还装有迷宫密封圈,与箱体的迷宫槽配合后可阻止润滑油的油脂外溢。

图 2-32 圆柱滚动轴承轴箱

2. 弹性悬挂装置

(1)一系悬挂装置

一系悬挂装置采用人字形橡胶弹簧,如图 2-33 所示,装设在构架与轮对之间,由四层橡胶、四层钢板及一层铝合金板组合制成。由于动车和拖车的自重不同,所以动车人字形橡胶弹簧的刚度略大于拖车。

(2)二系悬挂装置

二系悬挂装置由空气弹簧、高度调整阀、垂向油压减振器、抗侧滚扭杆等组成,如图 2-34 所示。

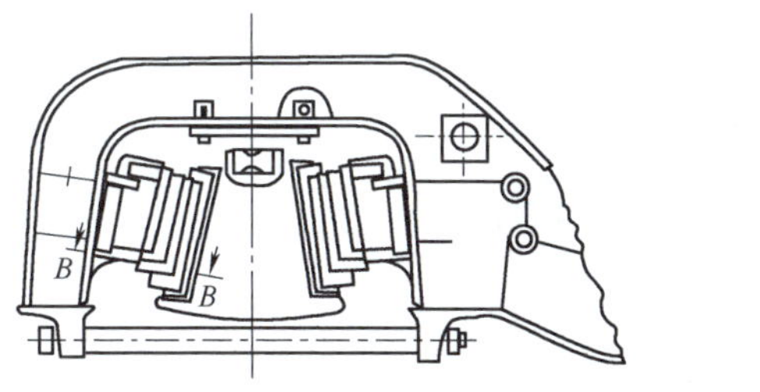

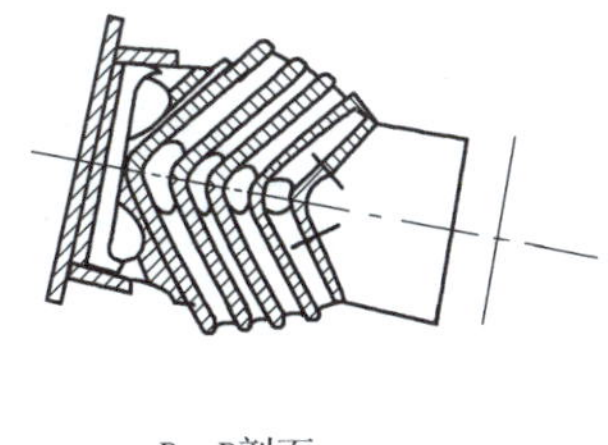

B—B剖面

图 2-33　一系悬挂人字形橡胶弹簧

图 2-34　二系悬挂装置

空气弹簧由气囊和应急弹簧组成，当气囊失效时（气囊破裂、泄漏等），应急弹簧可承受车辆载荷，确保车辆行车安全。

高度控制阀安装在车体与转向架构架之间，根据载客量自动调节气囊内的压缩空气压力，来保证车辆地板面与轨面之间的距离不随载客量的变化而变化。

西门子 A 型电动列车每辆车的两个转向架分别仅设一个高度阀，即车体两点定位，转向架均衡性要求易满足，但地板面高度调整难度大。

两个垂向液压减振器设在车体和转向架构架之间，在中心座（心盘）和构架之间设有 1 个横向液压减振器，分别用来衰减车辆垂向和横向的振动。

横向止挡设在构架与心盘座之间，用来限制车体和构架之间的横向位移。

抗侧滚扭杆（图 2-35）横穿于构架的横梁中，由扭杆、扭臂和连杆组成，连杆与车体相连。当车体发生侧滚时，连杆的垂向位移带动扭臂，并使扭杆产生扭转变形，产生一对力偶，抑制车体的侧滚，从而提高乘客乘坐的舒适性。

3. 构架

构架由压制成型的钢板焊接成 H 形全封闭箱形结构，如图 2-36 所示，具有质量轻、强度高、寿命长的特点。

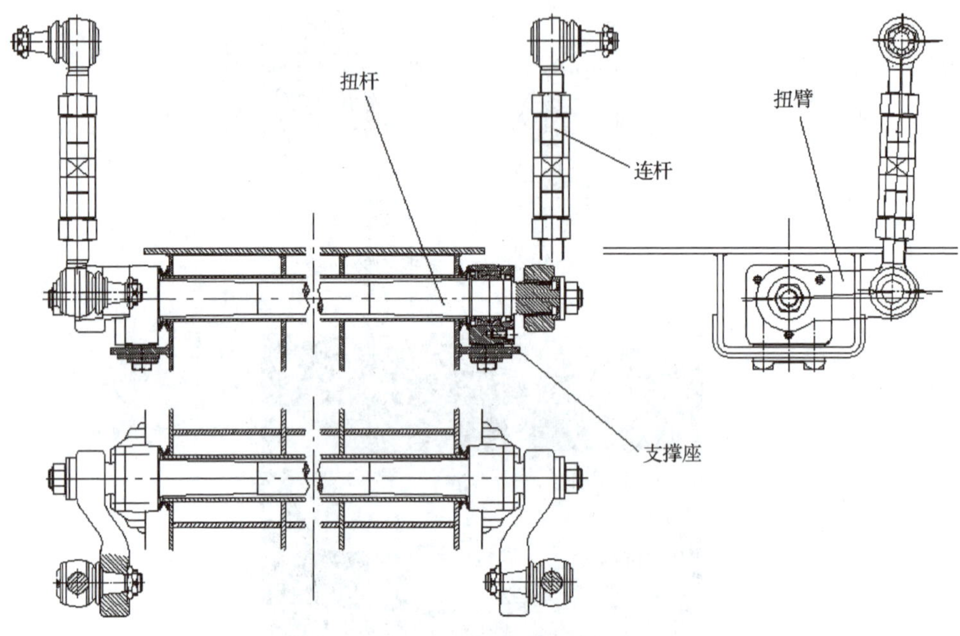

图 2-35　抗侧滚扭杆

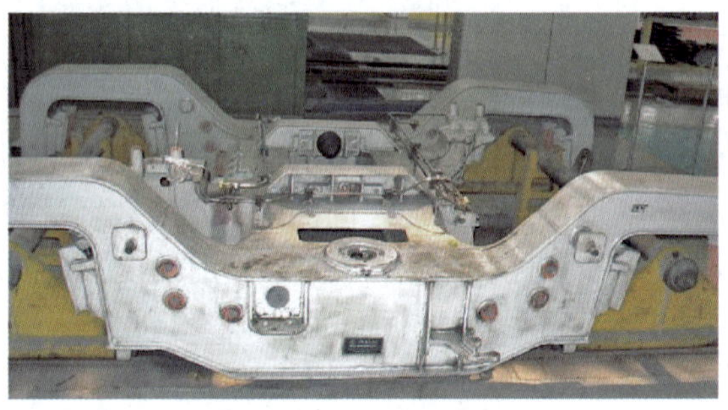

图 2-36　转向架构架

构架用来安装及支承轮对与轴箱、一系悬挂、二系悬挂、单元制动机、牵引电机、齿轮减速箱、心盘等部件。构架的作用是将车体与轮对连成一体，把车体经空气弹簧传来的垂向载荷传递给轮对，由轮对传递牵引力或制动力给车体。

在构架轮拱的下方装有轴箱拉杆。一方面可增加轮拱强度；另一方面，在转向架吊运时起到托起轮对的作用，如图 2-37 所示。

4. 中央牵引连接装置

中央牵引连接装置(图 2-38)设于转向架的中部，由中心销、上心盘、下心盘、

图 2-37 轴箱拉杆

复合橡胶衬套、碗形垫等组成，起着连接车体和转向架的作用，并通过牵引拉杆传递牵引力和制动力。为便于车辆通过曲线，转向架的下心盘和中心销之间可彼此相对转动。

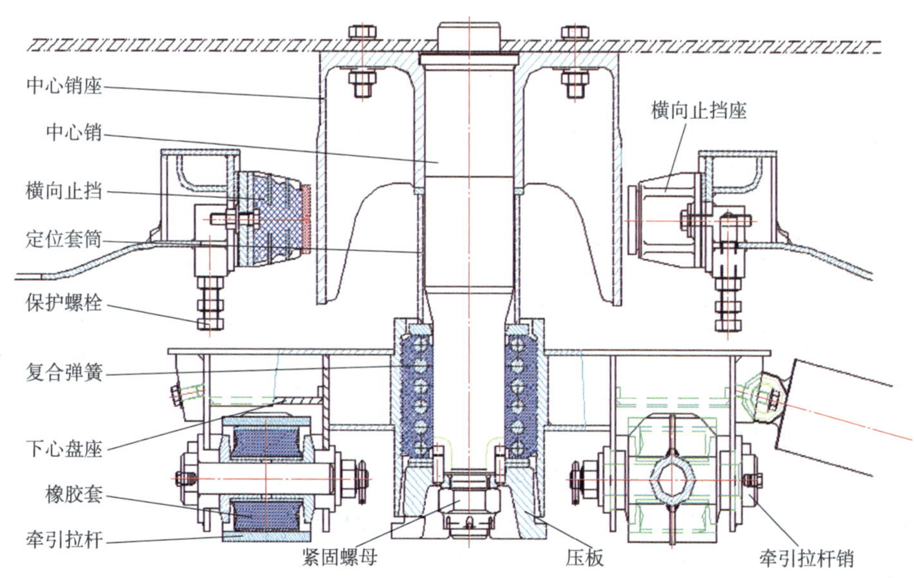

图 2-38 中央牵引连接装置

5. 电机、联轴器、齿轮减速箱

西门子 A 型电动列车每个动车转向架上装有两台交流牵引电机呈中心对称，吊挂在构架横梁的侧面，为全悬挂方式。

西门子 A 型电动列车交流牵引电机体积较小，给联轴器留出的空间较大，因此可使用对同轴度和轴向窜动适应性较强的圆弧齿齿轮联轴器。

西门子 A 型电动列车齿轮箱均为一级减速，采用水平分箱面。

6. 基础制动装置（单元制动机）

西门子 A 型电动列车采用的基础制动装置相同，均由克诺尔公司生产，基础制动装置采用踏面制动单元，安装在构架侧梁上，每台转向架上共有四个单元制动机，其中两个单元制动机带有停车制动功能，呈对角布置。

2.5 空 调 系 统

为给乘客提供舒适的乘坐环境，上海轨道交通西门子 A 型电动列车配有车载空调系统，用以调节车厢内空气的温度、湿度、洁净度。

2.5.1 车辆空调装置的组成及特点

1. 车辆空调装置的组成

车辆空调装置主要包括通风系统、空气冷却系统、空气加热系统、空气加湿系统、调节和控制系统等五个基本部分。

（1）通风系统

一般是指机械强迫通风。由离心式通风机、可调式进风口、滤尘装置、主送风道、支送风道、回风道、废排风道等组成。

（2）空气冷却系统

车辆空调主要采用蒸汽压缩式制冷设备，由压缩机、冷凝器、蒸发器、膨胀节流阀或毛细管节流装置组成，并辅以冷凝风机、送风风机、储液筒或气液分离器、压力继电器、干燥过滤器等辅助部件组成一个完整的制冷系统。车内外的空气经过制冷机组的蒸发器降温除湿后由离心式通风机送入送风道，以保证夏季客室内空气的温度达到指定的范围。

由于空气冷却系统的表面温度通常低于空气的露点温度，因此，空气在通过空气冷却器冷却过程的同时也得到了减湿处理，从而保证了夏季客室内空气的相对湿度也在要求的范围内。

（3）空气加热系统

空气加热系统一般包括对进入车内的空气进行预热和对客室内的热损失进行补偿，在冬季，由通风机吸入车内的空气必须经过预热处理，而且由于冬季的客室内热损失较大，所以必须加设取暖装置，以补偿客室内的热损失，从而保证冬季车内空气的温度达到指定的要求范围。目前大多数车辆空调中采用的加热装置为电加热器。

(4)空气加湿系统

空气加湿系统用来调节客室内空气的相对湿度。

(5)调节和控制系统

为使上述设备运行达到规定的要求,在车内设置了控制调节系统,可以人工控制、自动控制和集中统一控制。

2. 车辆空调装置特点

(1)受车辆限界的约束,要求空调机组小型化。

(2)因车辆整体轻量化设计的要求,空调机组应尽可能降低自重。

(3)车辆运行时,伴随有振动、冲击等恶劣条件,因此要求空调装置应具有良好性能和较高的可靠性。

2.5.2 上海轨道交通西门子A型电动列车空调系统

西门子A型电动列车采用机械通风与空气调节两种方式来改善车内空气品质。夏季客室与司机室采用空气冷却系统制冷,冬季客室仅有通风,无加热系统,司机室则有通风与电加热系统。

1. 集中式单元空调机组

以六节编组的列车为例,分为两个单元,每个单元分别有Tc、Mp、M三种车型。每节车辆上都设有两台集中式单元空调机组,分别位于每节车辆车顶的两端,如图2-39所示。

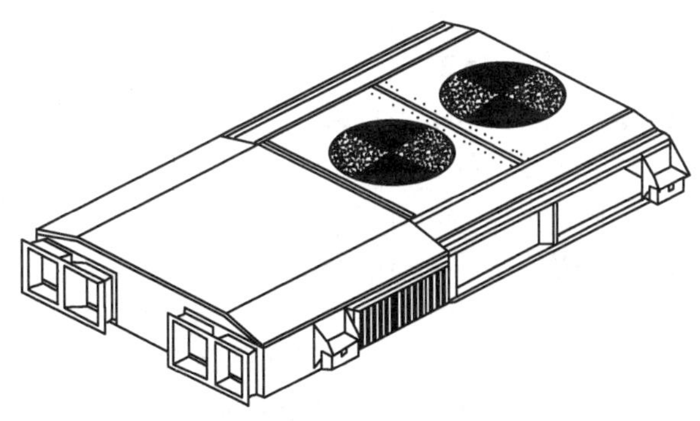

图2-39 空调总成

为了使车辆的外形轮廓不超出车辆静态限界,特在车顶两端设计了两个专用于安装空调单元的凹坑,并在安装空调单元的机座上衬垫减振橡胶以减小相互间的振动和噪声。

2. 西门子 A 型电动列车单元空调机组的外形尺寸及技术参数。

西门子 A 型电动列车单元空调机组的外形尺寸及技术参数表 2-3。

表 2-3 西门子 A 型电动列车单元空调机组的外形尺寸及技术参数

外形尺寸		2 900 mm×1 600 mm×470 mm (2 850 mm×1 850 mm×455 mm)	
质量	约 770 kg(890 kg)	总风量	4 250 m^3/h
电源	控制电压:DC 110 V 动力电压:AC 三相 380 V	新风量	1 600 m^3/h
制冷量	35 kW(40 kW)	循环风量	2 650 m^3/h
制冷剂	R22(R-134a)	故障通风量	2 000 m^3/h (全新风)

3. 空调系统的启动与监控

空调系统的启动、工作与监控都是由设在每节车辆电器柜中的空调控制单元来实施自动控制、自动调节及本单元制冷压缩机的顺序启动,以免多台压缩机同时启动,启动电流过大,导致辅助逆变器负载过大而损坏。

空调系统的电源是由 Tc、Mp、M 车每辆车的辅助逆变器提供。其中 Tc 车的逆变器提供控制系统的电源,而 Mp 车的辅助逆变器承担 Tc、Mp、M 的各一个单元的空调机组的电源,而每节车的另一个单元的空调机组则由 M 车的逆变器供电,这样可避免因一个逆变器故障而造成单节车的空调机组全部停机。

西门子 A 型电动列车每台空调都设有一台紧急逆变器,它们用于在 1 500 V 直流供电中断时,将列车蓄电池直流电源逆变成三相交流电,以供紧急通风使用。

4. 轨道交通车辆客室气流组织

轨道交通车辆客室气流组织,主要考虑气流、风速及温度的均匀,满足乘客舒适度的要求。因此,客室的送风口应贯穿整个车厢,并且要求乘客停留区的风速,地板以上 1.2 m(座位区)和 1.7 m(站立区)处测量所得的平均值应小于或等于 0.5 m/s。在上述高度测得的最高风速应不超过(0.7±0.2) m/s。

来自车顶两台空调机组经处理的 8 000 m^3/h 的空气,通过与车体相连的二个吸振消声的过渡风道送至车顶送风风道,然后由客室顶板上的出风口散发到客室内。司机室的送风是通过设在司机室天花板上的通风机由客室车顶送风风道中引入(AC03 型电动列车司机室设有单独的空调机组,与客室的制冷通风系统无联系)。散发到客室内的冷空气带走客室内的热量后通过座椅地下的回风口经过车体的侧墙的夹缝流至车顶的回风风道,其中的一部分热空气通过设在车顶(或侧墙)上的静压排风口排出车外,另一部分则通过回风风道回到空调机组与吸入的新风混合后,经过过滤、冷却后由离心式通风机将其送到车顶送风风道,这样就在客室内形成空气循环,达到调节空气温、湿度的目的。

2.6 制动系统

人为地使列车减速或阻止列车加速的行为称作制动，为了施行制动而在列车的动车和拖车上装设装置，称为制动装置。

2.6.1 城市轨道交通车辆制动装置的特点

1. 应操纵灵活，动作迅速。

2. 具有足够大的制动能力，保证列车在规定的制动距离内准确停车。

3. 为减少对城市环境的污染和降低运行成本，列车应尽量充分发挥电制动能力。

4. 制动力应能随着载荷的变化而自动调整。

5. 制动系统应具有防滑功能。

6. 列车紧急制动时，其施加的制动力应能根据列车的冲动极限自动调整，以有效降低车辆间的冲击。

2.6.2 城市轨道交通车辆制动方式与操作模式

1. 城市轨道交通车辆制动方式

轨道交通车辆制动按其动能转移方式可以分为电制动和机械制动。

城市轨道交通列车为电传动客车，其动力一般分散至多个车辆，动车装有四台牵引电机。列车牵引时，电机消耗电能，产生使列车前进的转动力矩；制动时，通过电路转接，使牵引电机转为发电机，产生与列车前进方向相反的转动力矩，使列车减速停止，牵引电机将列车的动能转换成电能，这种制动方式，我们称之为电制动。

电制动有再生制动和电阻制动两种。再生制动是将牵引电机产生的电能反馈至电网，供其他列车使用。当网压过高电能不能反馈时，电机产生的电能将通过制动电阻转变成热能而消耗，则这种形式的制动，称为电阻制动。由于电制动有着无机械磨损、无空气污染、再生制动能回收能源等优点，因此城市轨道交通车辆应尽可能充分利用电制动。

列车电制动能力是有限的，受到其电气设计与部件能力的制约，例如，当列车速度较低时，其电机的磁场不足以产生足够的电制动能力，列车需要通过机械制动加以辅助，以使列车减速停止，确保列车安全、可靠运营。当然，机械制动并不是仅在列车低速时使用，它会以不同的制动力参与列车的整个制动过程，并可以对停放列车施加停放制动。

机械制动按其作用形式可分为踏面制动、盘式制动和胀闸制动。制动力可由压缩空气或弹簧力实施。

2. 城市轨道交通车辆制动操作模式

(1)常用制动

常用制动应首先充分利用电制动,若电制动力不能满足制动需求,则需要空气制动系统加以补偿,以满足列车制动需求,这种制动方式为混合制动,其制动力的混合比例及空气制动的介入点的控制过程,称为程序制动。

(2)紧急制动

紧急制动是列车紧急停止时采用的制动方式,它的制动力完全由空气制动系统提供,在相同的载荷情况下,其制动力高于常用制动。列车一旦施加紧急制动,其制动指令将直至列车停止,中途不可恢复。

(3)快速制动

快速制动的制动力与紧急制动的一样,但与紧急制动不同的是,列车制动过程中,驾驶员可以撤销快速制动指令,恢复列车的运行。

(4)停放制动

列车静止停放时为防止停放列车溜车所施加的制动称为停放制动,其制动力由弹簧提供。

2.6.3 上海轨道交通西门子 A 型电动列车的空气制动系统

城市轨道交通制动系统具有电制动与机械制动系统两大部分,本节仅对机械制动系统加以介绍。

西门子 A 型电动列车的制动系统由德国克诺尔公司制造,其机械制动系统采用的是空气制动系统。

1. 空气制动系统组成

西门子 A 型电动列车的空气制动系统由供气部分、控制部分和执行部分组成。

(1)空气压缩机(气源)

西门子 A 型电动列车在设计时,以 Tc、Mp、M 三辆车为一个单元,每一单元设置一套空气压缩机组,机组安装在 M 车的底架上,它包括驱动电机、压缩机、干燥器、主风缸和压力控制开关等。

空气压缩机组除了为空气制动系统提供压缩空气外,也为车门驱动系统、二系悬挂系统、气动喇叭、刮雨器、受电弓气动控制设备、车钩气动控制设备等提供压缩空气。

西门子 A 型电动列车空压机组驱动电机是 1 500 V 直流电动机,但空压机的排量较小,如图 2-40 所示。空压机组主要技术参数见表 2-4。

图 2-40　西门子 A 型电动列车空压机组

表 2-4　西门子 A 型电动列车空压机组主要技术参数

电机转速	1 500 r/min
电机电流	5.0 A
功率	6.5 kW
排量	1 500 L/min
工作压力	1 000 kPa(10 bar)

压缩机为三缸压缩机，其中两个缸为低压缸，一个为高压缸。另外，压缩机采用的吸入空气过滤器与直流型电动列车的压缩机也不相同，它采用过滤纸过滤，效果较油浴式过滤器好，但使用成本较高。冷却风扇的叶片不直接安装在曲轴端头，是通过温控液力联合器连接的。此联轴器在温度较低时，联轴器内的液体黏度很低，不传递转矩，只有当联轴器内的液体达到一定温度时，它的黏度随温度上升，才能传递转矩。使用这种联轴器可使空压机更节能。

(2)空气干燥器

由于空压机输出的高压压缩空气中含有较高的水分和油分，必须经过空气干燥器将其中的水分和油分滤去，才能达到车辆上各系统对压缩空气的要求。

西门子 A 型电动列车采用的是双塔式空气干燥器，如图 2-41 所示。

图 2-41　双塔式干燥器

西门子 A 型电动列车空压机的排气量较小，双塔式干燥器采取轮换工作的方法。即：一个塔对进入塔内的压缩空气进行去油脱水，另一个塔则进行再生，过一定时间后两个塔的功能进行对换，达到压缩机输出的压缩空气连续进行去油脱水的目的。

双塔式干燥器设有一个定时脉冲发生器使两个干燥塔的电磁阀定时地轮换开、关，确保两个塔的功能定时进行轮换。

(3)风缸

西门子 A 型电动列车每辆车设有一个 100 L 的主风缸，一个用于制动系统的 100 L 风缸，一个用于车门驱动的 60 L 风缸，1 个 100 L 空气悬挂系统风缸。此外，Mp 车还增加一个用于升弓操作的 5 L 风缸。

(4)制动控制单元(BCU)

制动控制单元是气制动的核心，它接受制动系统计算机(EBCU)的指令，控制制动执行部件动作。制动控制单元主要由模拟转换阀、紧急阀、称重阀、均衡阀等组成。这些部件都安装在一块铝合金的气路板上，犹如电子分立元件安装在印刷线路板上一样，实现了集成化、模块化。其优点在于部件安装紧凑，避免了管道连接而造成容易泄漏。另外，模块上还设置了测试接口，以便于控制单元的调试、检测和维修工作的实施。

制动控制单元压力空气流程：当压力空气从制动储风缸进入制动控制单元后，分成三路，一路进入模拟阀转换阀 a，一路进入紧急阀 e，另一路直接进入均衡阀 d，如图 2-42 所示。

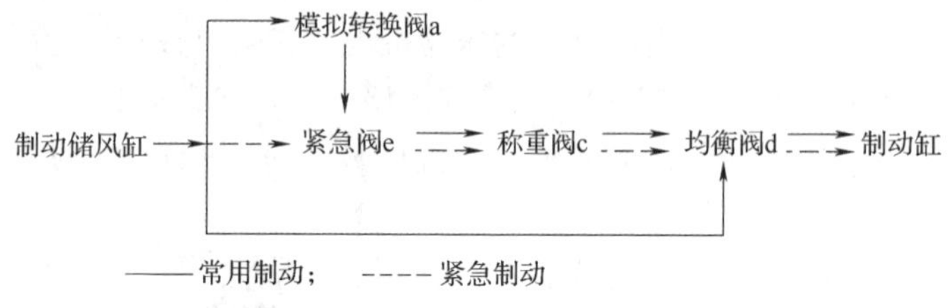

图 2-42 制动控制单元压力空气流程

模拟转换阀由比例阀(将电信号转换成气压信号的电磁阀)、排气电磁阀和气电转换器(将气压信号转换成电信号)三部分组成。当比例阀接收到制动系统计算机(EBCU)的指令后，按其要求将阀芯打开，使制动储风缸的压力空气通过比例阀转变成预控制压力 CV1 送向紧急阀 e，同时送至气电转换器和排气阀；气电转换器将压力信号转换成相对应的电信号，馈送回 EBCU，供其进行比较分析。当馈送信号大于或小于制动指令时，EBCU 将发出继续增大或减小比例阀开口的指令，直至预控制压力 CV1 达到制动指令的要求为止。

紧急阀是一个二位三通电磁阀，它的三个通道分别与模拟阀输出口、制动储风缸和称重限制阀相连接。常用制动时，紧急阀得电，使模拟阀与称重限制阀相通；

紧急制动时，紧急阀失电，使制动储风缸与称重限制阀直接相通。通过紧急阀后输出的预控制压力被称为CV2，并通过管路板进入称重限制阀。

称重限制阀是利用来自空气簧的压力对CV2和进行调整和限制，经调整和限制的预控制压力被称为CV3，并通过管路板进入均衡阀。

正常情况下，列车实施常用制动时，由于EBCU对模拟阀输出的预控制压力CV1的监控，故经紧急阀输出的CV2不会超出在相应载荷下的最大制动力，只有在监控失效或列车实施紧急制动时，称重阀将调整和限制其输出压力CV3，使CV3不超出相应载荷下允许的最大制动力。

均衡阀犹如电子技术中的一个电流放大器，利用经调整、控制后的预控制压力CV3来推动其内部的执行机构，打开制动储风缸与单元制动机制动缸间的通道，一方面使进入单元制动机制动缸的空气压力与CV3相等，另一方面使制动储风缸的压力空气能迅速对单元制动机制动缸进行充气，达到使列车制动的目的。

列车制动缓解指令也是由制动电脑系统EBCU发出的。当模拟转换阀接到缓解指令后，将其排气阀打开，使制动控制单元BCU中的预控制压力CV1、CV2、CV3通过模拟阀中的排气阀排出，从而使均衡阀的进气阀关闭，排气阀开启；而制动单元制动缸中的压力空气通过均衡阀的排气阀排入大气，使列车制动得以缓解。

(5)单元制动机

西门子A型电动列车每个转向架上装有两种型号的单元制动机，一种为PC7Y(图2-43)，另一种为PC7YF(图2-44)，两者区别在于PC7YF附带有停放制动装置。

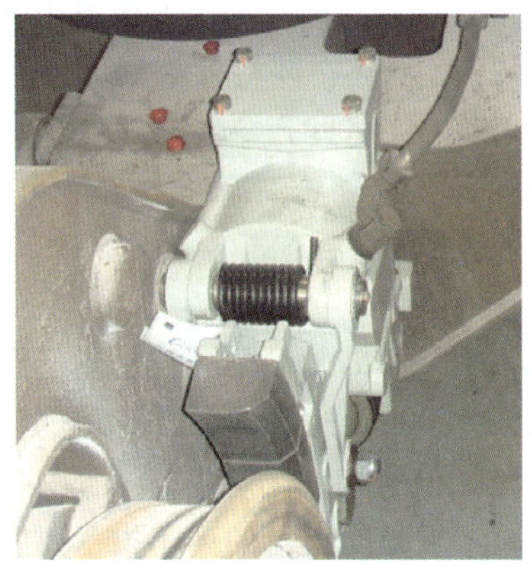

图2-43 PC7Y单元制动机

图2-44 PC7YF单元制动机

单元制动机是制动系统的执行部件，由制动缸、活塞、增力杠杆、活塞弹簧、闸瓦间隙调整器、吊杆、扭簧、闸瓦托、闸瓦、壳体等组成。

停放制动装置是用于车辆在没有空气情况下长时间停放使用的，它利用弹簧释放储存的弹力来推动活塞，从而带动二级杠杆使闸瓦贴紧车轮踏面达到制动目的。停放制动施加和缓解可在驾驶室通过操作停放制动按钮来实现。当列车供风压力较低时，停放制动缓解可通过人工拔出停放制动顶部的缓解销来实施机械缓解。

(6)双针压力表

西门子A型电动列车驾驶室内均设有一个双针压力表，白色指针指示的是主风缸压力，红色指针指示的是制动缸压力。

(7)其他部件

空气制动系统由供气部分至各用气单元间还设有各类阀门。

受电弓的驱动系统由截止阀U1、单向阀U4、二位三通电磁阀U3、受电弓气缸和弹簧组成。当电磁阀得电时，主风管向受电弓气缸充气，使受电弓升高；当电磁阀失电时，受电弓气缸排气，使受电弓落下。当列车处于降弓状态，且主风缸内压力空气不足时(例如列车长时间停放)，可使用脚踏泵向受电弓气缸供风，使受电弓升起，列车得电，空压机工作。

2. 车辆制动微机控制系统

西门子A型电动列车的制动系统装有一个用于制动控制和防止车轮滑行的电子控制系统。

(1)电子控制系统

西门子A型电动列车整个制动系统的控制采用二级控制，简述为“电控制气，气再控制气”。即，列车运行中所有与制动有关的参数及信号都送入该电子控制系统进行处理。当列车需要施行制动时，该电子控制系统立即将计算出的一个合适制动力的制动指令输出给制动控制单元(BCU)，BCU将此指令转换成一个合适的制动空气压力来控制充入单元制动机的制动缸空气压力，使闸瓦紧贴车轮，形成列车制动。

电子控制系统各个输入信号的含义：

①制动指令：此指令是计算机根据变速制动要求，即驾驶员施行制动的百分比(全常用制动为100%)所下达的指令。它可以是各种形式的，例如模拟电流、七级数字信号等，车辆所使用的是最常用的脉宽调制信号。

②制动信号：这是制动指令的一个辅助信号，它是对运行的列车指示要制动了并使制动管进行预充气约为50 kPa(0.5 bar)。

③负载信号：这个信号来自空气弹簧。由空气弹簧的压力空气的压力通过气电转换器转换成电信号。此信号以客室车门关闭时储存的信号为基准。

④电制动关闭信号：此信号为信息信号，它的出现就意味着空气制动要立即代

替即将消失的电制动。

⑤紧急制动信号:这是一个安全保护信号,它可以越过电子制动控制系统,直接驱动制动控制单元(BCU)中的紧急阀动作,从而实施紧急制动。

⑥停站制动:这个信号能防止车辆在停车前的冲动,能使车辆平稳地停止。它的功能分三个阶段实施。

第一阶段:当列车车速低于 10 km/h 时,停站制动开始接受摩擦制动力,而电制动逐步消失。且在停站制动出现后,电制动的减小延迟 0.3 s。动车和拖车的摩擦制动力为制动指令的 70%。

第二阶段:当车速低于 4 km/h 时,一个小于制动指令的停站制动的制动等级开始实施,即瞬时地将制动缸空气压力降低。停站制动的制动等级取决于制动指令,制动等级与时间有关,由停车检测根据最初的状态来决定的。

第三阶段:由停车检测和停站制动信号共同产生一个固定的停站制动等级,这个固定的制动等级经过负载的修正,与制动指令无关。停站制动的制动等级只能随停站制动信号的消除而消除。

(2)防滑系统

列车制动时,由于车轮与钢轨黏着不良,导致车轮滑动,此时防滑系统将控制每根车轴上的防滑排气阀,用以避免滑动产生。防滑系统也是电子控制系统的一部分,它的作用如下:

①防止车轮子抱死。

②避免滑动。

③最佳地利用黏着,以获得最短的制动距离。

防滑系统控制利用检测到的车轮速度与车辆速度比较,来判断轮子是否打滑,并通过对防滑排气阀的控制,来防止车轮打滑,从而达到控制车辆减速度要求。

目前,比较常用的是利用车轮的速度差进行控制,即同一辆车的几根轴中的一个轮对制动力超过黏着而快要发生滑行时,该轴的转速必然要大大慢于其他轴的转速。当该轴转速与其他轴最高转速之差大于预定值时,该轴的防滑排风阀便排风,降低控制该轴的制动缸压力,制动力减小,使该轴转速回升;当速度差小于预定值时,该轴排风阀口关闭,相应地制动缸保压;当该轴转速完全恢复正常时,相应地排风阀充电,使该轴的制动缸压力回升、恢复到较高压力。

通过防滑系统控制不仅可以避免轮对被抱死而引起踏面擦伤,同时当黏着力恢复时,制动力可以快速上升,保证在有效距离内停车。

第3章　车 辆 电 气

3.1　车 辆 电 机

3.1.1　概述

城市轨道交通车辆上应用最广泛的牵引电动机是直流牵引电动机和交流异步牵引电动机。直流串励牵引电动机(简称直流牵引电动机或直流电机,下同)曾作为各种铁道交通车辆的主要牵引动力。因为它具有启动性能好、调速范围宽、过载能力强、功率利用充分、运行较可靠且控制简单等优点。但由于直流电动机必须通过换向器才能工作,除结构较复杂、重量大外,它的维修工作量较大,因此直流牵引电动机的发展和使用受到了很大限制。

随着电力电子技术和计算机技术迅猛发展,特别是采用了大功率自关断电力电子器件(GTO)和计算机模块化控制后,使交流电机调压调频(VVVF)控制得以实现。这就使具有结构简单、牢固,单位功率的体积小、重量轻及制造成本低且少维修等一系列优点的三相异步牵引电动机(以下简称交流牵引电动机或交流电机)在轨道交通车辆上获得了广泛的应用。

3.1.2　上海轨道交通西门子A型电动列车交流牵引电动机

交流牵引电动机是基于定子旋转磁场与转子绕组中感应电流相互作用产生电磁转矩,从而实现能量转换的一种交流电机,主要作为电动机使用。与直流牵引电动机相比,最大的优点是结构简单。由于没有直流牵引电机的换向器和刷握等一套装置,因此维修工作量大大减少。交流电机由于电力电子元件和控制技术的发展,其调速性能已达到并超过了直流电机。现已广泛用于地铁和城市轨道交通车辆。

异步电动机与同步电机不同,其转速和旋转磁场速度间存在一定差异(即所谓异步),这是它产生转矩的必要条件。由于转子绕组电流是感应产生的,所以异步电机也称感应电机。

异步电动机区别于其他类型电动机,在于其转子绕组不需与其他电源相连接,而其定子电流直接取自输入电源,上海轨道交通架空接触网为直流1 500 V,经车辆牵引逆变器输出三相交流电源提供给交流牵引电动机。

1. 西门子A型电动列车交流牵引电动机结构

西门子A型电动列车交流牵引电动机结构，如图3-1所示。

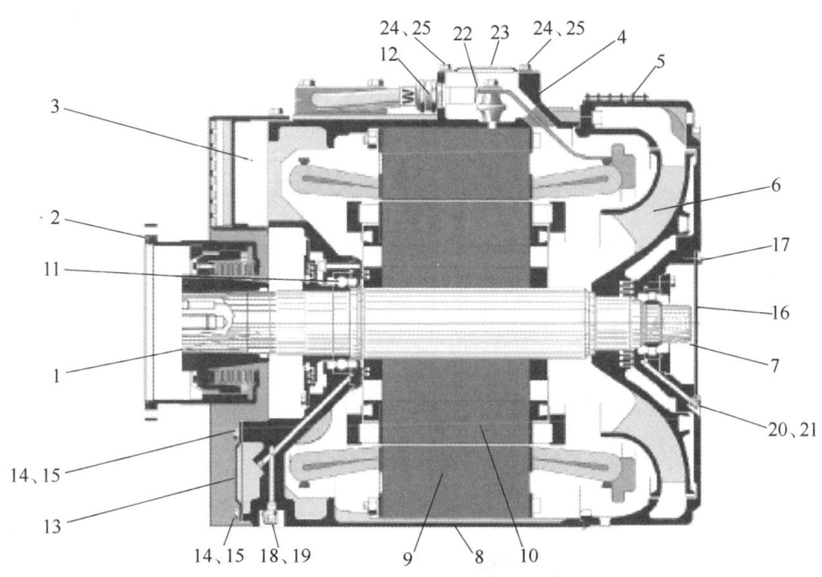

图3-1 西门子A型电动列车交流牵引电动机结构

1—轴；2—电机侧半联轴节；3—进气口盖；4—接线盒；5—出气口网罩；6—轴承保护罩；7—圆柱滚子轴承(N端)；8—定子外壳；9—定子；10—转子；11—深沟球轴承(D端)；12—电缆密封管(10 N·m)；13—盖板；14—六角头螺钉(8 N·m)；15—张力垫圈；16—盖板；17—六角头螺钉(8 N·m)；18—油脂喷嘴盖；19—锥形油脂喷嘴；20—油脂喷嘴盖；21—锥形油脂喷嘴；22—连接线；23—接线盒盖；24—六角头螺钉(8 N·m)；25—张力垫圈

交流牵引电动机主要由两部分组成，固定部分称为定子，旋转部分称为转子。定子和转子之间有一很小的间隙称为气隙。定子的两端还有端盖。

交流牵引电动机的主要部件：

(1)交流牵引电动机的定子

交流牵引电机的定子由定子铁芯、定子绕组和机座三部分构成。定子与机座剖面如图3-2所示。

定子铁芯的作用是作为电机中磁路的一部分和放置定子绕组，为了减少旋转磁场在铁芯中引起的损耗，铁芯一般用导磁性好的电工硅钢片叠成。

在定子铁芯内圆周表面冲出许多形状相同的槽，用于嵌放定子绕组。定子绕组是电机的电路部分，主要作用是产生旋转磁场，以实现机电能量转换。

机座的主要作用是固定和支撑定子铁芯，要求有足够的机械强度和刚度。定子、机座、端盖外观如图 3-3 所示。

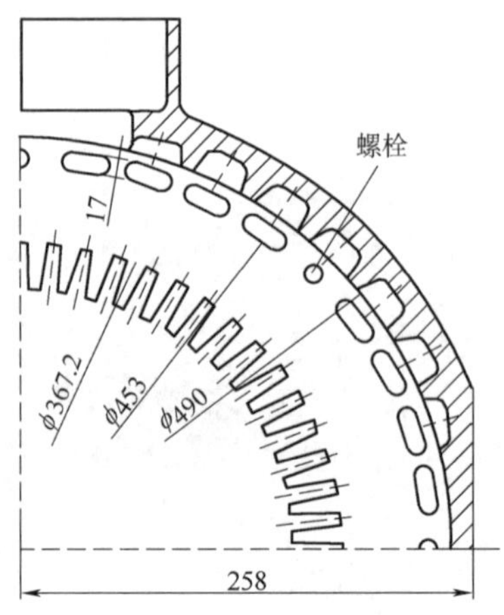

图 3-2　定子与机座剖面

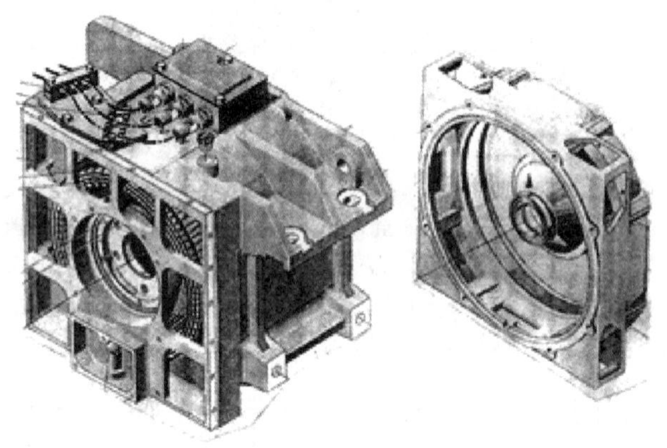

图 3-3　定子与端盖

(2)电机的转子

牵引电动机的转子由转子铁芯,转子绕组和转轴等组成,转子与风扇外观如图 3-4 所示。

转子铁芯也作为电机磁路的一部分,一般由硅钢片叠成。铁芯安装在转轴上,转子铁芯上开有槽,以供放置或浇注转子绕组之用。

转子绕组的作用是产生感应电势,流过电流和产生电磁转矩,其结构有鼠笼式和绕线式两种。

牵引电动机的转子绕组不必由外界电源供电,可以自行闭合而构成短路绕组,

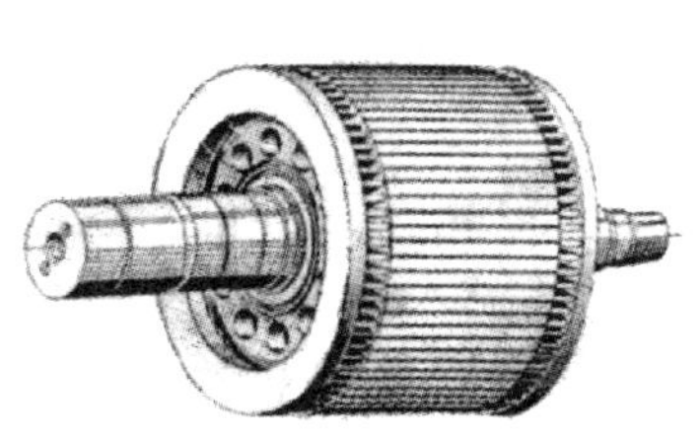

图 3-4 转子与风扇

工艺简单。每个转子槽中插入一根导条，在伸出铁芯两端的槽口处，用两个端环分别把所有导条连接起来。如果去掉铁芯，整个绕组外形就像是一个“鼠笼”，所以称为鼠笼式转子。

(3)气隙

和其他电机一样，牵引电动机的定子和转子之间有一气隙。异步牵引电动机的特点在于它的气隙很小。

气隙大小对异步牵引电动机性能有很大的影响。一方面，为了降低电机的空载电流和提高电机的功率因数，气隙应尽可能的小；另一方面，为了装配方便和运行可靠，以及削弱磁场脉振所引起的附加损耗等，气隙稍大是有利的。

2. 基本工作原理

转子绕组在定子旋转磁场作用下产生电动势，转子电动势在转子绕组的自我闭合回路中产生电流，转子电流与气隙中基波磁场相互作用产生电磁转矩，使转子拖动机械负载旋转。电机能量的传递是以气隙磁场为媒介的，在能量传递过程中将会产生各种损耗。转子绕组和气隙磁场之间相对运动是异步牵引电动机产生转矩进行能量转换的必要条件，故转子转速不可能达到基波磁场转速(即同步转速)。

异步牵引电机的定子三相绕组施加三相交流电流时，在气隙中产生旋转磁场。旋转磁场切割定、转子绕组磁动势除在气隙中产生起主要作用的基波磁场(主磁场)外，还在绕组槽部、端部产生漏磁场，在气隙中产生高次谐波磁场。与这些漏磁场和谐波磁场相对应的漏抗以及绕组电阻与电机运行、启动性能有关。气隙中高次谐波磁场在一定条件下将产生附加转矩，影响电机的转矩特性，还可能引起电磁噪声和振动。

旋转磁场：在三相对称绕组中(三相绕组在空间位置互差 120°电角度)流过对称的三相电流(三个相的电流振幅、频率相同，相位互差 120°电角度)就会产生旋转磁场。

以两极异步电机为例:三相定子绕组由 $A—X$、$B—Y$、$C—Z$ 三个线圈组成,它们在空间互差 120°电角度。当定子三相线圈接至三相电源后,定子绕组中就有对称三相电流流过,如图 3-5 所示。

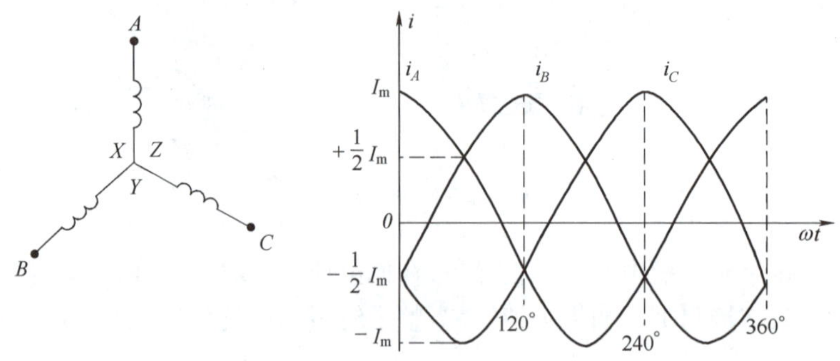

图 3-5　定子绕组中的对称三相电流

假定电流为正时,电流从每相线圈的始端流入,从每相线圈的尾端流出;电流为负时,则方向相反,即电流从线圈的尾端流入,从线圈的始端流出。

3.2　车 辆 电 器

3.2.1　上海轨道交通西门子 A 型电动列车司机控制器

司机控制器控制主电路,它实际上是一组转换开关,通过扳动两根不同的轴,控制凸轮与之组合开关相应的触点分合来控制列车的运行方向,实现列车牵引、制动和惰行工况的转换,如图 3-6 所示。

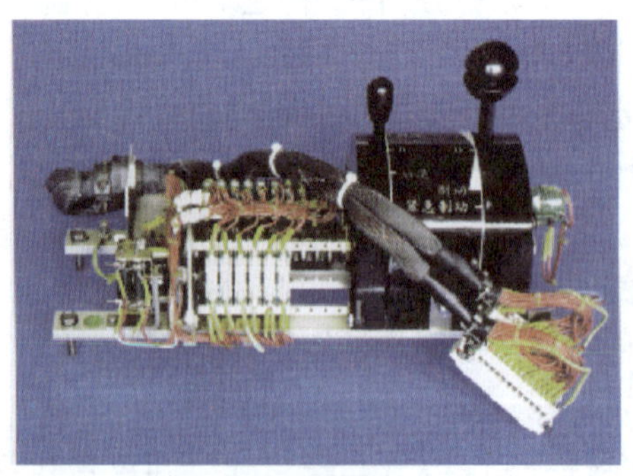

图 3-6　西门子 A 型电动列车司机控制器

司机控制器主要有主控制手柄、方式/方向手柄、组合开关、凸轮、转动轴、蘑菇按钮、钥匙开关、电位器电阻等部件组成。

3.2.2 斩波器

在直流电源供电的牵引系统中，传统的启动和调速方法是在电源和牵引电动机之间串联电阻器。这不仅在电阻中消耗了大量电能(这种电能的损耗，在启动频繁的电动车辆上尤为突出)，同时也难以实现连续平滑的调节。采用可控硅的直流斩波器无须电阻并能对电动机的端电压进行连续、平滑的调速，这不但节省了大量电能，还给车辆牵引带来其他好处，如充分利用了黏着，改善了启动性能。此外，采用斩波器调节的城市轨道交通车辆易于实现自动控制并可实现直流电机的再生制动，且从牵引状态转换到再生制动状态极为方便。

1. 工作原理

轨道交通车辆斩波器的工作原理主要以主晶闸管(GTO)V1 和 V2 的导通和关断为目的。斩波器的原理简图如图 3-7 所示。图 3-8 中 V_1 为斩波器的主晶闸管，C_1、C_{11}、V_{11}、V_{12}和 R 组成主晶闸管的缓冲电路，通过阻尼电容 C_1、C_{11}充放电，在 V_1 导通和关断过程中起到缓冲作用。另外，二极管 V_5 的作用是续流在 V_1 关断时保持电机电流连续。

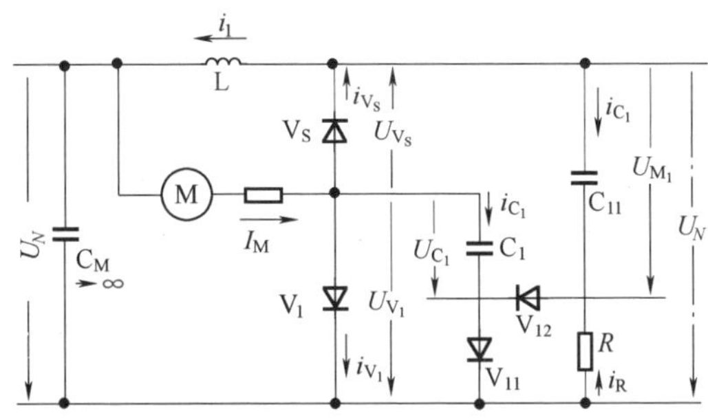

图 3-7 斩波器原理

2. 主要部件

斩波器主要由低压控制部分、主电路和冷却部分三部分构成。

低压控制部分由辅助逆变器板和脉冲放大板组成，它们和主电路高压部分是隔离的，其中辅助逆变器板的主要功能是给脉冲放大板供电，脉冲放大板将车辆控制单元输出给斩波器中各个晶闸管的触发信号放大，然后送给主电路中各个晶闸管的脉冲变压器，由脉冲变压器发出脉冲信号，通过驱动板来触发晶闸管。

斩波器的主电路以主晶闸管为主，还包含有制动晶闸管、续流二极管、串联制动二极管、串联制动电阻晶闸管和短路晶闸管等，另外还由其他一些电容、电感、电阻、二极管、脉冲变压器和驱动板等组件组成。其中主晶闸管是斩波器调压、调速的主要组成部分，它的导通和关断由车辆控制单元控制，触发信号经过脉冲放大板放大，再由驱动板控制。续流二极管在主晶闸管关断时起作用。在牵引工况下，主回路通过续流二极管续流；在制动工况下，主回路通过续流二极管将能量反馈到线网，形成再生制动。制动晶闸管在再生制动不能进行时被触发，它的触发同样是由车辆控制单元发出触信号，经脉冲放大板放大，再到脉冲变压器触发，此时主回路电流通过制动晶闸管消耗在制动电阻上，形成电阻制动。制动电阻晶闸管由车辆控制单元控制，以使制动电流保持一定的值，从而维持一定的制动力。另外起保护作用的短路晶闸管在主回路故障时由硬件触发。

冷却装置装在斩波器箱右侧，由两个风机以及风道组成，负责斩波器箱内电子器件的冷却。

3. 斩波器的保护和冷却

(1)斩波器的保护

斩波器的保护有过电压保护、过电流保护及过热保护三种。

(2)冷却方法

斩波器中集中了大量的电子、电器组件，如晶闸管、二极管、电阻、电容和电感等，工作时会发热温度上升，因此有必要采取一定的冷却方法使各类电子、电器冷却。在城市轨道交通车辆斩波器中，主晶闸管、续流二极管和制动晶闸管都装有散热片，而斩波器的主要冷却方式是强迫风冷。斩波器一般配有两个冷却风机，其中一个用于内部循环风冷，它受车辆控制单元控制，只要车辆控制单元工作，该风机就开始工作；另一个风机为散热风机，它的工作由装在斩波器内部循环风进口处的一个温控开关控制，当该开关检测到内部循环风温度上升到一定值时，将使散热风机工作，以帮助冷却。

3.2.3 辅助逆变器

电动列车辅助系统设备主要包括辅助逆变器、空压机、客室照明、列车空调、通风冷却装置、电子电气设备、蓄电池等部分。辅助系统为这些设备提供电源。辅助系统与运营质量、运营能力以及乘客感受到的舒适性密切相关，是一个很重要的系统。

辅助系统主要设备是辅助逆变器，其工作原理如下：

三相逆变器包括 6 个静态开关，用来将直流电压转换为交流电压。

为了直接从一个未经调整的直流输入电压获得一个固定频率的固定交流

(AC)电压输出,逆变器使用"PWM"(脉冲宽度调制)方法来控制。三相 AC 输出滤波器用来使矩形波 PWM 电压平滑为正弦波,如图 3-8 所示。

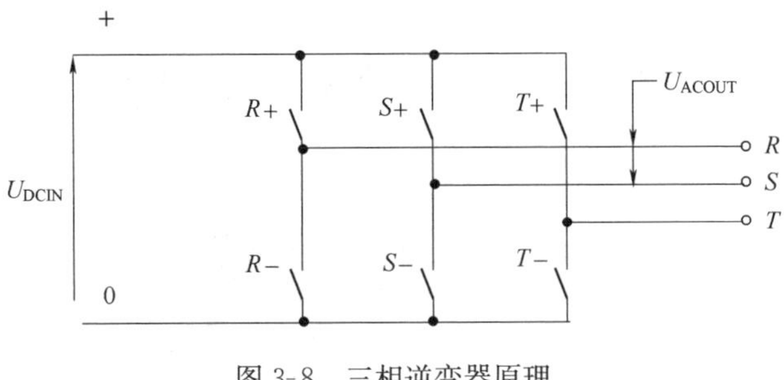

图 3-8 三相逆变器原理

3.3.4 受流器(受电弓)

1. 受流器(受电弓)作用

城市轨道交通车辆一般使用的是单臂受电弓,它安装在 Mp 车车顶上。升起后四根(或二根)碳滑板与架空导线接触,将直流电源引入电动车辆内。车辆运行时,滑板沿架空导线滑动并保持良好接触。受电弓的受电性能在很大程度上取决于接触压力。若压力太小,则接触电阻增大且易跳动,导致接触不良产生电弧;但如果压力太大,则摩擦加大,增加滑板和导线磨损。因此要求受电弓的机械结构能保证滑板在工作高度范围内具有相同的接触压力。受电弓各关节的阻力对接触压力也有影响,当受电弓降低时阻力使压力增加;当受电弓升高时阻力又使压力减小。因此,为使上升压力同下降压力之差尽可能小,必须采取措施减小摩擦力。在静止状态下,接触压力与受电弓之间的关系称为受电弓的静特性。车辆运行时,受电弓随着架空接触导线高度的变化而上下运动,因此,接触压力与受电弓的静特性有关,而且与受电弓上下运动时的惯性力即受电弓的动特性也有关。此外,传动装置还应使升降弓过程中初始运动速度快,运动终止速度缓慢。即在降弓时可使受电弓很快断弧;升弓时可防止受电弓对接触网和受电弓底架有过大的机械冲击。

2. 气动式受电弓

气动式受电弓的结构如图 3-9、图 3-10 所示。底架通过四个支持绝缘子安装在车顶上。集电头上安装四根滑板,滑板两端的弓角可防止在接触网分叉处接触导线进入滑板底下造成刮弓事故。

(1)工作原理

升弓时,当压缩空气经过缓冲阀进入传动气缸后,活塞克服降弓弹簧的压力向左移动,通过连杆将下臂杆以顺时针方向向上启动,然后下臂杆便在升弓弹簧的作用下，作顺时针转动。在推杆的作用下，使上部框架升起。降弓时，压缩空气从传动气缸经缓冲阀排出，降弓弹簧克服升弓弹簧的拉力将活塞推向右方，带动拉杆向右移动，强制下臂杆作逆时针转动而迫使框架落下。

图 3-9　受电弓

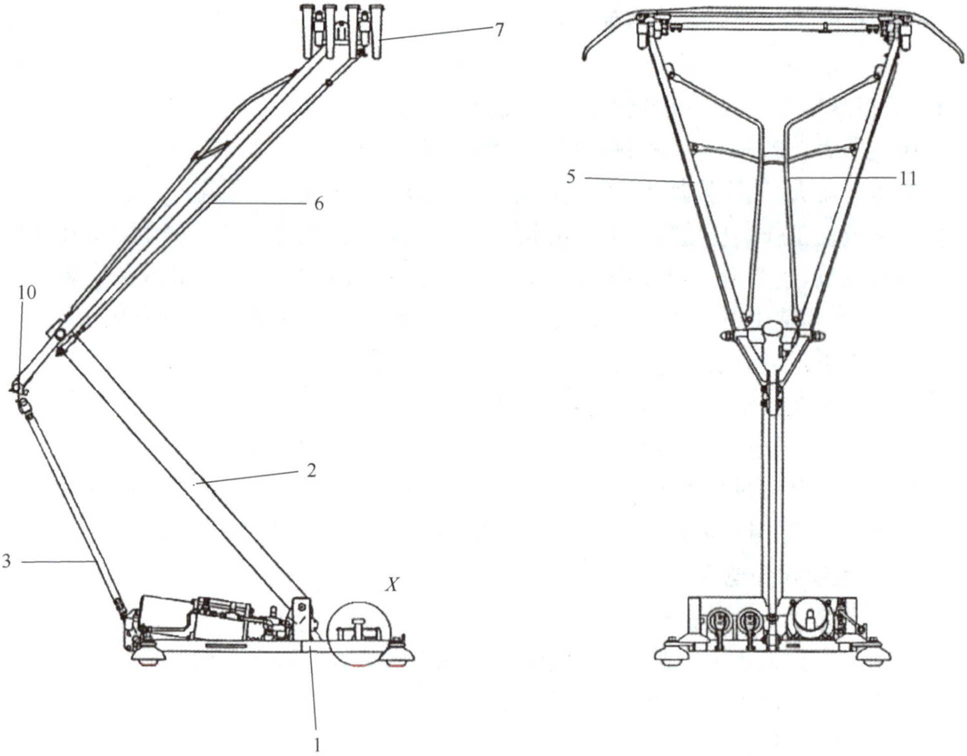

图 3-10

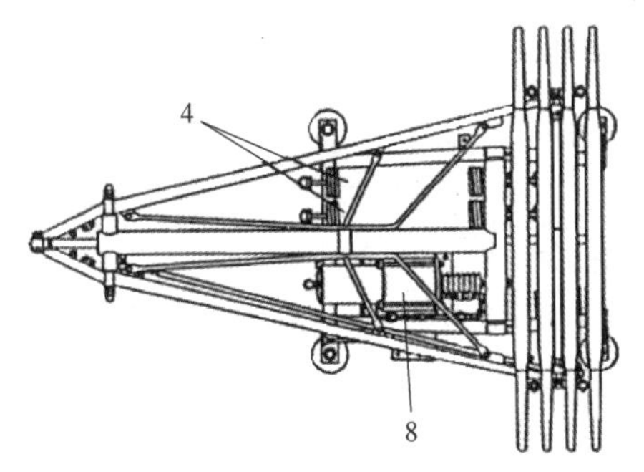

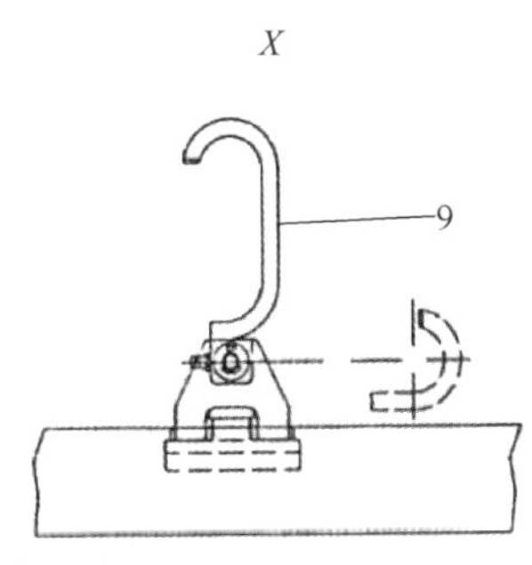

图 3-10　单臂受电弓

1—底架；2—下臂杆；3—推杆；4—升弓弹簧；5—上部杠架；6—上部导向杆；
7—滑板；8—传动气缸；9—落弓固定钩；10—活动接头；11—支撑架

(2)主要部件

受电弓底架安装支持绝缘子起电气隔离和机械支撑作用，一般常采用瓷和绝缘塑料压制。支持绝缘子应具有良好的电气绝缘性和机械性能。

弓头是受电弓与架空导线接触的部分，它主要由滑板、转轴、弓角、弹簧盒组成。弓角是为了防止在接触网分叉处接触导线进入滑板底下造成刮弓事故。弹簧盒的作用是为了保证弓头的垂向自由度。

上海轨道交通西门子 A 型电动列车采用气动式受电弓。

3. 电动式受电弓

上海轨道交通阿尔斯通 A 型电动列车使用的是电动式单臂受电弓，它安装在 Mp 车车顶上。受电弓外观如图 3-11 所示。

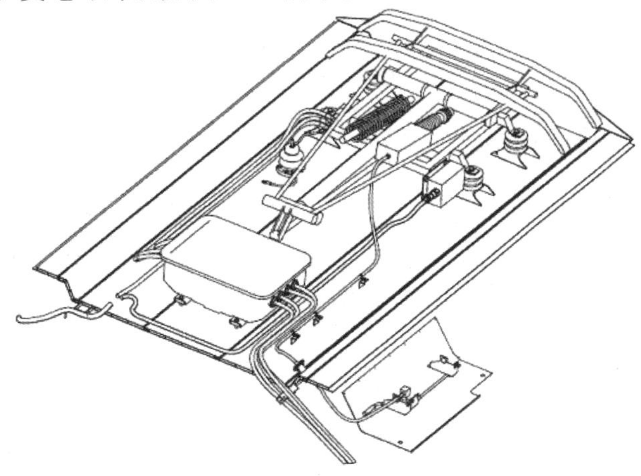

图 3-11　电动式受电弓

受电弓升弓后，将触网直流电引入列车高压回路，为列车主回路及辅助回路进行供电，六节编组列车装有两个受电弓，受电弓的主要结构如图 3-12 所示。

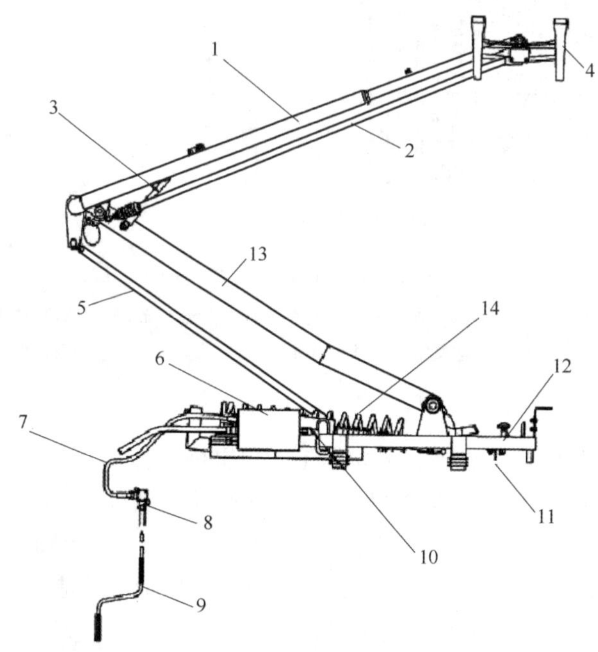

图 3-12 电动式受电弓结构

1—上部撑杆；2—平行导向杆；3—液压往复式减振器；4—集电头；5—调节杆
6—电气控制箱；7—连接杆；8—连接头；9—手摇柄；10—电落弓装置
11—锁钩；12—基架；13—下部撑杆；14—升弓装置

电动式受电弓升降是由一台直流电机驱动，其驱动电力由列车低压总线 DC 110 V 供给。

3.2.5 高速断路器(高速开关)

高速断路器(高速开关)用来接通和分断城市轨道交通车辆的高压电路，是车辆的主要保护装置。当主电路发生短路、过载、直流牵引电动机环火等故障时高速断路器能快速切断主电源。为了防止事故的扩大，要求高速开关动作迅速、可靠、并具有足够的断流容量。

上海轨道交通西门子 A 型电动列车 TSE1250-B-1 型高速开关安装于 Mp 车，由于车下安装空间的有限，要求高速开关必须结构紧凑。

TSE1250-B-1 型高速开关包括：基架、短路快速跳闸装置、过载跳闸装置、合闸装置、灭弧栅等。高速开关如图 3-13 所示。

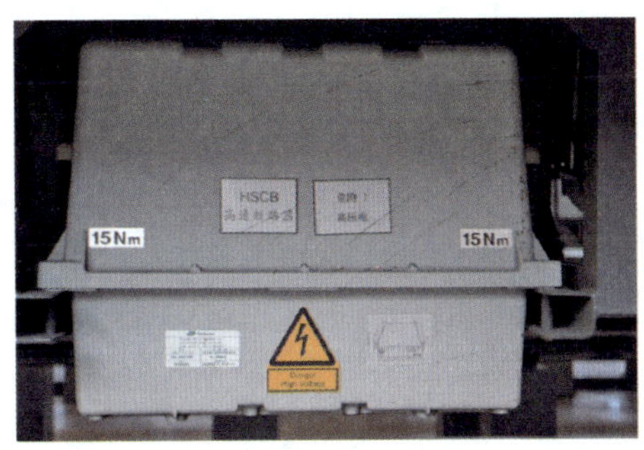

图 3-13 TSE1250-B-1 型高速开关

TSE1250-B-1 型高速开关工作程序:按下司机控制台上的“高速开关合”按钮,通过列车控制线路使螺管线圈得电工作并带动机械锁位装置动作置高速开关于“合”位置并保持,不需电源维持。分断时,欠压脱扣装置动作,使高速开关断开。

TSE1250-B-1 型高速开关每极有一个带有固定脱扣整定机构的短路快速跳闸,另外,每个高速开关设置一个过载跳闸,其跳闸值可通过刻度盘来调整设定。

当 TSE1250-B-1 型高速开关合上以后,电流从上接线端,流向静触头并通过动触头流经动触头臂、弹性连接板至下接线端,并产生过载跳闸的磁场。当电流值超过其整定值时,过载跳闸装置动作,通过拉杆,释放锁件及转换机构,转换轴转至“分”位置,同时带动动触臂,使触头分断。在短路故障情况下,因过载跳闸系统动作太慢,短路快速跳闸装置衔铁动作,通过撞击螺钉,直接撞击定触头臂,迫使动静触头快速分断。其快速分断由转换杆和滚轴之间的专用压紧装置完成。此时,转换轴还在“合”位置,因短路快速跳闸装置的作用,操纵拉杆,使转换机构解锁,转换轴转为“分”位置,同时带动动触臂。短路快速跳闸控制是通过位于螺管线圈外罩的辅助开关,闭合断路器的有效信号要持续 20 ms。

触头分断产生的电弧由电磁系统吸入灭弧栅内分割、冷却。此外高速开关合闸线圈只能短时通电(到合闸位后靠机械锁闭),开关分断之后再合闸要求时隔 2 min以上。

3.2.6 直流电磁接触器

直流电磁接触器是用来频繁地接通和切断主电路的自动切换电器,它的特点是能进行远距离自动控制,操作频率较高,通断电流较大,如图 3-14 所示。

接触器按通断电路电流种类可分为直流接触器和交流接触器两种;按主触头数目可分为单极接触器(只有一对主触头)和多极接触器(有两对以上主触头),按传动方式可分为电空接触器和电磁接触器等。

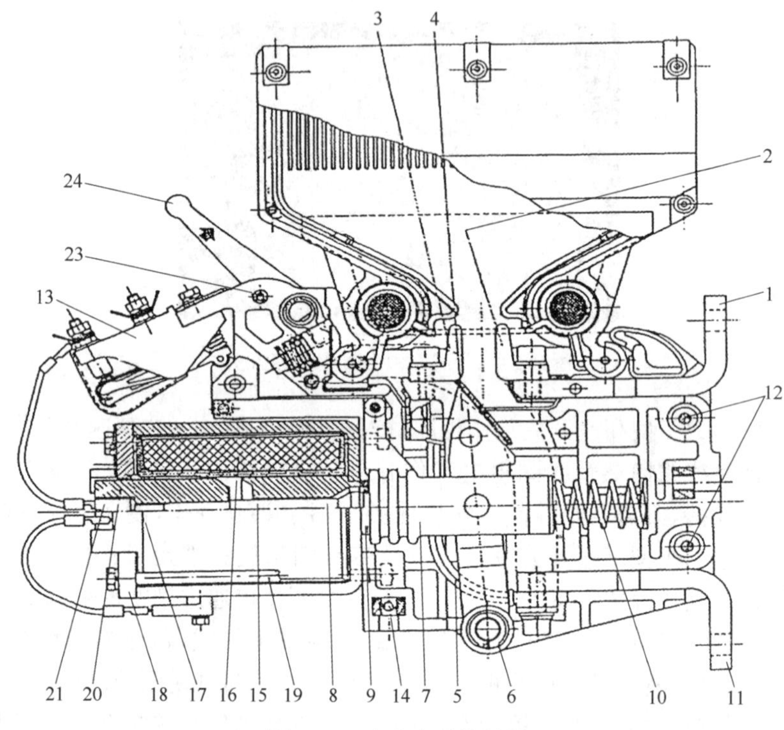

图 3-14　直流电磁接触器

1—上接线端；2—静触头；3—动触头；4—触头座；5—软连接；6—驱动轴；7—驱动机构；8—活塞杆
9—缓冲器；10—恢复弹簧；11—下接线端；12—螺栓；13—辅助开关；14—螺栓；15—铁芯；16—线圈
17—导向器；18—盖；19—螺栓；20—动铁芯；21—开槽螺母；22—灭弧罩；23—螺钉；24—手柄

3.2.7　交流接触器

交流接触器通断交流电流，常用来接通和断开交流电动机或其他电气设备，每小时可开闭几百次，交流接触器的主要结构如图 3-15 所示。电动列车上交流接触器一般用在三相 380 V 电路上，如空调单元压缩机控制接触器。

交流接触器主要由电磁铁和触点两部分组成，利用电磁铁的吸引力而动作，当吸引线圈通电后，吸引动铁芯(上铁芯)，使常开触点闭合。

根据用途不同，交流接触器的触点分主触点和辅助触点两种。辅助触点通过电流较小，常接在电动机的控制电路中；主触点能通过较大电流，接在电动机的主电路中。

当主触点断开时，其间会产生电弧，烧坏触点，并使切断时间拉长。因此，在电流较大的接触器中还专门设有灭弧装置。在相间有绝缘隔板，以免短路。

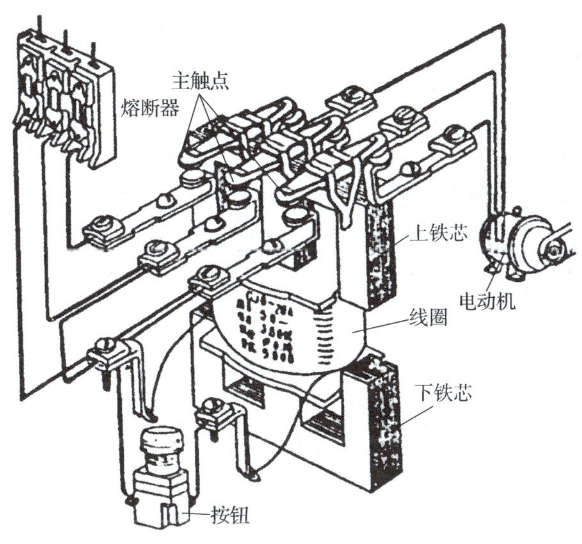

图 3-15　交流接触器的主要结构

3.2.8　制动电阻器

制动电阻(图 3-16)用于城市轨道交通车辆的电阻制动，承担电机电流中不能再生的制动电流部分，制动电阻应有足够的容量来承受持续 100%的制动负载，直到电机电压升到极限。制动电阻箱悬挂安装于车辆底架下方，制动电阻冷却方式为强迫风冷。(卧式通风)带状电阻条通过制动电流以发热的方式把能量传递出去，因此制动电阻除要求有良好的热容量、耐振动外，还要求能防腐蚀，在高温下不生成氧化层，特别要注意在正常使用寿命内不断裂。

图 3-16　制动电阻

3.2.9 继电器

继电器与接触器都是一种自动控制电器。不同的是,继电器一般不直接控制主电路,负载较小,故同接触器相比,继电器没有灭弧系统,结构简单,接触容量小,动作的准确性要求高。

继电器由测量机构和执行机构两部分组成,如图 3-17 所示。测量机构接收输入量,并将其转变为继电器工作所必须的物理量,如电压、电流、压力等。执行机构用以改变原来所处状况,给被其控制的电器一定的输入量。

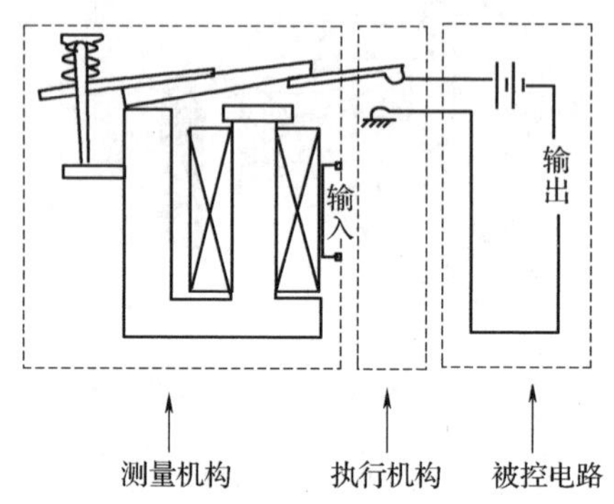

图 3-17 电磁继电器的测量机构和执行机构

3.2.10 熔断器

熔断器串联电路中,当该电路产生过载或短路故障时,熔断器先行熔断,切断故障电路,保护电路和电气设备。

熔断器按结构可分为开启式熔断器、半封闭式熔断器及封闭式熔断器三种。在电动车辆上多采用完全封闭在壳内的封闭式熔断器,没有电弧火焰喷出,不会造成飞弧和危及人身安全及损坏电气设备,且可提高分断能力。

熔断器主要由熔体、熔管和插刀等组成。熔体是熔断器的主要部分,它受过载或短路电流的热作用而熔化,从而达到分断故障电路的目的。熔管用以控制电弧火焰和熔化金属粒子向两端喷出。插刀用来接通外电路。

对熔化材料的要求是熔点低、易于熔断、导电性能好、不易氧化、容易加工和价格低廉。熔体的材料有铜、银、锌、铅等。

熔断器熔断过程一般可分为四个阶段:

(1)通过故障电流而发热达到熔化温度的阶段。这个阶段所需的时间与通过熔体的故障电流值有关,故障电流越大,这个时间就越短。

(2)熔体熔化和蒸发阶段。熔体达到熔化温度后继续吸收热量而熔化和蒸发,这个阶段的时间也与通过熔体的故障电流值有关,故障电流越大时间越短。

(3)间隙击穿和电弧产生阶段。熔体蒸发成金属蒸气后出现间隙,其中充满金属蒸气,金属蒸气很快被游离而出现电弧,这段时间极短。

(4)电弧燃烧和熄弧阶段。这个阶段时间的长短和电流的大小及熔断器的熄弧能力有关,熄弧能力越强,则燃弧时间就越短。电弧熄灭时不允许产生危害电气设备的过电压。

3.2.11 速度传感器

速度传感器是将列车速度(车轴、电机的转速)信号转换为电信号的部件。电动列车的速度传感器有电机速度传感器和车轴速度传感器两种。

速度传感器安装于轮轴上,主要作用是将选取、转换后的信号传输提供给控制系统,如图 3-18 所示。

城市轨道交通车辆使用的速度传感器分为单信道速度传感器和双信道速度传感器。传感器安装于轴箱内,要求性能可靠、精度高、抗干扰性强。

速度传感器主要由脉冲发生器、磁轮、密封件和外盖组成。速度传感器的磁轮(图 3-19)使用螺钉固定在轴箱端盖上,带有电缆接线的脉冲发生器安装在速度传感器的盖上,脉冲发生器与磁轮之存在气隙,要求气隙范围在 0.4～1.4 mm 之间。

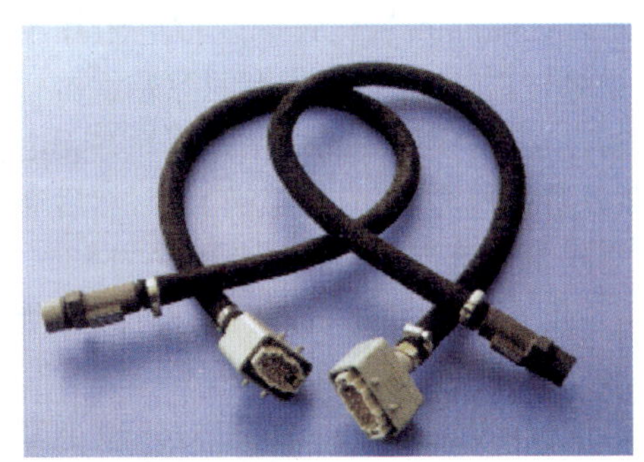

图 3-18 速度传感器

图 3-19 速度传感器的磁轮

3.2.12 避雷器

1. 电动列车避雷器的作用

避雷器是能吸收过电压能量、限制过电压幅值的保护设备,如图 3-20 所示。将避雷器安装在被保护设备附近,与被保护设备并联,利用电阻片优异的非线性伏安特性(低电压时呈高阻态,高电压时呈低阻态)来实现过电压保护。在正常情况下避雷器不动作；当作用在避雷器上的电压达到避雷器动作电压时，避雷器导通，通过大电流，吸收过电压能量，并将过电压限制在一定的水平，保护列车电器设备。在释放过电压能量后避雷器会自动恢复到不导通的正常工作状态。

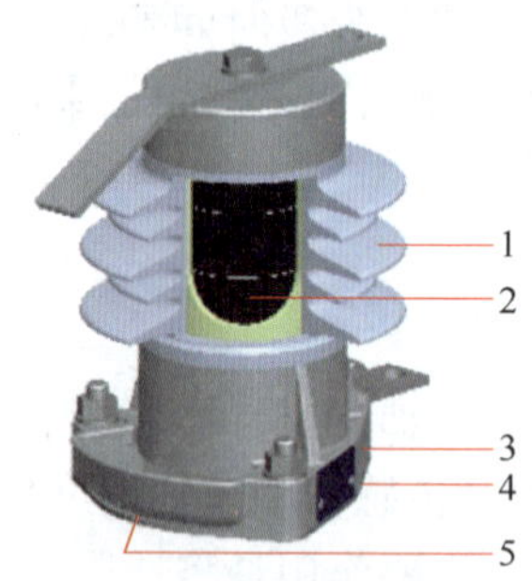

图 3-20 避雷器

1—聚合物复合壳体；2—非线性金属氧化物电阻；3—带瓦斯分流器的法兰；4—过渡板；5—灭弧孔

2. 有间隙和无间隙金属氧化锌避雷器的区别

目前上海轨道交通电动列车使用的避雷器分为有间隙和无间隙金属氧化锌避雷器两种。

（1）有间隙金属氧化锌避雷器的特点

有间隙金属氧化锌避雷器的基本元件由火花间隙和氧化锌非线性电阻片组成，这些元件串联叠装在密封的瓷套或其他绝缘材料外套内，组成有间隙避雷器。

有间隙避雷器在正常工作时，因为间隙的存在，避雷器金属氧化锌阀片并无电流流过，延缓了阀片的老化速度；当过电压通过避雷器时，先是间隙被击穿，然后通过阀片吸收导通大电流，使被保护的设备电压限制在避雷器的残压范围之内。

优点：暂态过电压承受能力强；不会因阀片的损坏引起避雷器短路；对阀片测试筛选要求相对较低。

缺点：因有间隙存在，保护动作响应时间较长，方波通流容量较小，一般小于 200 A；无相应的检测装置。

（2）无间隙金属氧化锌避雷器的特点

无间隙金属氧化锌避雷器在正常工作时，阀片一直承受线路电压（阀片仅流过 μA 泄漏电流），能可靠的在系统过电压、操作过电压、大气过电压下动作，保证系统的良好运行。

优点：无间隙氧化锌避雷器因其拐点电压较低，保护动作响应时间短，泄放雷电流时间小于 100 μs，放电后立即恢复到可进行再次动作能力，具有连续雷电（连续雷电是指两次雷电入侵波间隔时间仅数百 μs 至数千 μs 间隔）、雷电陡波冲击保护能力，方波通流容量较大，可达到 600 A。

缺点：暂态过电压承受能力差，阀片的损坏会造成短路。

3. 有间隙避雷器在电动列车上的使用

有间隙避雷器在列车与车辆电器设备并联，安装在受电弓旁边，当出现危及车辆电器的过电压（雷电、暂态过电压）时就放电，从而有效避免了雷电对车辆电器设备的损坏。

上海轨道交通西门子 A 型电动列车上使用的是有间隙避雷器，如图 3-21 所示。

图 3-21　有间隙避雷器

4. 无间隙避雷器在电动列车上的使用

目前，国内外在低压（10 kV 以下）供电网络的避雷设备基本都采用无间隙避雷器。通过定期对无间隙避雷器性能的检测，可有效解决无间隙避雷器因氧化锌阀片故障引起的短路问题，因此在后续列车上都选用无间隙避雷器。

上海轨道交通阿尔斯通 A 型电动列车使用的是无间隙避雷器，避雷器安装在车顶受电弓旁边，与车辆电器设备并联。

3.2.13　蓄电池

城市轨道交通车辆通常使用镍-镉蓄电池，如图 3-22 所示。镍-镉蓄电池具有能承受较大的电流，耐振动、耐冲击，对过充电和欠充电不很敏感，自放电极弱，内阻极小，允许大电流放电，且在使用过程中电压稳定、使用寿命长等优点。上海轨道交通西门子 A 型电动列车的主蓄电池由 DC 1.2 V 镍镉可充电电池单体相互串联组成 DC 110 V 电源，一般由 80 只或 84 只单体组成一组电池组。电池单位互串联的主要缺点是单个电池的电压较低（仅 1 V 多些）。由车辆静止逆变器提供的 DC 110 V 电源对蓄电池组充电，并向低压电器供电。

蓄电池的电能主要利用电解液化学能与电能的相互转化实现的。镍镉电池是用氧化镍作正极、镉作负极的一种电池，正负极之间充有碱性电解液。

图 3-22 蓄电池

蓄电池的容量由能为列车提供应急负载供电 45 min，目前使用的蓄电池容量有 120 A·h、140 A·h、160 A·h 等。

在列车运行过程中，若整列车失去高压电源时，主蓄电池的容量能保证为紧急照明、列车控制和监视设备、通信设备、头尾灯、紧急通风负载等提供 45 min 电能。蓄电池除能为以上负载提供 45 min 的电能外，还可以打开或关闭车门一次。

3.2.14 牵引逆变器

牵引逆变器是城市轨道交通车辆上重要的电气设备，如图 3-23 所示。牵引逆变器安装在电动列车动车车底部，其主要功能是为两个动车转向架上的四个交流牵引电机提供电源。牵引逆变器由主逆变器和制动电阻组成。

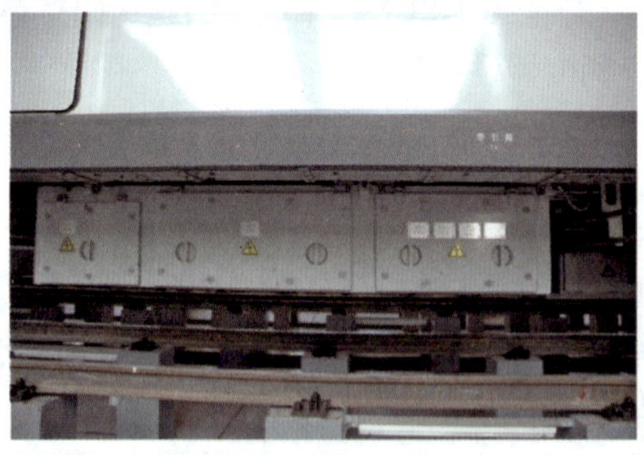

图 3-23 牵引逆变器

逆变器主电路按功能分为供电系统、直流连接电路、电阻制动电路、逆变电路四部分，如图 3-24 所示。

(1)供电系统(图 3-25)

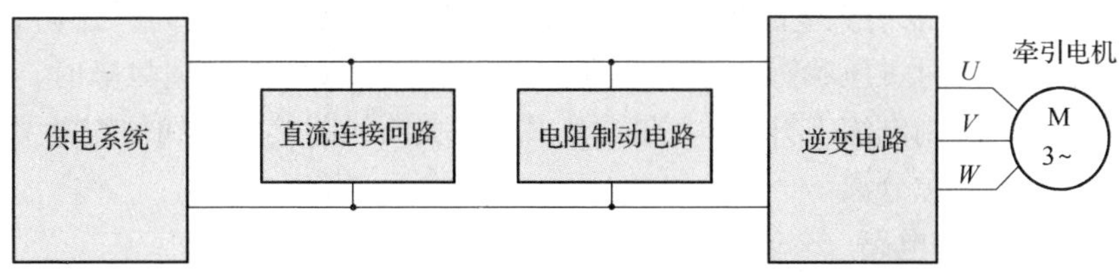

图 3-24 主逆变器结构图

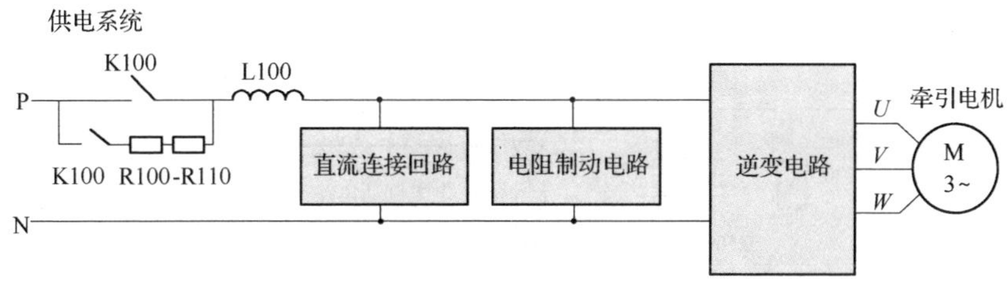

图 3-25 供电系统

供电系统由一个线路接触器、两个预充电电阻、一个预充电接触器和一个线路电感组成。

当接通电源后,供电系统首先通过预充电接触器和预充电电阻为直流连接电路中的线路电容进行充电。由于预充电电阻的作用,这时充电电流非常小,电容两端的电压上升比较缓慢。当电容两端电压达到线路电压 90%时,线路接触器吸合,预充电接触器断开,电源直接对电容进行充电。当电容两端电压达到线网电压时,直流连接电路的电压达到稳定状态。在充电过程中线路电容两端电压的变化过程,如图 3-26 所示。

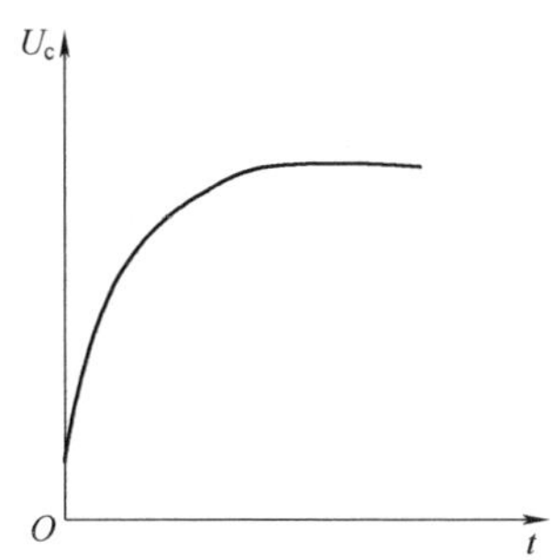

图 3-26 线路电容两端电压变化过程

供电系统中的线路电感和直流连接电路中的线路电容一起组成主逆变电路中的 LC 滤波电路，以消除电源中的谐波电流，使输入的电流平稳；同时还防止牵引逆变器工作在短时过压状态。如果直流连接电路及后级电路出现故障时，一方面通过线路电感抑制电流上升，另一方面可以通过关断线路接触器和预充电接触器，使后级电路与电源分离。

(2)直流连接电路

直流连接电路由两个电容、一个放电电阻和短路晶闸管组成。直流连接电路中的电容能稳定电压，吸收交流分量，并和线路电感组成线路滤波器，如图 3-27 所示。

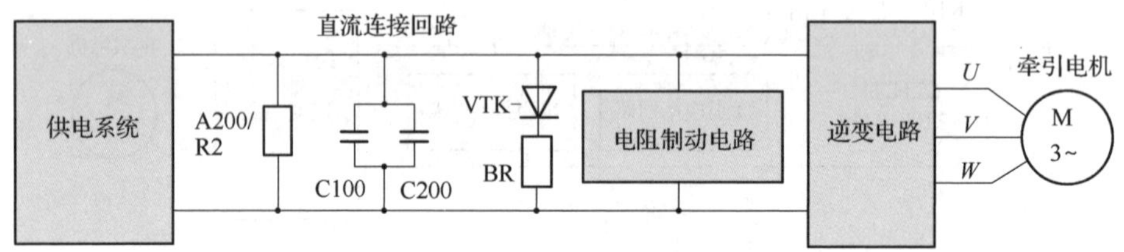

图 3-27　直流连接电路

(3)电阻制动电路

电阻制动电路由制动控制模块及制动电阻组成，图 3-28 为电阻制动电路。

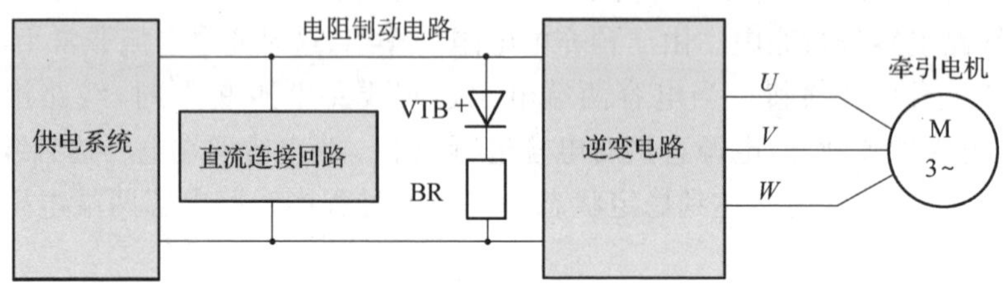

图 3-28　电阻制动电路

在电制动的时候，由牵引电机产生的制动能量可通过两种途径消耗：

①再生制动。如果线网可以吸收能量，例如线网电压最高限额还没达到，制动能量可以反馈至线网。

②电阻制动。如果线网不再能吸收能量(线路电压超出额定范围)，制动电阻电路受制动控制模块的控制，制动能量通过制动电阻转换成热能消耗。制动控制是周期性的，这样可以保证直流连接电路稳定。电阻制动可以达到机械制动的水平，但不能完全让列车停止，在一定的速度下，牵引电动机无法产生能量时，制动电阻也就失去了制动的作用，这时的列车需要机械制动来降低速度。

(4)逆变电路

脉宽调制型逆变器由三个相模块组成。逆变器逐相导通，在输出端形成三相电压系统，将中间连接电压供给牵引电机。逆变器输出的频率和电压幅值是可以调节的，相电压最大的幅值取决于中间电路电压；输出电压的幅值可以通过调整开关时钟的宽度来调整，输出电压波形的频率与逆变器输出频率一致。逆变电路如图 3-29 所示。

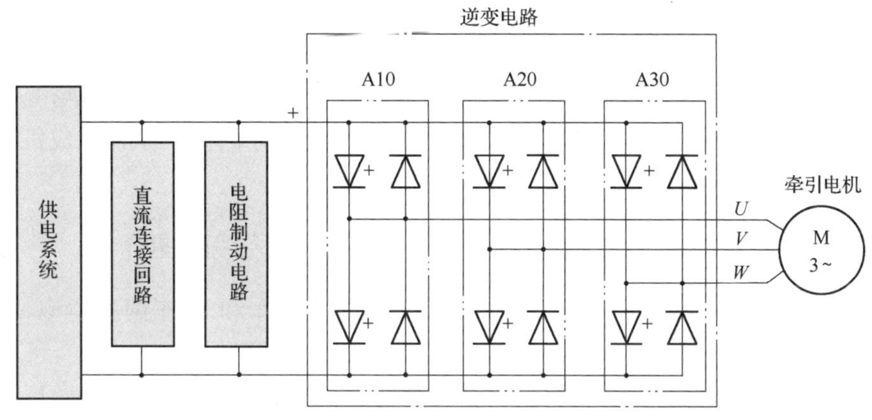

图 3-29　逆变电路

一个逆变单元由六个开关型半导体元件组成，在我们的逆变器系统中采用 GTO 管。每个 GTO 管两端并联一个续流二极管，用来维持电机电流的流动。对于交流电机的三个相，每两个 GTO 和两个二极管组成逆变相。每一逆变相都连接着直流连接电路的正、负极，中间的引出端连接电机的一相。

3.3　主　回　路

城市轨道交通车辆主回路的作用是接受控制回路发出的牵引和制动的指令，完成城市轨道交通列车的牵引和制动任务。主回路主要由受电弓、高速开关、牵引箱、牵引电机、制动电阻等组成。

主回路应满足车辆启动、调速和制动三个基本工作状态的要求。启动、调速及制动三个基本要求是通过车辆主回路和控制电路共同作用实现的。它是车辆电传动系统必须达到的基本任务，尤其是调速更是三种运行工况的共同基础，因为车辆牵引时需根据不同的运行条件来调节车辆的速度。为了充分发挥车辆的功率，就要求车辆能在不同的线路和载荷条件下改变牵引力，因此车辆主回路工况必须保证牵引电动机的转矩和转速都可进行调节，且有宽广的调节范围。

3.3.1 主回路的主要工作原理

以上海轨道交通西门子 A 型电动列车为例：

在牵引时，由受电弓从供电接触网上接收 DC 1 500 V 电源，经过牵引箱的逆变作用，将 DC 1 500 V 转变为从 0～1 050 V 可调的三相交流电，继而驱动交流牵引电机，完成电能向机械能的转换，达到牵引列车的目的。在进行牵引控制时，牵引箱输出的交流电是受控制单元发出的牵引指令控制的，如果牵引指令发生改变，那么输出的电压和频率也会相应地改变，这种控制方式叫作变压变频控制(VVVF)。在制动时，将牵引电机绕组快速旋转产生的交流电经过牵引箱变换为直流电，再将输出的直流电反向向触网供电或消耗在制动电阻上，从而完成机械能向电能或热能的转换，达到制动的目的。

3.3.2 上海轨道交通西门子 A 型电动列车主电路线路图介绍

上海轨道交通西门子 A 型电动列车动车分为 Mp 车和 M 车两种类型，由于 Mp 车和 M 车主电路结构绝大部分类似，所以这里只介绍 Mp 车主电路。

当列车进行牵引时，位于 Mp 车上的受电弓(11-X11)从供电接触网上接受 1 500 V 直流电，经由 Mp 车高速断路器(11-Q01)将电源传送到 Mp 车牵引箱(11-A01)。直流电进入牵引箱以后，经过预充电接触器 K110 或主电路接通接触器 K100、平波线圈、滤波电容等器件后，被传送到三相逆变器的直流端，经过逆变后，三相逆变器输出三相交流电直接驱动并联的四台三相交流牵引电动机(11-M01 到 11-M04)。

当列车进行制动时，三相逆变器改变状态处于整流状态，原来的输入端变为输出端，而原来的输出端变为输入端。这样三相交流牵引电动机改变为三相交流发电机，把三相交流牵引电动机的机械能就转换成了电能，从三相逆变器的直流端输出。当三相逆变器的直流端输出电压高于触网电压，主电路就向供电接触网供电进行再生制动，直到直流端输出电压高于 1 800 V 或低于网压时再生制动才得以停止。同时由于在制动时，与制动电阻相连的 GTO 和晶闸管导通(在牵引状态下是截止的)，三相逆变器的直流端输出的直流电有一部分被消耗在制动电阻上，这样就达到了电阻制动的目的。

在 Mp 车受电弓旁装有避雷器，如果车辆在运营时遭受到雷击，避雷器就会在极短的时间内(毫秒级)呈短路状态，在列车设备还未遭到破坏之前，将电流直接导向大地，从而起到保护列车设备及乘客的目的。

3.4 列车自动控制

列车自动控制系统在电动列车包括牵引控制单元、中央控制单元和故障存储显示系统。

3.4.1 西门子A型电动列车牵引控制单元

牵引控制单元(Traction Control Unit,以下简称TCU)安装在每个牵引箱内,用于监控和控制PWM逆变器。

TCU系统是一个控制电子牵引的设备,由一个机架组成,其采用了SIBAS-32微处理技术,由不同的SIBAS-32模块系统组成,能进行完整的闭环牵引控制和电流、电压及温度的实际状态的监控。TCU系统的主要功能是控制牵引和制动力。

牵引/制动的控制信号为数字信号,由TCU读取;调幅(导通角)和频率是连续变化的,在门极单元中将这两个参数的组合来作为脉冲形式。门极单元产生触发脉冲,然后由放大器将其传送给GTO模块,同时检查返回信号表示导通指令已被确认,从而驱动电机工作。

TCU的保护功能有电压监控、电流监控、温度监控和牵引箱内设备风机的监控。电压监控是TCU在直流连接电路中对牵引逆变器进行过压保护;除了闭环电流控制器外,TCU还包括一个模块实施三级过流保护;温度传感器用于监控温度,TCU将其测得的实际值与存储的极限值进行比较,如果超过极限值,则产生相应的反应;TCU通过检查数据来确认设备风扇是否损坏。

3.4.2 西门子A型电动列车中央控制单元

为中央控制单元(Central Control Unit,以下简称CCU),具有对运行的列车和车载部件有控制、监测功能。CCU位于每节Mp车的电子柜内,其控制系统为SIBAS-32系统软件。六节编组列车共有2个CCU。

中央控制单元的功能分别是负载管理、数据记录功能、发出故障信息和控制子系统。

(1)以故障发生顺序记录故障及其相应的时间和环境,且向显示器发送,并做出故障等级评估。评估等级如下:

1级:(严重故障)乘客必须在下一站下车。

2级:(中级故障)影响运营的故障,列车应在线路的终点退出运营。

3级:(小故障)不影响运营的故障,在下次日检时,列车应在车辆段进行检查。

(2)通过显示器和显示器内部的蜂鸣器向司机报告故障,驾驶员可用屏幕上的按钮确认出现的故障。

(3)如果此 CCU 位于编辑列车中操作端的三节车单元中,应自动的执行主控任务。

(4)监测指定的车辆部件(以维护和调试为目的)。

(5)当司机控制台得电,在此控制台上的显示器即处于工作状态。

(6)对列车总线、车辆总线具有主控功能。

3.4.3 西门子 A 型电动列车总线系统组成

西门子 A 型电动列车总线由以下三部分组成:

1. 连接 KLIP 分站到 CCU 的分站控制总线(KLIP 总线)。

2. CCU 接口总线:提供一个 CCU 与外部 PC 的接口,用于监测 CCU 内部数据。

3. 用于将三节车单元中的智能型部件连接在一起的车辆总线(DIN 总线)。

3.4.4 西门子 A 型电动列车电子制动控制单元

西门子 A 型电动列车每节车辆装有一个电子制动控制单元(BECU),该单元提供制动力指令和防滑的部分控制。

每一个 BECU 由 19 英寸的电子机架组成,其包括下列插件板:

(1)中央处理单元插件板;

(2)诊断器插件板;

(3)电源插件板;

(4)串行接口插件板;

(5)九个插件板接口。

中央处理单元(CPU)插件板控制所有的制动控制的信号处理及防滑系统的信号处理,根据输入信号,CPU 计算制动力指令值,并将其传给电子—气动模拟转换器。模拟转换器将制动力指令值转换成带有冲击限制及负荷控制的预控压力,由位于模拟转换器内的压力传感器提供反馈,用闭环控制来控制输出压力。

BECU 包括干扰和瞬态保护,形成电子电路所需的各种电压的电压模块,用于电磁线圈的施加和释放及故障监控的控制模块的操作。

负载校正(负载重量)是由气制动指令信号乘以负载正比系数而得到的,该系数是通过测量实际的常用空气弹簧压力和将该压力转换成相应的电信号得到的。负载压力从气垫处得到,并传给负载—压力限定阀及压力传感器,这个压力传感器产生正比于负载的电压信号,将其传给 BECU。

诊断器插件板上有一个两位数字的显示屏，输入电路、信号处理、输出电路及CPU自诊断的故障信号均被存储显示在两位数字的显示器上。如果存在多个故障，当钥匙打开后，则全部故障按照3 s一个的顺序来显示。如果中断电源，故障仍然存储。通过显示器可以进行快速诊断并确认故障，所有的故障同时也通过CCU传给司机室内的彩色显示屏。在彩色显示屏上，故障以文字形式显示，且有针对司机的相关处理方法建议。

3.4.5　西门子A型电动列车中央故障存储单元

在每节Mp车的中央控制单元中包含一个中央故障存储单元，其主要功能：

(1)以故障发生顺序记录故障及其相应的时间和环境，且向显示器发送。

(2)通过显示器内部的蜂鸣器向司机报告。司机可用屏幕上的按钮确认出现的故障。

(3)如果此CCU位于六辆编组列车中操纵端的三节车单元中，应自动地执行主控功能。

(4)当司机控制台得电，在此控制台上的显示器即处于工作状态。

(5)对列车和车辆总线具有主控功能。

3.4.6　西门子A型电动列车故障评估

列车的故障诊断系统由中央控制单元CCU控制，列车上的各种系统和CCU相连，故障时，发送专用信号给CCU故障信息。

一旦列车停放制动缓解操作在控制单元Tc车进行以后，工作电平将通过车钩传输给列车其余所有车辆，所有车辆都将缓解停放制动。

3.5　列车控制回路

城市轨道交通车辆的控制线路由大量的继电器及开关按钮、指示灯、电磁阀等组成。控制线路用来控制城市轨道交通车辆的运行，根据司机操作发出的指令，控制线路中相关的继电器得电或失电，使得相对应的主电路接触器动作，最终控制牵引电机的运转，从而控制列车的牵引、制动等工况。另外，控制线路还包括许多监控回路，以检测列车各工况下的参数，根据所检测到的故障参数，及时发出指令，控制继电器动作，切断主电路中相关的触点，起到保护作用。

3.5.1　西门子A型电动列车高速电路断路器控制电路

高速电路断路器控制回路由蓄电池供电。

从蓄电池电源引出接头(A19)开始到车钩 71-Y4 为止,电路上依次连接有以下电器元件:受电弓、高速电路断路器工作控制空气开关(21-F01),司机室控制继电器(22-K01),紧急停车继电器(22-K08),高速电路断路器断开按钮(21-S01)和高速电路断路器接通按钮(21-S02)。

1. 接通高速电路断路器继电器(21-K01)线圈得电

如果要使接通高速电路断路器继电器(21-K01)的线圈得电,那么必须满足以下条件:

(1)受电弓、高速电路断路器工作控制空气开关(21-F01)必须闭合。

(2)司机室控制继电器(22-K01)的线圈必须得电,从而使得其常开触点 53-54 处于闭合状态。

(3)紧急停车继电器(22-K08)的线圈必须得电,从而使得其常开触点 13-14 处于闭合状态。

(4)高速电路断路器断开按钮(21-S01)不能被按下,从而使得它的常闭触点 21-22 处于闭合状态。

(5)高速电路断路器接通按钮(21-S02)必须被按下,从而使得它的常开触点 13-14 处于闭合状态。

(6)接通高速电路断路器的空气开关(21-F04)必须闭合。

在正常情况下,空气开关(21-F01)一直处于闭合位置,只有当电路出现异常情况(如短路等),电路输入空气开关(21-F01)才会自动断开,以起到保护线路和防止故障扩散。

司机室控制继电器(22-K01)线圈的得电情况,是根据哪个单元作为控制单元(获得列车控制权)的情况来决定的,假设一单元作为控制单元(驾驶员用行车钥匙打开司机控制台),那么处于一单元 Tc 车上的列车控制接通继电器(22-K01)线圈就得电,类似的,如果二单元作为控制单元(驾驶员用行车钥匙打开司机控制台),那么处于二单元 Tc 车上的列车控制接通继电器(22-K01)线圈就得电。

紧急停车继电器(22-K08)线圈的得电情况,即列车是否由驾驶员拍下紧急停车按钮实施紧急停车来决定的,如果列车实施了紧急停车,那么紧急停车继电器(22-K08)线圈就会失电。

由以上介绍我们可以得出以下结论:当列车处于正常状态时,任意一个单元作为控制单元,获得列车控制权,我们只要按下高速电路断路器接通按钮(21-S02),同时保持高速电路断路器断开按钮(21-S01)位置状态不变,那么接通高速电路断路器继电器(21-K01)的线圈就会得电。同时该指令通过车钩传输给另一单元的接通高速电路断路器继电器(21-K01)的线圈,使其得电。

在接通高速电路断路器继电器(21-K01)线圈得电的同时,SIBAS KLIP 分站

1(41-A1.04)检测到 A5 引脚上的高速电路断路器接通按钮(21-S02)已经按下,当高速电路断路器全部合上后,SIBAS KLIP 分站 1(41-A1.10)从 B11 引脚上输出一个高电平,使高速电路断路器接通按钮(21-S02)的内置指示灯泡亮,提示驾驶员高速电路断路器已全部合上。

2. 断开高速电路断路器继电器(21-K02,21-K03)**线圈得电**

如果要使 Mp 车断开高速电路断路器继电器(21-K02)和 M 车断开高速电路断路器继电器(21-K03)的线圈得电,那么应该符合以下条件:

(1)受电弓、高速电路断路器工作控制空气开关(21-F01)必须闭合;

(2)司机室控制继电器(22-K01)的线圈必须得电,从而使得其常开触点 53-54 处于闭合状态。

(3)紧急停车继电器(22-K08)的线圈不得电,从而使得其常闭触点 51-52 处于闭合状态。

(4)紧急停车继电器(22-K08)的线圈得电时,高速电路断路器断开按钮(21-S01)被按下,从而使得它的常开触点 13-14 处于闭合状态。

(5)断开高速电路断路器的空气开关(21-F05)必须闭合。

(6)Mp 车 TCU C095 板卡 B12 引脚不输出高电平,断开 MP 车高速电路断路器继电器(21-K02)线圈将不得电。

(7)M 车 TCU C095 板卡 B12 引脚不输出高电平,断开 M 车高速电路断路器继电器(21-K03)线圈将不得电。

由此可以得到以下结论:

(1)列车紧急停车时,所有断开 Mp 车高速电路断路器继电器(21-K02)和所有断开 M 车高速电路断路器继电器(21-K03)的线圈将会得电,使各动车高速断路器分断。

(2)正常状态下,按下高速电路断路器断开按钮(21-S01),断开 Mp 车高速电路断路器继电器(21-K02)和断开 M 车高速电路断路器继电器(21-K03)的线圈得电,使各动车高速断路器分断。

(3)若 Mp/M 车的主电路存在故障,其 TCU C095 板卡 B12 引脚将输出高电平,使相应的 Mp/M 车断开高速电路断路器继电器 21K02/21K03 的线圈得电,使其高速断路器分断。

在断开高速电路断路器继电器(21-K02,21-K03)线圈得电的同时,SIBAS KLIP 分站 1(41-A1.04)检测到 A7 引脚上高速电路断路器断开按钮(21-S01)已经按下,当高速电路断路器全部分断后,SIBAS KLIP 分站 1(41-A1.10)从 B15 引脚上输出一个高电平,使得高速电路断路器断开按钮(21-S01)的内置指示灯亮,提示驾驶员高速电路断路器已全部分断。

3. 高速电路断路器闭合过程(综合线路图 21-02)

以 Mp 车为例,为了使高速电路断路器接通,必须满足以下条件:

(1)列车控制接通继电器(72-K02)的线圈得电。

(2)升弓继电器(21-K10)的线圈得电。

(3)Mp 车断开高速电路断路器继电器(21-K02)的线圈失电。

(4)接通高速电路断路器继电器(21-K01)的线圈得电。

(5)控制 Mp 车高速电路断路器的空气开关 21F-03 处于闭合状态。

本控制电路的电源由蓄电池提供。

当满足以上条件以后,Mp 车高速电路断路器接通接触器 1(21-K08)的线圈得电,同时为了使接触器自保并减小接触器的保持电流,在线圈得电后,其常闭触点 31-32 断开、常开触点 13-14 闭合,这样该接触器线圈的供电线路中就串接了一个限流电阻,从而减小了电流,保证该线圈可以长时间地安全工作。也保证了驾驶员不必一直按着高速电路断路器接通按钮(21-S02)。

在接通 Mp 车高速电路断路器接通接触器 1(21-K08)线圈得电的同时,Mp 车高速电路断路器延时吸合继电器(21-K07)的线圈也将得电。由于它是延时吸合(延时 0.5 s~1 s),在延时时间内其常闭触点 15-16 依然处于闭合状态,这样在这段时间内 Mp 车高速电路断路器接通接触器 2(21-K09)线圈也因此而得电。

从上面的叙述中可以知道在 Mp 车高速电路断路器延时吸合继电器 21-K07 的延时吸合时间,高速电路断路器接通接触器 1(21-K08)和高速电路断路器接通接触器 2(21-K09)的线圈都得电,这样 21-K08 的常开触点 1-2 和 3-4,21-K09 的常开触点 1-2 和 3-4 都处于闭合状态,Mp 车高速电路断路器(11-Q01)的主线圈的 S、R 得电,高速电路断路器处于接通状态。

当 Mp 车高速电路断路器延时吸合继电器(21-K07)的延时吸合时间到了以后,21-K07 的常闭触点 15-16 将会断开,高速电路断路器接触器 2(21-K09)的线圈因而失电,21-K09 的常开触点 1-2 和 3-4 随之断开。此时由于高速电路断路器断开按钮(21-S01)未被按下,Mp 车断开高速电路断路器继电器(21-K02)线圈保持失电。这样即使 21-K09 的常开触点 1-2 和 3-4 处于断开,Mp 车高速电路断路器(11-Q01)的主线圈 S-R 依然能够经 Mp 车高速电路断路器限流电阻(21-R02),Mp 车断开高速电路断路器继电器(21-K02)的常闭触点 31-32 保持得电状态。之所以要设置这些定时装置的原因,主要是为了对流经 Mp 车高速电路断路器(11-Q01)的主线圈 S-R 的保持电流进行限流,以免长时间大电流流过线圈导致线圈发热损坏。

当 Mp 车高速电路断路器(11-Q01)的主线圈 S-R 处于得电状态后,Mp 车高速电路断路器(11-Q01)的常开触点 D-C 和 H-G 随之闭合,这样 SIBAS KLIP 分站1(41-A2.01)的引脚A5和TCU的C079板卡的引脚Z10收到高速电路断路器已经合上的信息。

M车高速电路断路器接通过程与Mp车一样。

4. 高速电路断路器断开过程

当Mp车断开高速电路断路器继电器(21-K02)线圈得电以后,其常闭触点21-22和31-32就会断开,从而导致接通Mp车高速电路断路器接触器1(21-K08)线圈和Mp车高速电路断路器(11-Q01)的主线圈S-R失电,这样Mp车高速电路断路器就被分断了。由于此时Mp车高速电路断路器接触器1(21-K08)的常开触点13-14和高速电路断路器继电器(21-K01)的常开触点已经处于断开状态,所以即使此时司机松开高速电路断路器断开按钮(21-S01),使其常闭触点21-22闭合,由于高速电路断路器接通按钮21—S02未被按下,则接通Mp车高速电路断路器接触器1(21-K08)线圈和Mp车高速电路断路器(11-Q01)的主线圈S-R处于失电状态,这就保证了驾驶员不必一直按着高速电路断路器断开按钮(21-S01)。

当Mp车高速电路断路器(11-Q01)的主线圈S-R处于失电状态后,Mp车高速电路断路器(11-Q01)的常开触点D-C和H-G随之断开,这样SIBAS KLIP分站1(41-A2.01)的引脚A5和TCU的C079板卡的引脚Z10将收到高速电路断路器已经断开的信息。

M车高速电路断路器断开过程与Mp车一样。

3.5.2 西门子A型电动列车受电弓控制

1. 升弓操作

(1)升弓继电器(21-K10)线圈得电

如果要进行升弓操作,首先要使升弓继电器(21-K10)的线圈得电,这样必须满足以下条件:

①控制司机室继电器(22-K53)的线圈得电,从而使其常开触点23-24闭合。

②紧急停车继电器(22-K08)的线圈得电,从而使其常开触点23-24闭合,常闭触点61-62断开。

③落弓按钮(21-S03)未被按下,从而使其常闭触点21-22闭合。

④升弓按钮(21-S04)必须被按下,使其常开触点13-14处于闭合状态。

⑤本车落弓开关(21-S05)未处于断开位置,从而使其常闭开关21-22和31-32处于闭合状态。

⑥蓄电池可以提供足够的电流,供与升弓有关的继电器和控制阀维持其工作。

⑦气缸压力大于300 kPa(3.0 bar)。

当以上条件满足以后,升弓继电器(21-K10)的线圈就会得电,从而使21-K10

的常开触点 13-14 和 23-24 闭合，由于常开触点 13-14 的闭合，加之落弓继电器(21-K12)的常闭触点 21-22 和本车落弓开关(21-S05)的常闭开关 21-22 处于闭合状态，升弓继电器(21-K10)就得以实现自保持状态，使其线圈可以在升弓按钮(21-S04)被释放的情况下依然保持得电状态。

当然还有另外一种途径可以使升弓继电器(21-K10)的线圈得电，即按下逆变器紧急启动按钮(31-S01)，如果实施这样操作的话，那么升弓继电器的供电线路将从逆变器紧急启动电源出发，经过逆变器紧急启动按钮(31-S02)的常开触点 13-14 和 43-44，到达 Tc 车 Mp 车之间的车钩，然后再通过保护二极管(21-V06)，本车落弓开关(21-S05)的常闭开关 21-22，最终到达升弓继电器(21-K10)的线圈。当然此时升弓继电器(21-K10)的自保持状态没有任何用处，为了使升弓继电器的线圈保持得电，直到逆变器启动，就必须一直按下逆变器紧急启动按钮(31-S02)，直到逆变器启动工作指令 DC 110 V。

我们还可以看到：

①一旦升弓按钮(21-S04)被按下，SIBAS KLIP 分站 1(41-A1.04)从 A1 引脚上将检测到一个高电平，从而可以判断出升弓按钮已被按下。

②一旦升弓继电器(21-K10)的线圈得电，那么受电弓供电延时吸合继电器(21-K11)的线圈也同时得电，由于 21-K11 是一个延时吸合继电器，所以在其线圈得电(也就是升弓继电器线圈得电)以后大约 8 s 左右，它的常开触点 15-18 才会闭合(此时升弓继电器 21-K10 已处于自保持状态)，这样受电弓供电继电器(21-K15)的线圈就会得电，于是由其常开触点 13-14 供电的受电弓供电接触器(31-A02-K02)的线圈就会得电，从而使车辆控制系统可以判断现在车辆进入受电弓供电状态，非车间电源供电状态。

(2)受电弓工作控制阀(21-Y01)线圈得电

受电弓工作控制阀(21-Y01)线圈得电的条件是升弓继电器(21-K10)线圈得电。另外，在逆变器应急启动状况下，由逆变器应急电池供电，受电弓工作控制阀(21-Y01)线圈和升弓继电器(21-K10)线圈同时得电。

当升弓继电器(21-K10)的线圈得电后，其常开触点 23-24 闭合，由于此时落弓继电器(21-K12)的常闭触点 31-32 和本车落弓开关(21-S05)的常闭开关 31-32 也都处于闭合状态，于是受电弓工作控制阀(21-Y01)线圈得电，这样该控制阀将使受电弓气缸向升弓方向运动，直到受电弓与接触网可靠接触为止。

(3)升弓操作的限制条件

在以下几种情况下，升弓操作将不能进行。

①电池不能提供足够的电流，使升弓所须的继电器和控制阀的线圈保持在得电状态。

②落弓按钮被按下。

③本车落弓开关被拨到断开位置。

④车辆处于紧急停车状态。

⑤气缸压力小于 300 kPa(3.0 Bar)。

2. 落弓操作

对车辆进行落弓操作一般有两种方法:按落弓按钮(21-S03)以及切换本车落弓开关(21-S05)到断开状态。这两种方法的原理基本相似:使升弓继电器(21-K10)和受电弓工作控制阀(21-Y01)的线圈失电。下面将分别介绍这两种方法。

(1)按落弓按钮进行落弓操作

要使用按落弓按钮来实现落弓操作,必须具备以下几点条件:

①控制司机室继电器(22-K53)的线圈得电,从而使其常开触点 23-24 闭合。

②紧急停车继电器(22-K08)的线圈得电,从而使其常开触点 23-24 闭合。

③落弓继电器保护空气开关(21-F08)闭合。

当满足以上条件以后,司机只要按下落弓按钮,马上就会构成一条从蓄电池电源输出点 A33,经过控制司机室继电器(22-K53)的常开触点 23-24,紧急停车继电器(22-K08)的常开触点 23-24,落弓按钮(21-S03)的常开触点 13-14,落弓继电器保护空气开关(21-F08),直到落弓继电器(21-K12)线圈的供电回路。于是落弓继电器(21-K12)线圈得电,其常闭触点 21-22 和 31-32 失电断开,于是升弓继电器(21-K10)线圈和受电弓工作控制阀(21-Y01)线圈的供电线路被切断,变为失电状态,由受电弓工作控制阀(21-Y01)控制的受电弓气缸向落弓方向运动,直到受电弓完全落下为止

当驾驶员按下落弓按钮(21-S03),SIBAS KLIP 分站 1(41-A1.04)从 A3 引脚上将检测到一个高电平,从而可以判断出落弓按钮已被按下。

(2)将本车落弓开关切换到断开状态

这个操作的实现方式十分直接:通过切换本车落弓开关(21-S05)到切除状态,从而使其常闭触点 21-22 和 31-32 处于断开位置,这样便切断了升弓继电器(21-K10)线圈和受电弓工作控制阀(21—Y01)线圈的供电线路,于是这两个线圈失电,由受电弓工作控制阀(21—Y01)控制的受电弓气缸向落弓方向运动,直到受电弓完全落下为止。这里还有几点需要注意:

①紧急停车操作也会导致落弓,当紧急停车按钮 1(22-S07)或紧急停车按钮 2(22-S19)被按下,则紧急停车继电器 22-K08 失电,落弓继电器 21-K12 得电,受电弓落下。

②落弓一般总是通过在司机室按落弓按钮来实现的,而切换本车落弓开关仅用以在发生故障时切除本车受电弓。

3. 受电弓状态监视

(1)受电弓升弓状态

当本车弓落到位的位置传感器(11-X11-S1)未被压下,本车受电弓落到位继电器(21-K13)的线圈就不得电,其常开触点 13-14 触点分断,使落弓按钮(21-S03)的内置指示灯泡暗;其常闭触点 21-22 触点闭合,使 SIBAS KLIP 分站 2(41-A2.02)从 A7 引脚上将检测到一个高电平,从而可以判断该受电弓已经处于升起状态。当列车控制系统发现所有受电弓都处于升起状态,就会在 SIBAS KLIP 分站 1(41-A1.10)从 A13 引脚上输出一个高电平,使升弓按钮(21-S04)的内置灯泡发光,告诉操作者所有受电弓都已处于升起状态。

(2)受电弓落弓状态

列车判断所有受电弓落下的条件为:

①列车控制继电器 2(72-K09)的线圈处于得电状态,常开触点 13-14 闭合,常闭触点 61-62 断开。

②所有 Mp 车的本车弓落到位的位置传感器(11-X11-S1)被压下,处于闭合位置。

③某些 Mp 车末端继电器 1(72-K04)的线圈得电,其常开触点 83-84 闭合。

④某些 M 车末端继电器 1(72-K04)的线圈得电,其常开触点 83-84 闭合。

当某个受电弓落到位以后,本车弓落到位的位置传感器(11-X11-S1)动作,处于闭合位置,这样本车弓落到位继电器(21-K13)的线圈得电,于是相应的常开触点 13-14 闭合,常闭触点 21-22 断开。当所有受电弓都落到位以后,所有 21-K13 的常开触点 13-14 都闭合,这样就形成了一条经过受控单元列车控制继电器 2(72-K09)的常开触点 13-14,所有 21-K13 的常开触点 13-14,非受控单元车控制继电器 2(72-K09)的常闭触点 61-62 经过车钩线最终流向控制单元落弓按钮(31-S03)内置灯泡的回路,这样在所有弓都落下时,落弓按钮内置灯泡发光,告诉操作者所有弓都已落下。同时使所有弓落下继电器(21-K14)的线圈得电。

前面提到当某个受电弓落到位时,对应的本车弓落到位继电器(21-K13)的线圈将会断开,这样 SIBAS KLIP 分站 2(41-A2.02)从 A7 引脚上将检测到一个低电平,从而可以判断该受电弓已经处于落下状态。

当 Mp、M 车末端继电器 1(72-K04)的线圈得电,其常开触点 83-84 闭合时,落弓按钮(21-S03)也会亮起。

(3)受电弓故障处置

受电弓故障是一种比较严重的故障,一旦发生将可能造成列车清客、救援。在这些故障中尤其以全部受电弓异常落下最为严重。该故障是由于落弓列车线常得电,造成落弓继电器 21-K12 常得电,升弓继电器 21-K10 与升弓电磁阀 21-Y01 失电，受电弓落下，在该故障应急处理时，需要检查紧急停车按钮状态，然后判断是否是“列车信号线落弓”21-F08 断开，使落弓继电器 21-K12 无法得电，从而避免升弓继电器 21-K10 与升弓电磁阀 21-Y01 失电，避免受电弓再次异常落下。

3.5.3 西门子 A 型电动列车牵引控制

列车牵引控制电路起始工作电源由蓄电池供电。

1. 列车非紧急工作状态（列车紧急工作旋钮开关 22-S05 未转到紧急工作位置）

如果要使列车接通控制继电器（22-K01、22-K51、22-K52、22-K53）的线圈得电，必须满足以下条件：

（1）列车控制的空气开关（22-F01）闭合。

（2）用司机钥匙打开主控制器钥匙开关（22-A01-S01），使其 X2 的常开触电 1-2 闭合。

（3）连挂牵引继电器（22-K41）的线圈未得电，常闭触点 21-21 处于闭合状态。

（4）控制列车紧急工作继电器（22-K03）的线圈未得电，常闭触点 71-72 处于闭合状态。

（5）车辆控制接通继电器（22-K02）的线圈未得电，常闭触点（71-72）处于闭合状态。

当列车接通控制继电器（22-K01）线圈得电后，其常开触点 23-24 和 13-14 闭合，其中常开触点 13-14 闭合使 22-K01 处于导通自保状态。而常开触点 23-24 的闭合使车辆控制接通继电器（22-K02）的线圈获得了得电的条件（Mp 车、M 车的 22-K02 线圈供电线路中包括车钩）。

当用司机钥匙接通主控制器钥匙开关，SIBAS KLIP 分站 1（41-A1.03）从 A1 引脚上将检测到一个高电平，从而可以判断出主控制器钥匙开关已被接通。

当车辆控制接通继电器（22-K02）的线圈得电，IBAS KLIP 分站 1（41-A1.03）从 A3 引脚上将检测到一个高电平，从而可以判断出 22-K02 线圈得电，车辆处于非紧急工作状态。

2. 列车紧急工作状态（列车紧急工作旋钮开关 22-S05 转到紧急工作位置）

处于这个状态时，列车接通控制继电器（22-K01、22-K51、22-K52、22-K53）的线圈得电的条件与前面介绍的一样，只是由于列车紧急工作旋钮开关 22-S05 转到紧急工作位置，从而使其常开触点 13-14 处于闭合状态，而常闭触点 21-22 处于断开状态，这样车辆控制接通继电器（22-K02）的线圈失去了得电的条件，而列车接通控制继电器（22-K01）常开触点 23-24 的闭合却使控制列车紧急工作继电器（22-K03）的线圈得电（Mp 车、M 车的 22-K03 线圈供电线路中包括车钩）。在 Tc 车上，控制列车紧急工作继电器 2（22-K04）的线圈将同时得电。

车辆控制接通继电器(22-K02)的线圈不得电,SIBAS KLIP 分站 1(41-A1.03)从 A3 引脚上将检测到一个低电平,从而可以判断出 22-K02 线圈未得电,列车处于紧急工作状态。

3. 列车方向控制

当方式方向手柄(22-A01-S3)处于向前状态或 ATC 状态时,常开触点 11-12 处于断开状态,常开触点 9-10 处于闭合状态,这样向前继电器(22-K11)的线圈得电,向后继电器(22-K12)的线圈失电。

当方式方向手柄(22-A01-S3)处于后退状态时,常开触点 11-12 处于闭合状态,常开触点 9-10 处于断开状态,这样向后继电器(22-K12)的线圈得电,向前继电器(22-K11)的线圈失电。

当方式方向手柄(22-A01-S3)处于零位时,常开触点 11-12 和 9-10 都处于断开状态,这样向前继电器(22-K11)和向后继电器(22-K12)的线圈都处于失电状态。

方式方向手柄的状态将被 TC 车的 SIBAS KLIP 分站 1(41-A1.03)和 Mp,M 车的牵引控制单元 C087 板卡中检测到,以便进行相应的判断和处理。

(1)前进或 ATC 状态,SIBAS KLIP 分站 1(41-A1.03)的引脚 A7 和牵引控制单元 C087 板卡的引脚 Z10 为高电平;SIBAS KLIP 分站 SKS1(41-A1.03)的引脚 A11 和牵引控制单元 C087 板卡的引脚 Z12 为低电平。

(2)向后状态,SIBAS KLIP 分站 1(41-A1.03)的引脚 A7 和牵引控制单元 C087 板卡的引脚 Z10 为低电平;SIBAS KLIP 分站 1(41-A1.03)的引脚 A11 和牵引控制单元 C087 板卡的引脚 Z12 为高电平。

(3)零位状态,SIBAS KLIP 分站 SKS1(41-A1.03)的引脚 A7 和 A11,牵引控制单元 C087 板卡的引脚 Z10 和 Z12 都为低电平。

4. 基准值转换电路

图中列车基准值转换器(22-A03)的功能为 ATC 系统(ATP 模式)或主控制器手柄输出的要求基准值转换为脉宽调制信号,并将这些信号传送到制动控制单元(BECU)和牵引控制单元(TCU)中,以便控制单元可以根据转换后脉宽调制信号进行必要的牵引和制动控制。自动驾驶转换继电器(91-K02)决定了基准值转换器(22-A05)从哪里输入基准值:

(1)91-K02 的线圈得电,常闭触点 3-13 断开,常开触点 4-12 闭合,基准值转换器(22-A05)由 ATC 系统输入基准值。

(2)91-K02 的线圈失电,常闭触点 3-13 闭合,常开触点 4-12 断开,基准值转换器(22-A05)由主控制器手柄输入基准值。

5. 列车牵引、制动控制电路

(1)禁止牵引继电器(22-K13)线圈得电的条件为:

①非车间电源继电器(31-K03)线圈得电,常开触点13-14闭合。

②所有停放制动缓解继电器(27-K08)线圈得电,常开触点13-14闭合。

③主风缸压力可用继电器(27-K09)线圈得电,常开触点13-14闭合。

④安全疏散门锁好继电器(86-K01)线圈得电,常开触点13-14闭合。

当非车间电源供电方式、所有停车制动都处于缓解状态、主风缸压力可用和安全疏散门锁好这些条件都满足的情况下,电动列车才允许牵引。

(2)快速制动的继电器(22-K26)线圈得电条件为:

①方式方向手柄(22-A01-S3)处于ATO、前进或后退位置,常开触点15-16闭合。

②主手柄(22-A01-S4)处于快速制动位置,常开触点29-30和31-32处于闭合位置。

(3)警惕按钮继电器(22-K10)得电条件为:

警惕按钮继电器的得电情况,假设方式方向手柄处于前进位置,同时警惕按钮(22-A01-S2)被驾驶员按下。

①在车辆静止的情况下,警惕按钮继电器I(22-K09)线圈得电条件为:

方式方向手柄(22-A01-S3)在前进后退位置,常开触点17-18闭合。

警惕按钮(22-A01-S2)被按下,常开触点5-6闭合。

主控制器(22-A01-S4)在0位,常闭触点21-22闭合。

速度>0继电器1(22-K18)线圈失电,常闭触点81-82闭合。

速度>0继电器2(22-K19)线圈失电,常闭触点81-82闭合。

②在车辆处于手动牵引的情况下,警惕按钮继电器II(22-K10)线圈得电条件为:

方式方向手柄(22-A01-S3)在前进/后退位置,常开触点17-18闭合。

主控制器(22-A01-S4)在牵引位,常开触点23-24闭合。

警惕按钮继电器I(22-K09)线圈得电。

当警惕按钮(22-A01-S2)松开未被按下,其常开触点5-6断开,警惕按钮继电器II(22-K10)将进入延时断开状态,在4 s钟后,其常开触点25-28断开,于是紧急制动继电器(22-K25)的线圈失电,这时车辆立即实施紧急制动。

(4)车辆进行手动牵引的条件为:

①方式方向手柄(22-A01-S3)在前进/后退位置,常开触点17-18闭合。

②警惕按钮(22-A01-S2)被按下,常开触点5-6闭合。

③主控制器(22-A01-S4)在牵引位,常开触点23-24闭合。

④自动驾驶转换继电器的线圈失电，常闭触点 51-52 闭合。

⑤禁止牵引继电器(22-K13)的线圈得电，常开触点 13-14 闭合；23-24 闭合。

⑥快速制动继电器(22-K26)的线圈得电，常开触点 13-14 闭合；23-24、33-34 闭合。

⑦紧急制动继电器(22-K25)的线圈得电，常开触点 23-24 闭合；33-34、43-44 闭合。

⑧当车辆运行时，速度>0 继电器(22-K18，22-K19)的线圈得电，常开触点 23-24 闭合；13-14 闭合。

⑨当车辆静止时，列车右侧门关好继电器(81-K09)和列车左侧门关好继电器(81-K10)的线圈都得电，常开触点 33-34 闭合；43-44 闭合。

⑩当车门出现故障时，所有车门关好旁路开关(81-S10)处于旁路位置，常开触点 13-14、53-54 闭合。

车辆是否进行手动牵引的状态将输入 SIBAS KLIP 分站 SKS1(41-A1.03)的 E113_10(引脚 B5)

(5)车辆进行自动牵引指令的条件为：

①自动驾驶转换继电器 I(91-K01)线圈得电，常开触点 13-14 闭合。

②禁止牵引继电器(22-K13)的线圈得电，常开触点 13-14 闭合。

③快速制动继电器(22-K26)的线圈得电，常开触点 13-14 闭合。

④紧急制动继电器(22-K25)的线圈得电，常开触点 23-24 闭合。

⑤当车辆运行时，速度>0 继电器(22-K18，22-K19)的线圈得电，常开触点 23-24 闭合。

⑥当车辆静止时，列车右侧门关好继电器(81-K09)和列车左侧门关好继电器(81-K10)的线圈都得电，常开触点 33-34 闭合。

⑦当车门出现故障时，所有车门关好旁路开关(81-S10)处于旁路位置，常开触点 13-14、53-54 闭合。

车辆是否进行自动牵引的状态将输入 SIBAS KLIP 分站 1(41-A1.03)的 E113_10(引脚 A5)。

(6)车辆执行全常用制动指令(低电平)的条件为以下任意一个：

①主控制器手柄(22-A01-S4)处于制动和快速制动位置，常闭触点 25-26 断开。

②列车右侧门关好继电器(81-K09)的线圈失电，常开触点 43-44 断开。

③列车左侧门关好继电器(81-K10)的线圈失电，常开触点 43-44 断开。

④禁止牵引继电器(22-K13)的线圈失电，常开触点 23-24 断开。

⑤快速制动继电器(22-K26)的线圈失电，常开触点 23-24 断开。

⑥紧急制动继电器(22-K25)的线圈失电,常开触点 33-34 断开。

在 ATO 模式下 ATP(91-A01)监视全常用制动指令,并将指令发送到 BECU(28-A01)和 SIBAS KLIP 分站 1(41-A1.03)的 E113_11(引脚 B7)。

当 ATP 出现故障之后,ATP 可以被一个旋转开关所切除。这样继电器 ATP 切除继电器(91-K05)的线圈将会得电,其常开触点 53-54 闭合,这样全常用制动指令绕过 ATP 直接发送给 BECU 和 SIBAS KLIP 分站 SKS1(41-A1.03)的 E113_11(引脚 B7)。

(7)车辆进行紧急制动指令(低电平)的条件为以下任意一个情况发生使紧急制动继电器(22-K25)的线圈失电:

①紧急停车继电器(22-K08)线圈失电,常开触点 43-44 断开。

②安全疏散门继电器(86-K01)线圈失电,常开触点 43-44 断开。

③警惕按钮继电器 II(22-K10)线圈失电,常开触点 25-28 断开。

在 ATO 模式下 ATP(91-A01)监视紧急制动指令,并将指令发送到 BECU(28-A01)和 SIBAS KLIP 分站 1(41-A1.03)的 E113_13(引脚 B13)。

当 ATP 出现故障之后,ATP 可以被一个旋转开关所切除。这样继电器 ATP 切除继电器(91-K05)的线圈将会得电,其常开触点(53-54)闭合,这样紧急制动指令绕过 ATP 直接发送给制动控制阀(28-A02)和 SIBAS KLIP 分站 1(41-A1.03)的 E113_13(引脚 B13),另外,ATC 根据控制需要直接发出紧急制动指令。

(8)车辆进行快速制动指令(低电平)的条件

主控制器手柄(22-A01-S4)处于快速制动位置,常闭触点 29-30 与 31-32 断开。使快速制动继电器(22-K26)失电,其常开触点 13-14 的分断禁止牵引指令传输,而其常开触点 33-34 的断开则将发出的快速制动指令发送到本车的 BECU(28-A01)和 SIBAS KLIP 分站 1(41-A1.03)的 E113_12(引脚 B11)并通过列车线传输给其他车辆。

当 ATP 出现故障之后,ATP 可以被一个旋转开关所切除。这样 ATP 切除继电器(91-K05)的线圈将会得电,其常开触点 43-44 闭合,快速制动指令绕过 ATP 进行传输。

(9)车辆后退运行的条件为:

方式方向手柄处于后退位置,22-A01-53 的常开触点 13-14 闭合,后退指令将通过列车线传输至所有动车的 TCU 并被执行。

(10)连挂牵引/零位/紧急牵引旋钮开关

连挂牵引/零位/紧急牵引旋钮开关(22-S08)处于连挂牵引位置,车辆将旁路被牵引车辆的控制同时增大牵引力。

连挂牵引/零位/紧急牵引旋钮开关处于零位时,车辆处于正常操作状态。

连挂牵引/零位/紧急牵引旋钮开关处于紧急牵引时，车辆将进入紧急牵引状态，旁路 CCU 同时对车辆的操作将被限制。

6. 限制线路电流，连挂牵引，慢行（清洗/旋轮）牵引

当把限制线路电流旋钮开关（22-S04）转到限流位置，SIBAS KLIP 分站 1（41-A1.03）的引脚 B3 将检测到一个高电平，从而可以判断出限制线路电流按钮处于限流位置。

当按下慢行（清洗/旋轮）牵引按钮（22-S13），SIBAS KLIP 分站 1（41-A1.03）的引脚 A15 将检测到一个高电平，从而可以判断出慢行（清洗/旋轮）牵引按钮已被按下。

当把连挂牵引旋钮开关（22-S08）转到连挂位置，SIBAS KLIP 分站 1（41-A1.03）的引脚 A17 将检测到一个高电平，从而可以判断出连挂牵引旋钮开关处于联挂位置。

当列车连挂到位，列车连挂好指示灯（73-S01）得电亮；同时列车不连挂继电器（22—K42）线圈得电，它的常闭开关 21-22 断开，于是车载 ATC 设备可以判断出列车现在已经完成连挂。

7. 零速检测和紧急停车检测

当车辆处于静止状态时，Mp 车和 M 车牵引控制单元 C103 模块的引脚 B16 输出低电平，这样速度＞0km/h 继电器（22-K18，22-K19）的线圈失电；而当车辆运动时，Mp 车和 M 车牵引控制单元 C103 模块输出高电平，这样速度＞0km/h 继电器（22-K18、22-K19）的线圈得电。需要说明的是，目前设置为速度＜3km/h 时都认定为 0。

当任意一个紧急停车蘑菇按钮（22-S07 或 22-S19）被按下，就将使紧急停车继电器（22-K08）的线圈失电，同时 SIBAS KLIP 分站 1（41-A1.03）的引脚 B17 也将检测到一个低电平，从而可以判断出紧急停车蘑菇按钮已被按下。

8. 单节车或多节车牵引故障

造成单节车或多节车牵引故障的原因很多，该故障处理时需要转换主控制器钥匙，并且分合高速开关，其目的是对牵引控制单元进行复位，这里需要特别注意的是，由于 TCU 的电源滤波器在主控制器关断后有一个放电的过程，这个过程大约有 7 s，因此在处理列车故障时，转换主控制器钥匙时必须间隔大于 7 s。

3.5.4 西门子 A 型电动列车 TCU 控制

门控单元和 TCU 是由蓄电池直接供电的。而 TCU 工作的条件是车辆控制接通继电器（22-K02）的线圈得电，其常闭触点 4-12 闭合。

电机速度传感器（23-B01 到 23-B04）的输入端是接在 TCU 的 G071 模块上的。

制动电阻箱(11-R01)的冷却风量是由一个压力开关来监测,这个压力开关的输出值直接输入到 TCUC087 模块的 Z32 引脚上。而制动电阻箱的温度是由一个热电阻来测定的,热电阻的两端直接接到 TCU 的 C071 模块上。

3.5.5 西门子 A 型电动列车摩擦制动

列车停放制动

(1)要进行列车停放制动施加,必须要使停放制动施加脉冲电磁阀(27-A01-Y01)的线圈得电,需满足以下条件:

列车接通控制继电器 22-K51 的线圈得电,常开触点 5-7 闭合。

停放制动施加按钮(27-S01)被按下,使其常开触点 13-14 闭合、27-F01、27-F20 闭合。

一旦列车停放制动施加操作在控制单元 Tc 车进行以后,工作电平将通过车钩传输给列车其余所有车辆,于是所有车辆都将施加停放制动。

(2)要进行列车停放制动缓解,必须要使停放制动缓解脉冲电磁阀(27-A01-Y02)的线圈得电,需满足以下条件:

①列车接通控制继电器 22-K51 的线圈得电,常开触点 5-7 闭合。

②停放制动施加按钮(27-S01)未被按下,使其常闭触点 21-22 闭合。

③停放制动缓解按钮(27-S02)被按下,使其常开触点 13-14 闭合,闭触点 21-22 断开。

④27-F01、27-F19 闭合。

一旦列车停放制动缓解操作在控制单元 Tc 车进行以后,工作电平将通过车钩传输给列车其余所有车辆,于是所有车辆都将缓解停放制动。

3.5.6 西门子 A 型电动列车电子制动控制单元

电子制动控制单元(28-A01)只有在列车接通控制继电器(22-K03)线圈失电,常闭触点 51-52 闭合;列车控制接通继电器(72-K02)线圈得电,常开触点 53-54 闭合的情况下才会获得工作电源。电子制动控制单元(28-A01)的指令是通过气动控制单元(28-A02)来具体执行的。

在一节车辆上一共有 4 个轴速度传感器(28-B01 到 28-B04),在每个轴上安装一个,这些速度传感器的输出直接输入到电子制动控制单元,用来判别轮对是否空转打滑。

在一节车上一共有 4 个排空阀(28-Y03 到 28-Y06),每个轴上安装一个,这些排空阀由电子制动控制单元控制,用以防止轮对的空转及打滑。

3.5.7 西门子 A 型电动列车旁路开关功能与原理

1. 停放制动缓解旁路(27-S03)

当列车发生停放制动监控故障后，列车停放制动缓解指示灯 27-S02 不亮，所有停放制动缓解继电器 27-K08 无法吸合，造成禁止牵引继电器 22-K13 无法得电，列车常用制动不缓解。当我们将停放制动缓解旁路(27-S03)切换至切除位置，此时所有停放制动缓解继电器 27-K08 吸合，禁止牵引继电器 22-K13 得电，列车恢复至可牵引状态。在使用该旁路开关时必须注意列车是否存在带闸现象(牵引力是否正常)，若有启速慢现象，必须就近清客。

2. 制动缓解旁路(27-S04)

当列车发生制动缓解故障后，制动缓解旁路(27-S04)转至切除位置后，其 13-14、23-24 触点闭合，ATP 系统与 TCU 的 C079(二进制输入模块)的相应端子将直接得电，制动缓解的监控回路被切除，列车可以恢复牵引。在使用该旁路开关后应特别注意列车是否存在牵引力不足现象，若存在启速慢，说明真正存在摩擦制动未缓解现象，必须根据 DDU 给出故障信息将故障车的摩擦制动切除。

3. 紧急切断(21-S05)

紧急切断 21-S05 的主要功能是当列车在运营中，若发生接触网停电事故，使用该切除开关后控制列车继电器 22-K02 失电，列车紧急工作继电器 22-K03 得电，此时列车将施加停放制动，同时列车除紧急通风、紧急照明、无线电、广播、车门控制之外的所有负载将自动切除。当该切除开关恢复后，列车停放制动仍旧处于施加状态，必须重新缓解列车停放制动。

4. ATP 门控旁路(81-S09)

见车门控制。

5. ATP 旁路(91-S01)

见 ATP。

6. 关门旁路(81-S10)

该旁路开关主要在列车车门监控回路发生故障时，当列车车门发生监控故障后，由于列车车门关好继电器 81-K09、81-K10 无法得电吸合，列车常用制动无法缓解，当将关门旁路(81-S10)切换至切除位置后，将直接旁路 81-K09、81-K10 的相关触点，使列车牵引、制动指令电路得到建立，列车恢复牵引状态。

7. 疏散门解锁旁路(86-S01)

疏散梯解锁旁路(86-S01)开关也是列车一个重要的旁路开关。当列车的安全疏散门打开或监控行程开关 86-S01、86-S02、86-S03 发生故障后，安全门锁好监控制继电器 86-K01 失电，此时列车紧急制动将无法缓解，同时司机台上疏散门解锁指示灯 86-H01 将点亮。此时若将疏散梯解锁旁路(86-S01)开关切至切除位后,安全疏散门锁好监控制继电器 86-K01 将得电,此时列车紧急制动将可以正常缓解,正线运营中若需使用该旁路开关,必须首先确认两端司机室安全疏散门全部机械锁定。

3.6 辅助系统

城市轨道交通列车辅助电路为除牵引系统以外的所有用车载电系统供电,其供电的主要负载有:列车空调、客室照明、设备通风冷却、电器电子装置、蓄电池充电等。它的工作状态正常与否直接影响整列车的功能。特别是当数辆车发生辅助电路故障时将引起列车的运营能力下降。

3.6.1 西门子 A 型电动列车逆变器电路

每节车辆都有一个逆变器,每个逆变器输出 380V 三相交流电,用以供给那些需要交流电的负载。Tc 车逆变器比 Mp,M 车逆变器多了一个蓄电池充电器。

逆变器一共由两种供电方式:受电弓供电和车间电源供电,见综合线路图 31-01。

当使用受电弓供电方式时,受电弓供辅助电源的融断器(31-A02-F01)必须完好;受电弓供电接触器(31-A02-K01)的线圈必须得电,常开触点 1-2 闭合。

当使用车间电源供电方式时,车间电源供辅助电源的保险丝(31-A02-F02)必须完好;车间电源供电接触器(31-A02-K02)的线圈必须得电,常开触点 1-2 闭合。

3.6.2 西门子 A 型电动列车照明、空调配电图

只有当 Tc 车的辅助逆变器三相输出接触器(31-K02)的线圈得电,常开触点 1-2、3-4 和 5-6 闭合,所有车辆的客室主照明电路才获得电源。每节 Tc 车的辅助逆变器负责整列车一半客室照明的供电。

方便插头才能输出 220V 交流电。

只有当 Mp,M 车的逆变器三相输出接触器(31-K02)的线圈得电,常开触点 1-2、3-4 和 5-6 闭合,所有车辆的空调电路才获得电源。每节 Mp 车、M 车的辅助逆变器各负责本单元车辆一半空调的供电。

1. Tc 车逆变器启动,故障和交流输出电路

Tc 车逆变器有两种启动方式:正常启动和应急启动

(1)正常启动需要以下条件(DC 1 500 V 高压正常条件下):

①列车控制接通继电器(72-K02)线圈得电,常开触点 13-14 闭合;

②本车逆变器切除旋钮开关未处于切除位置,常闭触点 21-22 闭合;

③主电池转换开关盒主闸刀辅助触点(32-A01-Q01-S01)13-14 闭合。

(2)应急启动需要以下条件(DC 1 500 V 高压正常条件下):

①逆变器紧急启动按钮(31-S02)被按下,常开触点 13-14 和 43-44 闭合;

②本车逆变器切除旋钮开关未处于切除位置,常闭触点 21-22 闭合;

③主电池转换开关盒主闸刀辅助触点(32-A01-Q01-S01)13-14 闭合。

逆变器启动时会产生信号,用以通知 CCU 逆变器启动信息。当逆变器启动成功,它会从 31-A01 的 A4 输出一个高电平,使逆变器三相输出接触器(31-K02)的线圈得电,常开触点 13-14 闭合,这样 SIBAS KLIP 分站输入 E111_00(TC 车逆变器允许接通负载)就检测到一个高电平,从而可以判断出逆变器启动成功。如果 CCU KLIP 分站输入 E111_01 上为低电平,则说明 Tc 车逆变器故障;而如果 SIBAS KLIP 分站输入 E111_02 上为低电平,则说明电池充电/电池负载故障。

2. Mp、M 车逆变器启动,故障和交流输出电路

由于 Mp 车和 M 车这部分图纸是类似的,所以这里只以 Mp 车为例进行介绍。

要使 Mp 车逆变器启动的条件主要有两个(DC 1 500 V 高压正常条件下):

(1)列车控制接通继电器(72-K02)线圈得电,常开触点 13-14 闭合;

(2)本车逆变器切除旋钮开关未处于切除位置,常闭触点 21-22 闭合。

和 Tc 车不同,Mp 车逆变器启动信号的建立还要靠 SIBAS KLIP 分站的输出 A126_04/B3,输出一个高电平起到输出驱动的作用。一旦逆变器启动成功,就会从输出 8 上输出一个高电平,用以驱动接触器工作控制辅助继电器(31-K02.1)的线圈得电,其常开触点 13-14、23-24、33-34 和 43-44 闭合,这样逆变器三相输出接触器(31-K02)的线圈得电,常开触点 13-14 闭合,SIBAS KLIP 分站的输入 E121_00(MP 车逆变器允许接通负载)就会就检测到一个高电平,从而可以判断出逆变器启动是否成功。如果 SIBAS KLIP 分站输入 E121_01 上为低电平,则说明 Mp 车逆变器故障。

3. 1 500 V 直流供电接触器

相对于两种供电方式,两种供电接触器的工作条件分别为:

(1)受电弓供电方式

①受电弓供电继电器(21-K15)的线圈得电,常开触点 13-14 闭合;

②升弓继电器(21-K10)线圈得电,常开触点 33-34 闭合;

③车间电源供电接触器(31-A02-K02)的线圈未得电,常闭触点 21-22 闭合。

从以上条件可以看出,要使列车处于受电弓供电方式,那么当前不能是车间电源供电方式。

(2)车间电源供电方式:

①所有弓落下继电器(21-K14)的线圈得电,常开触点 13-14 闭合;

②受电弓供电接触器(31-A02-K01)的线圈未得电,常闭触点 21-22 闭合;

③车间电源供电接触器得电。

从以上条件可以看出,要使列车处于车间电源供电方式,那么当前不能是受电弓供电方式;所有受电弓都已降落到位。

4. 蓄电池和直流 110 伏配电电路

一旦合上主蓄电池主闸刀(32-A01-Q01),主蓄电池就通过主电池正极主保险丝 224A(32-A01-Q01-F3)和电子电源保险丝 63A(32-A01-Q01-F1)向 110 V 电子电源负载供电。

而当列车控制接通继电器(72-K02)的线圈得电,其常开触点 33-34 闭合以后,电池 110 伏直流输出接触器(32-A01-K01)线圈就会得电,常开触点 1-2 和 3-4 就会接通,从而主蓄电池通过电池电源保险丝 125A(32-A01-Q01-F2)向电池电源负载供电。

32-A01-K01 线圈的得电过程如下:72-K02 的 33-34 闭合→32-A01-K02 线圈得电的电压高于 84V→32-A01-K02 的常开触点 21-24 闭合→32-A01-K01.1 线圈得电→32-A01-K01.1 常开触点 13-14、23-24、33-34 和 43-44 闭合→32-A01-K01 线圈得电(然后主要由 32-A01-K01.R 维持工作电流)。

由于 32-A01-K02 的常开触点 21-24 闭合,一旦主蓄电池向电池电源负载开始供电,那么 SIBAS KLIP 分站 1 的输入 E114_08 将会检测到一个高电平。

如果电池电压低于 84 V,那么 32-A01-K02 线圈不会得电,主蓄电池不会向电池电源负载供电,SIBAS KLIP 分站 1 的输入 E114_08 将不会检测到一个高电平。表示主电池欠压,不能工作。

5. 辅助控制

制动电阻/牵引箱风扇供电控制电路

由于 Mp 车和 M 车这部分电路类似,所以这里只以 Mp 车为例。

通风风扇供电转换控制继电器(33-K03)负责检测优先供电电路是否供电正常,如果供电正常那么它的线圈得电,其常开触点 13-14 闭合,常闭触点 21-22 断开,这样通风风扇优先供电继电器(33-K02)的线圈得电,常开触点 13-14 闭合;通风风扇自动转换供电继电器(33-K01)的线圈失电,常开触点 13-14 断开。于是制动电阻风扇优先供电接触器(33-K07)的线圈和牵引箱通风风扇优先供电接触器(33-K06)的线圈得电,常开触点 1-2、3-4 和 5-6 闭合,这样制动电阻风扇电机和牵引箱通风风扇电机就从优先供电线路上得到了工作电源。

当优先供电辅助逆变器出现故障不能正常供电,这时通风风扇供电转换控制继电器(33-K03)的线圈就会失电,常开触点13-14断开,常闭触点21-22闭合,这样通风风扇优先供电继电器(33-K02)的线圈失电,常开触点13-14断开;如果此时另一台逆变器工作正常,那么通风风扇自动转换供电继电器(33-K01)的线圈就会得电,常开触点13-14闭合。于是制动电阻风扇优先自动转换供电接触器(33-K05)的线圈和牵引箱通风风扇自动转换供电接触器(33-K04)的线圈得电,常开触点1-2、3-4和5-6闭合,这样制动电阻风扇电机和牵引箱通风风扇电机就自动转换到另一台逆变器的供电线路上,以获得工作电源。

这里的牵引箱通风风扇和制动电阻风扇的转动信号都是由TCU提供的,前者是C095模块发出的,后者是C103模块发出的。

同时TCUC079模块还检测牵引箱通风风扇和制动电阻风扇的供电情况,一旦发现某台风扇的供电存在问题,TCU将封锁车辆的牵引系统,用以保护牵引箱设备和制动电阻,当然此时列车就会限速,并有故障信息提示。

6. 空压机和空压机控制电路

当列车控制接通继电器(72-K02)的线圈得电,常开触点33-34闭合以后。只要主风缸压力小于750 kPa(7.5 bar)时,空压机接触器(34-K01)的线圈就会得电,常开触点1H-2H闭合,空压机电机开始工作。与此同时,空压机的配套设施空气干燥器,也得电开始工作。当然,空压机电机的开始工作信息还通过空压机接触器(34-K01)常开触点3-4的闭合传给SIBAS KLIP分站3的输入E131_02。

一旦主风缸压力大于900 kPa(9 bar),空压机接触器(34-K01)的线圈就会失电,常开触点1H-2H断开,空压机电机停止工作。

3.7 列车照明系统

列车照明系统是指城市轨道交通列车完成正常运营全过程所必需的车辆全部照明系统。该系统包括列车运营必需的外部照明系统、客室照明系统及列车操作过程所必需的工作照明系统。它们应具备列车运营全过程及检修过程所需的所有照明功能。

按照城市轨道交通列车照明功能的要求,分为正常照明及紧急照明两部分。其中,正常照明是指城市轨道交通列车在供电接触网受流的情况下,由辅助逆变器提供全部照明电源的照明系统。紧急照明是在辅助逆变器无法正常工作时,由列车主蓄电池提供必须照明的照明系统。

3.7.1 外部照明系统

城市轨道交通列车外部照明系统由头灯、尾灯、运营灯及侧墙信息灯等构成。

这些外部照明是列车正常运营中至关重要的照明灯具,它显示列车的车次、目的地、前进、后退、停放、ATC运营方式、制动施加和缓解等重要信息,它们是列车安全、正点运营的保证。

1. 头灯

(1)头灯的作用

头灯用于列车运营过程中前进方向的照明,供司机能对前方路况及信息进行观察。头灯通常安装于列车前端的端墙下方左右两侧对称的位置,并有"亮"和"暗"两种照明强度。

(2)头灯灯具

头灯灯具由TVG型电子镇流器、灯具和灯泡三部分组成。

2. 尾灯

尾灯的作用是显示列车尾部所在位置。尾灯安装于头灯相邻位置,其形状大小与头灯类似。照度要求在215 m处能见到尾灯亮。尾灯为红色。

尾灯灯具形状大小及安装位置与头灯接近。尾灯灯罩为红色,灯泡为25～60 W白炽灯。

3. 运行灯

城市轨道交通列车的运行灯是用来显示列车运行状态的指示灯,其显示方式与头、尾灯相似。红色灯亮表示本车为列车尾端或本车反向行驶。白色灯亮表示本车为列车前进方向或为主控制室端。

运行灯由两组不同颜色的不聚光灯组成,分别安装于列车前后端墙上近车顶的左右两侧。一般两组灯具的颜色分别为红色和白色,且红色灯安装在外侧,白色灯安装于内侧。

4. 头、尾灯及运行灯的控制

(1)头灯和运营白灯回路

头灯(51-A01-E31/51-A01-E32)和运营白灯(51-A01-E35/51-A01-E36)亮的条件:

列车控制接通继电器(22-K01)线圈得电,常开触点83-84闭合

头灯的近光和远光的选择由头灯亮/暗控制旋钮决定(51-S01)

(2)尾灯和运行红灯回路

尾灯(51-A01-E33/51-A01-E34)和运行红灯(51-A01-E37/51-A01-E38)亮的条件:

列车控制接通继电器(22-K01)吸合,常闭触电71-72断开;向前继电器(22-K11)吸合,常闭触电5-9断开(控制司机室);非控制司机室的向前继电器(22-K11)断开,常闭触电5-9闭合。

(3)目的地灯回路

目的地灯(51-A01-E39)亮的条件是列车控制继电器(22-K02)的线圈得电,常开触点 83-84 闭合。

(4)车辆两侧指示灯(综合线路图 51-02,51-03)

Tc 车和 Mp 车,M 车的车辆两侧指示灯基本相似,只是 Tc 车比 Mp 车,M 车的车辆两侧各多了一个 ATC 切除指示灯(51-H01-5)。因此这里就只介绍 TC 车两侧指示灯。

当所有左门关好继电器(84-K18)的线圈失电,常闭触点 31-32 闭合,于是左侧墙门未关好指示灯(51-H01-1)发光。

当所有右门关好继电器(84-K17)的线圈失电,常闭触点 31-32 闭合,于是右侧墙门未关好指示灯(51-H02-1)发光。

当所有制动缓解继电器(27-K06)的线圈得电,常开触点 13-14 和 23-24 闭合,于是左侧墙所有制动缓解指示灯(51-H01-2)和右侧墙所有制动缓解指示灯(51-H02-2)发光。

当所有停车制动施加继电器(27-K02)的线圈得电,常开触点 13-14 和 23-24 闭合,于是左侧墙停车制动施加指示灯(51-H01-3)和右侧墙停车制动施加指示灯(51-H02-3)发光。

当所有摩擦制动施加继电器(27-K05)的线圈得电,常开触点 13-14 和 23-24 闭合,于是左侧墙摩擦制动施加指示灯(51-H01-4)和右侧墙摩擦制动施加指示灯(51-H02-4)发光。

当 ATC 切除继电器(91-K06)的线圈得电,常开触点 4-12 和 5,7 闭合,于是左侧墙 ATC 切除指示灯(51-H01-5)和右侧墙 ATC 切除指示灯(51-H02-5)发光。

3.7.2 客室照明系统

列车的客室照明是用于列车在运营过程中为乘客提供舒适的视觉照明。客室照明系统具有正常及紧急照明两种功能。

3.7.3 工作照明系统

列车配备了供驾驶员及维修人员作业过程所必需的工作照明系统。它们包括:司机室照明、司机阅读灯、设备柜照明及信息照明等。

从这里我们可以看到许多如车辆前进后退信息,门关好锁好信息,非摩擦制动故障信息以及列车编组信息都被输入 ATP,由其进行判断处理(车辆处于 ATP 模式下)。

3.8 列车乘客信息系统

3.8.1 西门子A型电动列车乘客信息系统的基本功能

1. 广播

(1)司机室对客室广播;

(2)运行控制中心对客室广播;

(3)连挂运行时从主控端的司机室对两列车的客室广播。

2. 对讲

(1)两个司机室之间的对讲,仅操作任一端司机室的通话控制装置就可实现司机室之间的通话功能;

(2)连挂运行时四个司机室之间的对讲。

3. 紧急报警对讲

每辆车客室适当位置设两个报警通话点,通话设备设有保护盖,报警状态在司机室显示器和指示灯上显示,并伴有提示音,并在中央控制单元中储存,驾驶员得到报警信息后可决定是否与乘客对话。乘客报警通话点最多只能开通一个,驾驶员也可中断乘客的通话。

4. 自动报站

(1)采用数字化自动报站系统;

(2)采用中文和英文两种语言;

(3)通过ATC触发所有站名的自动广播;

(4)不通过ATC由车辆本身系统及驾驶员手动触发所有站名的自动广播;

(5)驾驶员可以通过显示器进行跳站、起点站和终点站的设定;

(6)司机室显示器显示站名可由买方通过编辑软件进行编辑;

(7)驾驶员可通过显示器选择预先设定的紧急信息对乘客进行紧急广播。

3.8.2 西门子A型电动列车客室两端设乘客信息显示器

客室两端设乘客信息显示器采用LED技术;站名显示与自动报站一起同步设定;显示器显示用中英文两种文字;显示目的地、到站站名、下一站站名、开门侧(左或右)及其他宣传文字。

3.9 附属设施

上海轨道交通西门子A型电动列车包括车钩电气头、列车线及车钩电气连接器。

3.9.1 西门子A型电动列车车钩电气头和列车线

1. Tc车车钩监控回路

(1)列车控制继电器72-K01,72-K09线圈的得电条件:

①将列车控制接通旋转按钮72-S01转向接通位置,常开触点13-14闭合;

②列车接通继电器72-K02的线圈未得电,常闭触点61-62闭合。

(2)车钩联好继电器72-K03线圈得电条件:

①列车控制继电器72-K01线圈得电,常开触点23-24闭合;

②Tc车半自动车钩机械头连挂好/解钩行程开关71-Y4-S1位于机械头联挂好的状态常开触点13-14闭合;

③Tc车半自动车钩电气头向前连挂好状态/向后解钩状态行程开关71-Y4-S3位于电气头连挂好状态常闭触点21-22闭合;

④Tc车半自动车钩保证安全行程开关71-Y4-S4位于"锁定"状态,常闭触点21-22闭合。由此可见只有在列车控制接通旋转按钮位于"接通"位并且与Mp车半自动车钩连挂好以后,72-K03的线圈才会得电。

车钩联挂好继电器72-K03线圈得电的信息将被SIBAS KLIP分站1的输入E112_00所监测。

(3)列车控制接通继电器72-K02线圈的得电条件:

①受控Tc车上的,列车控制继电器72-K01的线圈得电,常开触点33-34闭合;

②所有车辆上的车钩联挂好继电器72-K03的线圈得电,常开触点3-11闭合;

③非受控Tc车上的,列车控制继电器72-K01的线圈失电,常闭触点71-72闭合。

72-K02的线圈还可以通过将车钩监控旁路按钮72-S02转到切除位置的方式得电。同时车钩监控旁路指示灯因72-S02的13-14闭合而亮。车钩监控被旁路的信号输入SIBAS KLIP分站1 E115_04。

2. Mp、M车车钩监控回路

车钩联好继电器72-K03线圈得电条件:

(1)列车控制继电器72-K01线圈得电,常开触点23-24闭合;

(2)Mp车半自动车钩机械头连挂好/解钩行程开关71-Y5-S1机械头连挂好状态常开触点13-14闭合;

(3)Mp车半自动车钩电气头向前连挂好状态/向后解钩状态行程开关71-Y5-S3位于电气连挂好状态常闭触点21-22闭合;

Mp车半自动车钩保证安全行程开关71-Y5-S4位于"锁闭"状态,常闭触点

21-22 闭合。由此可见只有在列车控制接通旋转按钮位于接通位并且与 Tc 车半自动车钩连挂好以后，72-K03 的线圈才会得电。

车钩联好继电器 73-K03 线圈得电的信息将被 SIBAS KLIP 分站 2 的输入 E122_00 所监测。

3. 列车末端继电器(72-K04，72-K11)线圈得电的条件

(1)车钩连挂好继电器 72-K03 线圈未得电，常闭触点 6-10 闭合；

(2)Mp 车半自动车钩电气头向前连挂好状态/向后解钩状态行程开关 71-Y5-S3 位丁电气头解钩状态，常开触点 13-14 闭合；

(3)Mp 车半自动车钩机械头连挂好/解钩行程开关 71-Y5-S1 位于机械头解钩状态，常闭触点 21-22 闭合；

(4)末端按钮 72-S02 被按下，常闭触点 13-14 闭合。然后，列车末端继电器 72-K04 将处于自保状态，同时 72-S02 的内置指示灯亮。列车末端继电器线圈得电将被 SIBAS KLIP 分站 2 的输入 E122_02 所监测。

由于 M 车和 Mp 车这部分图纸基本相似。

4. 自动解钩、气喇叭、阅读照明和直流高压电压表

按下自动解钩按钮 73-S01，自动解钩电磁阀 73-Y01 的线圈得电。

按下气喇叭按钮 73-S02，气喇叭电磁阀 73-Y02 的线圈得电，气喇叭发出声音。

将挡风玻璃除霜加热旋钮开关 73-S03 拨到加热位置，除霜加热接触器 73-K01 的线圈得电，常开触点 1-2 闭合，接通挡风除霜加热器的电源，开始除霜。

打开阅读灯开关，阅读灯 73-E01 的逆变器 73-U02 被启动，这样阅读灯获得工作电源。线路电压传感器把网压的数据转换为电流信号，网压表接受这个电流信号，并将以电压值的形式显示出来。

5. 指示灯测试和 DC 110 V 工作计时表、里程表

按下指示灯测试按钮 73-S05，SIBAS KLIP 分站 1 输入端 E114_06 监测到一个高电平，于是 CCU 系统从 SIBAS KLIP 分站 1 输出端 A119_04，从 SIBAS KLIP 分站 2 输出端 A126_05 和从 SIBAS KLIP 分站 3 输出端 A136_05 输出高电平，驱动所有列车上的指示灯测试继电器 73-K02 的线圈，使其常开触点闭合，这样所有指示灯就获得了工作电源，开始发光。

BECU 发出脉冲使里程表 73-P03 改变当前的里程数。

3.9.2 西门子 A 型电动列车车钩电气连接器

1. 车钩电气连接器

列车各车辆的联结是通过位于各车两端的车钩来完成的。其中，机械连接部分称为车钩;电气连接部分称为车钩电气连接器。车钩电气连接器附属于各节车辆的各自的机械车钩上。电气连接器的连接为接触式连接或接插件连接,对于接触式连接,要求弹性触头有良好的弹性和稳定性。具体为当电气连接器完全伸出时,其触点平面应凸出机械车钩平面 2～3 mm,以保证弹性触点在连接过程中保持一定的压力。

同时对于一些非常重要的列车导线应采用双回路方式以保证电气连接的可靠性。

2. 电气连接器触点平面布置

(1)全自动车钩电气连接器

全自动车钩一般用于列车与列车间的相互连挂。主要是为了故障列车的救援及库内调车。在电缆布置上,全自动车钩内设置了联挂牵引、停放制动施加及缓解、广播、司机室通信等列车导线。

(2)半自动车钩电气连接器

半自动电气连接器一般用于一列车的两个或三个单元间的连接及 Tc 车(拖车)非驾驶端与动车间的连接。71-Y4 和 71-Y5 两种半自动车钩电气连接器在触点布局上及各自的线号不同。

(3)永久车钩电气连接器

半永久电气连接器分别安装于 Mp 车、M 车的半永久机械车钩下。其中 71-Y6 为 Mp 车电气连接器,而 71-Y7 则为 M 车电气连接器。71-Y6 和 71-Y7 车钩触点形式相反,即 71-Y6 上某一触点若是弹性触点,则在 71-Y7 上应为平台触点。这里需要强调的是 71-Y6 和 71-Y7 电气连接器是一种固定配置,即 Mp 车半永久电气连接器只能与 M 车半永久电气连接器相连接,而不能将两节 Mp 车或两节 M 车的半永久车钩进行连接。

3.10 车门控制

城市轨道交通 A 型车的车门布置为每一节车的每一侧设有五扇客室门,每扇门有二页门叶组成。车门在气源或驱动电机的作用下每扇门的二个门叶通过钢丝绳或连杆机械连接在车门滑槽内保持同步反向移动。当车门处于关闭状态时,两门叶被机械锁定。

客室车门的开关由驾驶员在司机室通过左右侧墙上的门控按钮完成。该按钮带车门状态指示,以让驾驶员了解客室车门当前所处的开关状态。

门控系统采用了继电器控制的方法来完成整个控制过程。一旦车门发生故障,司机室故障显示屏上会及时显示故障车门的部位,以让驾驶员尽快作出反应,及时处理。列车门控系统还具备与列车控制系统的监控保护联锁功能，即在列车行驶过程中，不能打开车门。在车门打开状态或门控出现故障时列车将不能启动行驶。在列车行驶途中若有紧急状况而有人拉下客室内的紧急拉手时，列车施加紧急制动。

西门子 A 型电动列车车门开关门，解锁，旁路电路见综合线路图 81-01、81-02、81-04、82-01。

3.10.1 西门子 A 型电动列车车门控制回路工作的前提条件

1. 主控制器钥匙接通继电器 81-K23 线圈得电，常开触点 13-14 闭合；

2. 车辆速度＞0 继电器线圈 22-K18，22-K19 的线圈失电，常闭触点 71-72 闭合。

对于第一个条件，只要驾驶员用司机钥匙打开主控制器时，就可满足。对于第二个条件，只要列车处于静止状态，就可满足。所以，一般来说只有列车静止时，车门控制回路才能得电工作。

3.10.2 西门子 A 型电动列车车门的控制

对于车门来说有两种工作情况：ATP 开门旁路切除和 ATP 开门旁路未切除，下面我们就分别介绍这两种情况下车门开关门和解锁电路的工作情况。

1. ATP 开门旁路未切除（正常工作状态）

以开列车左侧门为例，在此工作状态下，列车门钩的解锁和复位指令由 ATP 发出。当列车进站以后，车载 ATP 系统收到车站 ATP 装置的门钩解锁指令，使 81K—02 的线圈得电并使各车对应列车左侧的相应门解锁继电器 81-K03/81-K04 得电，使门钩解锁，为开门创造条件。

当车门解锁后，司机按下开列车左门按钮 81-S12 或 81-S02，这样 SIBAS KLIP 分站 1 的 E114_10 监测到一个高电平，判断出司机正执行开列车左门操作。

当列车停靠一个站台达到规定时间后，车载 ATP 系统收到车站 ATP 装置的门钩复位指令。马上使所有的车门解锁继电器线圈失电，使门钩复位，为关门后锁门创造条件。

当门钩复位后，司机按下关列车左门按钮 81-S14 或 81-S04，这样 SIBAS KLIP 分站 1 的 E114_12 监测到一个低电平，判断出司机正执行关列车左门操作。

2. ATP 开门旁路切除

当司机将 ATP 开门旁路旋钮开关 81-S9 拨向切除位置以后，旁路状态指示灯 81-H04 得电亮，同时 ATP 装置和切除相关的输入变为低电平，而 SIBAS KLIP 分站 1 的 E115_05 监测到一个高电平，判断出驾驶员已经将 ATP 开门旁路。

当列车进站时，由于81-S09的常闭触点31-32和21-22断开，而常开触点13-14、53-54、43-44闭合。只有当驾驶员按下开列车左门按钮81-S12或81-0S2后，81—K02线圈得电，然后使各车对应列车左侧相应门解锁继电器81-K03/81-K04得电，使门钩解锁，为开门创造条件。此时IBAS KLIP分站1的E114_10监测到一个高电平，判断出驾驶员正执行开列车左门操作。

由于ATP车门系统已被旁路，所以关门前的门钩复位动作操作也不受ATP控制，而是在关门按钮按下后，才使相应的车门解锁继电器81-K03/81-K04线圈失电，使门钩复位，为关门后锁门创造条件。与此同时，SIBAS KLIP分站1的E114_12监测到一个低电平，判断出驾驶员正执行关列车左门操作。

3. 开门过程

当驾驶员按下开门按钮，CCU系统从SIBAS KLIP分站监测到开门信号后，就用KLIP分站的输出信号向开列车左侧门的相应的车门继电器(81-K14/81-K13)的线圈发出驱动信号，使其得电，这样其常开触点3-11闭合，常闭触点4-14断开。于是开门电磁阀Y1得电，关门电磁阀Y2失电。由于早先的解钩继电器线圈得电已经导致了解钩电磁阀Y3的动作，使门钩解锁。所以开门电磁阀Y1得电，关门电磁阀Y2失电马上导致门控气缸向开门方向运动，车门随即打开。

4. 使用主控制器钥匙开门

当驾驶员使用主控制器钥匙任意从客室内、外打开17/19门时，81-S07或81-S05的常开触点1-2闭合，此时开乘务门继电器81-K19的线圈就会得电，于是常开触点23-24和33-34闭合，常闭触点51-52断开，这样开门电磁阀Y1和解钩电磁阀Y3得电，关门电磁阀Y2失电，从而导致门控气缸向开门方向运动，车门随即打开。

5. 车门切除

当任意一扇车门发生故障后，驾驶员用方孔钥匙将车门切除。当车门被切除后，车门切除行程开关S3的常闭触点1-2断开，常开触点3-4闭合。常闭触点1-2断开将导致车门解锁继电器(85-K32、85-K34、85-K36、85-K38或85-K40)线圈失电，于是车门解锁继电器的常开触点13-14和23-24断开，从而切断了开门电磁阀和解锁电磁阀的供电线路，这样该车门就被锁死，不能被打开了。

在该车门被锁死的同时，由于S3的常开触点3-4闭合，于是车门锁定继电器(85-K42、85-K44、85-K46、85-K48或85-K50)的线圈得电，其常开触点43-44闭合，这样该车门上的门关好行程开关S2和门锁好行程开关S1被就旁路了，具体过程将在关门状态监测讲述。

在该车门被切除后。车门切除指示灯红灯(83-H22、83-H24、83-H26、83-H28或83-H30)因为锁定继电器的常闭触点13-14闭合而得电亮。

当驾驶员用方孔钥匙取消该车门的切除状态以后，车门切除行程开关S3的常闭触点1-2闭合，常开触点3-4断开。这样门解锁继电器(85-K32、85-K34、85-K36、85-K38或85-K40)的线圈得电，而该车门锁定继电器(85-K42、85-K44、85-K46、85-K48或85-K50)的线圈得失电，常开触点13-14和23-24得电，从而使开门电磁阀和解锁电磁阀重新获得了开门的可能。而车门锁定继电器失电，这样对该车门门关好行程开关S2和门锁好行程开关S1的旁路就被取消了。

车门切除指示灯(83-H22、83-H24、83-H26、83-H28或83-H30)因为锁定继电器的常闭触点13-14断开而熄灭。

当然，一节车上的一侧门全部车门切除信号都被CCU系统通过SIBAS KLIP分站采集和监测。

6. 关门过程

当驾驶员按下关门按钮，列车CCU系统就会监测到驾驶员希望执行关车左门操作，先通过SIBAS KLIP分站向关门报警器发出报警信号。接着SIBAS KLIP分站驱动关车左门延时继电器81-K16的线圈得电使其常开触点13-14到53-54闭合，从而能够通过车门关好锁好指示灯观察车门关闭情况。最后SIBAS KLIP分站切断对开车左门继电器(81-K14)线圈的供电，81-K14的线圈失电，常闭触点21-22闭合，常开触点13-14断开，这样关门电磁阀线圈得电，开门电磁阀线圈失电，于是门控气缸向关门方向运动。当车门运动到锁定位置时，由于此前门钩已经恢复，所以车门将被门钩锁定，关门过程完成。

7. 安全门状态监测电路

当驾驶员打开安全疏散门后，门上所有行程开关(S01，S02，S03)都被打开，于是安全疏散门锁好监控继电器86-K01的线圈失电，其常闭触点21-22闭合，安全疏散门解锁指示灯亮起，提示驾驶员安全门已经解锁。当然此时车辆不能执行牵引指令。

当驾驶员关闭安全疏散门到位后，门上所有行程开关(S01，S02，S03)全都闭合，于是安全疏散门锁好监控继电器86-K01的线圈得电，其常闭触点21-22断开，安全疏散门解锁指示灯熄灭，提示司机安全门已经锁好。

如果安全疏散门某个行程开关(S01，S02，S03)出现故障，不能正确指示安全疏散门是否已经锁好，驾驶员只要将安全疏散门解锁旁路旋钮86-S04拨到旁路位置，其常开触点13-14闭合，这样86-K01的线圈将会得电，安全疏散门解锁监控功能就被旁路了。

8. 关门状态监测

当某一扇车门关闭到位，相应的门关好行程开关 S2 才会闭合；同样只有某一扇车门被门钩锁好以后，相应的门锁好行程开关 S1 才会闭合。只有当一节车上的一侧门全都关好锁好以后，相应的门关好锁好继电器线圈才会得电，常开触点 13-14 闭合。这样只有当和列车左侧门相关的所有门关好锁好继电器的线圈得电，常开触点 13-14 闭合以后，列车左侧所有门关好锁好继电器 81-K10 的线圈才会得电，左侧关门按钮（81-S14 或 81-S04）内置指示灯才会亮起，表明关门操作已经完成。

如果某扇门出现故障，相应的门关好行程开关 S2 和门锁好行程开关 S1 不能闭合，从而导致列车左侧所有门关好锁好继电器的线圈不能得电，影响正常运营（如果车门未关好车辆不能进行牵引操作）。为了解决这个问题，在相应的门关好行程开关 S2 和门锁好行程开关 S1 的两端被并联了一个车门锁定继电器的常开触点 43-44，一旦车门被切除，相应的门控切除继电器的线圈就会得电，那么常开触点 43-44 闭合，该扇门的门关好行程开关 S2 和门锁好行程开关 S1 就被旁路了。

一节车上的一侧门全部关好锁好的信号都被 CCU 系统通过 SIBAS KLIP 分站采集和监测。

3.11 ATP 系统

3.11.1 西门子 A 型电动列车 ATO 启动与切除

当某节 Tc 车的主控制器钥匙被打开→22K01 的常开触点 43-33 闭合→91-K03 的线圈得电→常开触点 13-14 闭合，如果此时方式方向手柄处于 ATO 位置→91-K01 线圈得电→91-K01 常开触点 43-44 闭合→91-K02 线圈得电→ATO 系统得到启动信息→列车转入 ATO 驾驶状态。

当驾驶员用 ATP 切除旋钮 91-S01 切除 ATP→91-K05 和 91-K06 的线圈得电→91-K06 常闭触点 5-9 断开→ATC 系统监测这一状态，而 91-K06 常开触电 6-11 使 SIBAS KLIP 分站 01-A1.05 的 E115_03 监测到 ATP 切除状态，判断出 ATP 已被切除。（此时 ATP 切除指示灯亮）

ATP 系统的故障和 ATP 系统被切除的信息由 SIBAS KLIP 分站 1 接受并判断。E115_00＝ATC/ATP 故障 1，E115_01＝ATC/ATP 故障 2，E115_02＝ATC/ATP 故障 3，E115_03＝ATC/ATP 切除。

8 辆/6 辆编组继电器 91-K04 的线圈由 SIBAS KLIP 分站 1 的 A119_05 控

制，最终通过 91-K04 的常开触点 3-11 和常闭触点 4-14 把信息传入 ATP，只要列车被接通控制以后，ATP 系统就获得了工作电源。

3.11.2 西门子 A 型电动列车 ATP 输入信号

从这里我们可以看到许多如车辆前进后退信息，门关好锁好信息，非摩擦制动故障信息以及列车编组信息都被输入 ATP，由其进行判断处理(车辆处于 ATP 模式下)。

第4章　通信与信号

4.1　列车广播系统

4.1.1　广播的基本概念

1. 广播的定义

广播就是通过专用设备对公众讲话。公众的概念可以是指向性的，如会议广播；也可以是无指向性的，如无线电台广播。

2. 广播设备的种类

最原始的广播设备是号筒，它是将声音通过号筒壁将声音集中起来传送出去。由于它传送的距离范围有限，因此不能适用远距离大范围广播的需要。现代的广播设备是通过电声设备将人的声音转换成电信号传送出去，再通过设备将电信号还原成声音信号，达到远距离大范围广播的目的。

3. 广播的传播方式

(1)有线广播是将声音电信号直接通过电缆传送至扬声器进行广播，如会议广播。

(2)无线广播是将电信号通过无线发射设备发送出去，再经过无线接收设备将发送的信号接收下来还原送至扬声器，如收音机。无线广播有调幅广播和调频广播。

(3)调幅广播是将需传送的语音信号调制在发送信号的频率上，仅仅改变信号的幅度大小，收音机通过调整收音机的接收频率将信号接收、检波、放大；调频广播是将需传送的语音信号调制在发送信号的频率上，它改变的是发送信号的频率而不改变发送信号的幅度，收音机通过调整收音机的接收频率将信号接收、鉴频、放大。

4.1.2　列车广播系统的功能

(1)对乘客广播：通过 MIC、录音机(或电脑报站器)向乘客播报站名或通告。

(2)司机间联络：通过 MIC 沟通两个司机室的联络。

(3)传达控制中心通知：通过无线设备将控制中心的通知传达至各车厢，通知车上乘客。

(4)乘客与驾驶员间的通话:通过在车厢内安装乘客通话装置,可以使乘客在紧急状态下与列车驾驶员进行通话。

4.1.3　列车广播系统的组成

列车广播系统组成主要包括车厢和驾驶室两部分。现在列车车型很多,各种车型在设备安装和组合上有很大不同。通常在驾驶室中主要有广播设备控制部分、麦克风、司机监听喇叭、数字报站器、控制按键等。在车厢内主要有车厢喇叭、乘客与驾驶员通话装置、广播设备放大部分。

4.1.4　报站器的组成

各种列车所用的报站器方式有所不同,但其组成均包括控制部分、程序处理部分、存储部分、数模转换部分、小信号放大电路工作指示部分等。

程序控制处理电路用于接收控制信号,根据处理程序进行判断,输出控制指令,控制存储电路;存储电路用于存储控制程序及数字化的语音信号;数/模转换电路用于将数字化的语音信号还原成模拟化的语音信号;放大电路用于放大还原后的语音信号。

4.1.5　报站器工作原理

当需要报站器进行工作时,必须给报站器一个控制信号,该控制信号为一串代表需播报车站的控制指令码。报站器的处理部分接收到控制指令后,根据程序进行分析处理,从存储器中调用相应存储内容,经放大电路放大后输送给广播系统设备,同时报站器的处理部分还输出一个控制信号,控制广播系统设备。

4.2　列车无线通信系统

4.2.1　上海轨道交通列车无线通信系统

列车无线通信系统主要采用 TETRA 及 LTE-M 系统,无线调度网通常包括行车调度网、停车场调度网、环控调度网、公安调度网等,调度网以虚拟专网的方式存在,互相独立、互不影响。各调度网共享频点和基站设备,提高了频率资源利用率,并便于构成一个统一的城轨全线全程的无线通信网。

TETRA 系统集调度、移动电话、移动数传和短消息业务于一体,非常适合专网无线调度使用。TETRA 为我国数字集群系统行业标准,并将 800 MHz 专网频段(806～821 MHz/851～866 MHz)分配给无线数字集群通信使用。

TETRA 系统是窄带无线通信，主要功能是语音通信。随着无线通信技术的发展，轨道交通对无线资源的需求从窄带过渡进化至宽带。LTE-M 系统是一个综合承载网，在整个城市轨道交通网络的使用逐渐成为趋势。LTE-M 系统的基本功能包括无线宽带数据传输功能、调度平台功能、即时通信功能和无线终端等，轨道交通地下区间，LTE-M 系统拥有 20 MHz 频段(频率区段为 1 785～1 805 MHz)。

4.2.2　上海轨道交通无线通信系统的操作方法

轨道交通电动列车驾驶员的无线通信主要使用移动手持台和列车车载台。移动手持台主要配备给站务人员、列车驾驶员、维修人员、公安等不固定地点的工作人员，使他们可与相关调度员通话或进行组内通话。TETRA 专用车载台安装在列车驾驶台上，供电动列车驾驶员同行车调度员进行直接通话联系。

1. TETRA 专用 MTP850 型手持台的操作使用

MTP850 型手持台作为 TETRA 数字集群通信系统内重要的用户终端设备，是确保上海轨道交通安全运营的重要通信工具。MTP850 手持台的样机及操作键分布如图 4-1 所示。

图 4-1　MTP850 手持电台

(1)开关机。按下并按住开关键 2 s,可以打开/关闭 MTP850 手持台。

(2)充电。接入充电器可进行充电。

(3)手持台通话:

①组呼。组呼是用户与自己选择的通话组中的其他成员之间的即时通信,组呼参与者可以在组呼过程中,加入(新增)和退出该组呼。通话组是预先规定的一组用户,可以加入和/或发起组呼。在对讲机的屏幕上,以号码和名称表示通话组。组呼的操作步骤:

在待机屏幕中,按下选项。

选择希望选择的文件夹,然后按下选择。

选择想要的通话组,然后按下选择。

对讲机屏幕将显示选择的通话组。

按下 PTT 键,即可对通话组中的所有成员发起呼叫。

通话组中的成员听到呼叫需要回答时,只需按下手持台的 PTT 键即可回答。

②私密呼叫。私密呼叫也称为点对点呼叫或个呼,是两个用户之间的呼叫。其他对讲机均无法听到通话内容。同一通话组或不同通话组之间的用户均可进行这种呼叫。私密呼叫的操作步骤:

在待机屏幕拨号。

按下然后松开 PTT 键。对讲机将发出铃声。等待对方接听呼叫。

对方听到呼叫后,按下并按住 PTT 键回答。

要结束通话,请按下开关/结束/返回键。

③DMO(直通模式)通话,DMO 模式下对讲机可以不经系统网络进行通信。在直通模式下,用户可以与本 DMO 通话组中采用相同频率的其他处于直通模式的对讲机进行通信。DMO 呼叫操作步骤:

将参与 DMO 呼叫的手台切换至 DMO 状态。

如果当前通话组是希望通信的通话组和大组,那么请直接按下 PTT 键。然后通过麦克风进行通话。

松开 PTT 键,接听。

选择通话组和大组的步骤与在组呼模式下相同。

(4)紧急呼叫

紧急呼叫模式既可在集群模式(TMO)下作用,又可在直通模式(DMO)下作用。在标准的集群模式下,只要按下紧急呼叫按钮,对讲机就会发送紧急呼叫报警消息,发起紧急呼叫的一方可以按下 PTT 按钮,开始通话。调度台和选定通话组中的所有成员将收到紧急组呼。要退出紧急呼叫模式,请按下并按住退出程序键。对讲机将切换回初始模式。

2. TETRA 专用车载台的功能和特点

专用车载台有多种版本,各条线路都不一样,但操作方法大同小异。现以上海轨道交通一号线为例进行说明。上海地铁一号线专用无线车载台是由主机、操作终端、喇叭、受送话器、车顶天线以及若干电缆设备组成,设备安装在列车的驾驶室内。

列车前后两端驾驶室各安装一台车载台。车载台主要由无线收发信机、控制接口及电路、控制面板、话筒及天线等组成。其中天线一般安装在车体顶部。收发信机、控制和接口电路安装在一个固定的机壳内,放置与车头司机室内。控制面板和话筒分别安装在司机驾驶台面。司机可以通过操作控制面板的按键,发出通信请求,并通过话筒和扬声器与相关人员进行通信。通过系统与 ATS 的连接,控制面板显示屏上会显示当前列车位置与车次。

(1)车载台开关机

专用无线车载台的电源由列车机电系统供给,为直流 110 V。车载台主机上没有专门的电源开关,在列车弱电机柜控制面板上有对应的空气开关控制 110 V 电源的接入。车载台需要开机时,操作人员只要将对应的空气开关推上即可,车载台需要关机时,将空气开关拨下即车载台电源关闭,车载台操作终端,如图 4-2 所示。

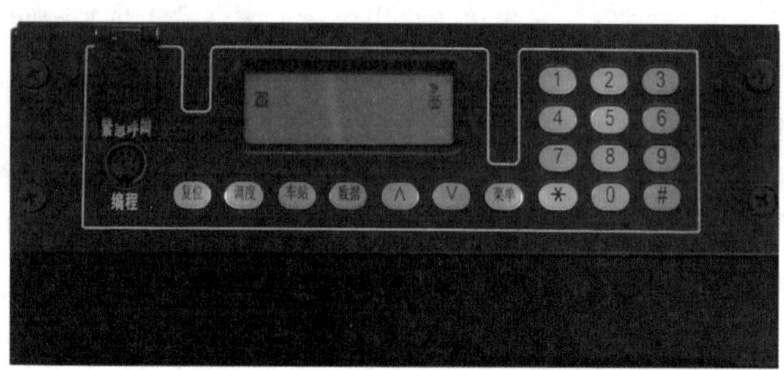

图 4-2　车载台操作终端

(2)注册。车载台注册的操作步骤:

①按下“菜单”按键,再按下数字键“1”(或使用方向浏览键将光标移至“注册”上),按“#”键确认。

②显示屏显示“请输入车次号:”。

③输入 5 位车次号,如输错可按“*”键删除最后的一位,输完按“#”键确认。

④显示屏显示“注册中...”。

⑤如显示屏显示“注册成功”,此时喇叭“嘟”长响一下;如显示屏显示“注册失

败”,此时喇叭会“嘟嘟嘟”短响三下。

⑥注册成功,图标☒会变为 ok,车载台处于已注册状态时按 PTT 不能直接呼叫调度,可以请呼调度、车站、机车和发送预定义短消息。

⑦注册失败,图标☒不变,此时按下 PTT 仍然可以直接呼叫车辆段或停车场调度,但无法请呼调度、车站、机车和发送预定义短消息。

(3)车载台通话。车载台通话包括接收呼叫和发起呼叫两种情况。

①车载台接收呼叫。当车载台接收到呼叫时,将会发出一声“嘟”的提示音,车载台屏幕会出现“组呼建立”的文字显示和呼叫发起方的号码。对方释放 PTT 后,终端也会发出一声“嘟”的提示音,“组呼建立”的文字依然显示,呼叫发起方的号码变为当前使用的通话组名称。呼叫结束,显示屏“组呼建立”的文字显示消失。对方释放 PTT 到呼叫结束的这段时间为呼叫保持时间,在这段时间系统为双方保持信道。

接收呼叫时,请务必在对方讲话结束后,再摘机应答,否则在摘机过程中声音会从喇叭切换到听筒中,造成漏字。从对方讲话结束到摘机应答有 30 s 的时间,超过 30 s 后再摘机应答将无法呼叫。

②车载台发起呼叫。在注册状态下车载台发起呼叫有三种情况:请求呼叫调度、请求呼叫车站、请求呼叫机车。

请求呼叫调度。

请求呼叫车站。

请求呼叫机车(同线路的其他车载台)。

(4)紧急呼叫。列车车载台紧急呼叫的操作步骤如下:

按住“紧急呼叫”按钮大约 3 s,直到喇叭发出一声“嘟”的同时界面上显示出“紧急呼叫中”的文字和紧急呼叫标记“△”;松开按钮,界面上显示出“组呼建立”的文字,然后喇叭发出“嘟嘟嘟”声;稍后,喇叭发出“滴嘟”一声,车载台会在随后将紧急麦克风打开,并且提示“紧急麦克风打开”。此时车载台处于自动发射状态,司机不需要摘机按下 PTT 对着送受话器,300 s内可以直接对着广播话筒 MIC(西门子机车)或终端的紧急 MIC(ALSTOM 机车)呼叫,调度如有应答,车载台自动恢复为接收状态,使司机可以听见调度的声音,应答结束车载台又处于自动发射状态,循环往复;290 s 后,喇叭发出“嘟”的提示音,警告司机 10 s 后紧急 MIC 将关闭;300 s 后车载台自动恢复为接收状态,界面显示“紧急麦克风关闭”,如司机还需要讲话,则必须摘机按下“PTT”键,后同普通呼叫。在紧急麦克风打开的情况下,如司机希望用送受话器讲话,则必须摘机按下“PTT”键对着送受话器的话筒讲话,此时操作终端提示“紧急麦克风关闭”,车载台恢复为手动控制接收/发射状态,后同普通呼叫。

要退出车载台发起的紧急呼叫时，如果此时操作终端提示“紧急麦克风打开”，则需要按一下“PTT”键 1 s 后再松开，使操作终端提示“紧急麦克风关闭”，在操作终端提示“紧急麦克风关闭”的状态下，可以直接按一下“ * ”键，喇叭同时发出“嘟”的一声，稍后紧急呼叫“△”图标消失，同时喇叭发出“滴”的一声，即表示车载台退出紧急呼叫。

当车载台接收到一个紧急呼叫后，紧急呼叫“△”图标显示，在这种情况下，只要当前的紧急通话组有 30 s 没有通话时车载台可自动退出紧急呼叫。

4.3 信 号 技 术

4.3.1 轨旁设备

1. 信号机

(1)信号机的设置原则

城市轨道交通的地面信号是列车运行的辅助信号，平时地面信号都由轨旁 ATC 子系统自动控制，设置成自动信号或连续通过信号，根据列车运行时刻表和列车实时信息自动动作；只有在人工控制的情况下，才由调度员或车站值班员排列进路、开放信号。地面信号机的设置原则是：

①正线有岔站为了防护道岔和实现联锁关系，设置地面信号机，一般中间站(无岔站)都不设信号机；信号机一般设置于运行线路的右侧。

②折返站的折返线出、入口都设置防护信号机。

③一般情况下，正线区间都不设通过信号机。

④停车场的出入库线应设置出、入库地面信号机，以指挥列车的出入库。

⑤停车场内，根据调车作业的需要，设置各种用途的调车信号机。

⑥在 ATC 系统没有同步开通的特定情况下，有些城市轨道交通根据列车运行间隔，设置出站信号机，甚至于还有设置区间通过信号机。这些信号机当 ATC 系统开通以后，就失去作用，只作为后备系统使用。图 4-3 为折返站地面信号机布置示意图。

(2)色灯信号机的结构原理

色灯信号机有高柱和矮型两种类型，高柱信号机的机构安装在钢筋混凝土信号机柱上，矮型信号机的机构安装在信号机水泥基础上。城市轨道交通的信号机基本上都是矮型信号机，在正线其安装在钢支架上、隧道壁和防护栏上。

城市轨道交通采用二显示和三显示的信号机。信号机的主要部件是透镜组，由一块外径为 139 mm 有色外棱梯透镜和一块外径为 212 mm 无色内棱梯透镜，

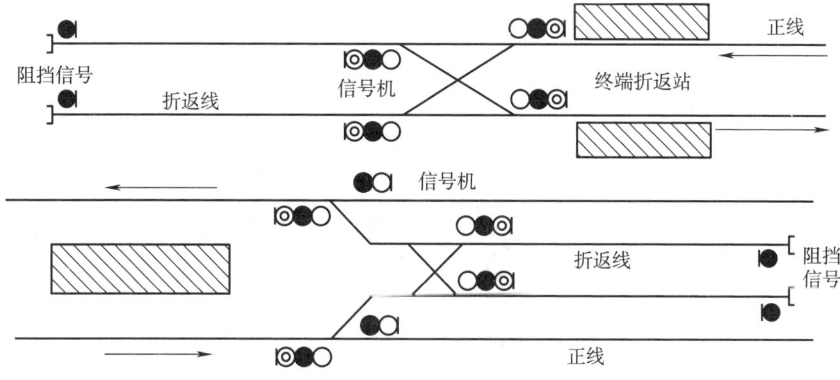

图 4-3 折返站地面信号机布置

通过透镜框组装而成。透镜框上还装有可调灯座，可调灯座在上、下、前、后、左、右六个方向调整，使灯泡的主灯丝位于透镜组主光轴的焦点上，灯丝光源发出的光，经有色外棱梯透镜和无色内棱梯透镜前后两次折射，产生平行的有色光束射向前方，以满足信号显示距离的要求。

LED 信号机是运用光、电器材和电子稳压技术研制的免维护信号器材。LED 信号机具有发光强度高、显示距离远、节能、寿命长、消除了灯丝突然断丝和点灯冲击电流等优点，具有小型化、轻量化、色泽一致、光束集中、应变速度快的特点。近年来，城市轨道交通的新建线路及停车场的地面信号机，较多选用 LED 色灯信号机，如图 4-4 所示。

图 4-4 LED 信号机

2. 转辙机

城市轨道交通大部分采用电动转辙机，近年来也有部分线路采用电液转辙机和交流转辙机的线路也不少。由于钢轨重量的增加，一般正线道岔采用双机牵引

(图 4-5)。典型的 ZD6-D 型电动转辙机,由电动机、减速器、摩擦连接器、主轴、动作杆、表示杆、移位接触器、外壳等组成,如图 4-6 所示。

图 4-5 道岔及双机牵引转辙机示意图

图 4-6 液压传动机构

(1)转辙机的作用

①转换道岔的位置,带动尖轨作直线往返运动。

②道岔转至所需位置,应将道岔锁闭,确保在车辆通过道岔时,尖轨不移位。

③正确反映道岔状态,给出相应的道岔位置表示。

④当道岔被挤或没有道岔位置表示时,应及时给出报警。

(2)转辙机的传动机构

转辙机的传动机构将电动机的高速旋转变换成动作杆的低速直线运动,再由动作杆带动道岔尖轨运动;传动机构的另一作用是带动尖轨的锁闭。转辙机的传动机构有齿轮传动和液压传动两类。

①齿轮传动机构

传动机构采用齿轮传动时，必须采用摩擦连接器。其原因之一是当尖轨转换完毕时，而电动机还不能立即停转，需要利用摩擦连接器克服电动机的转动冲击。另外，如尖轨在转换过程中受阻不能继续动作时，摩擦连接器可进入摩擦状态，使电动机能继续转动而不致烧毁。

②液压传动机构

液压传动机构（图4-7）是由电动机来驱动油压泵，加压的液体注于储能油罐中，使罐内空气压缩，以储存一定能量。在转换道岔时，电动机工作，同时将控制油路的阀门打开，使受压的油液注入油缸中，借助活塞与油缸的相对运动推动油缸，再由油缸带动动作杆，使道岔尖轨转换。

图4-7　ZD6-D型电动转辙机

当道岔的尖轨转换到规定的位置，且与基本轨保持一定的密贴力时，转辙机将尖轨锁闭在密贴状态，以保证在列车通过道岔时，尖轨不致因受振动而离开基本轨。

③转辙机辅助设备

道岔转辙机在轨间还设有连接杆、尖端杆、密贴调整杆和表示杆等转辙设备。

3. 计轴设备

每个区间（两个站之间）划分为若干个闭塞区段，在每个闭塞区段的始端和终端都安装计轴设备，目的是检测每个区段的占用情况，其功能与轨道电路相似。计轴设备与联锁设备相连接，为进路编排提供基础信息。计轴设备（图4-8）仅能检测该区段是否被车占用而不能够给出列车具体位置。

图4-8　计轴器

4. 应答器(信标)

应答器(图 4-9)按照供电方式可分为有源应答器(信标)和无源应答器(信标)两种。

图 4-9 应答器

(1)有源应答器:有单独的外部电源,可以实现车地的双向通信。

(2)无源应答器:无须任何外部电源,通过列车天线产生能源。在列车经过应答器所在位置时,车载天线发射的电磁波使应答器工作,并传递绝对位置信息给列车。城市轨道交通系统中所使用的应答器大部分为无源应答器安装在轨道沿线。

应答器为列车提供精确的绝对位置参考点(也可以提供线路的坡度等其他信息)。由于应答器提供的位置精度很高,常用应答器作为修正列车实际运行距离的手段。采用应答器定位技术的信息传递是间断的,即当列车从一个信息点获得地面信息后,要到下一个信息点才能更新信息。若其间地面情况发生变化,就无法立即将变化的信息实时传递给列车。因此,应答器(信标)定位技术往往作为其他定位技术的补充手段。

5. 波导管

波导管(图 4-10)用来传送超高频电磁波,通过它脉冲信号可以以极小的损耗被传送到目的地。波导管是一种空心的、内壁光洁的金属导管或内敷金属的管;波导管内径的大小因所传输信号的波长而异;多用于无线电通信、雷达、导航等领域。目前,常见的有矩形波导管、圆形波导管、半圆形波导管、雷达波导管和光线波导管等。

图 4-10 波导管

4.3.2　轨道电路

1. 轨道电路的基本原理

轨道电路是以线路的两根钢轨作为导体，两端设置电气绝缘，接上送电和受电设备构成的电路，交流轨道电路结构和城市轨道交通的轨道电路如图 4-11 所示。当轨道区段没有被列车占用时，轨道电路发送端的电流经由两根钢轨至接收端，使轨道继电器工作；当列车占用该轨道区段时，列车车轮将两根钢轨短路，导致轨道电路的大部分电流通过车轮而分路，轨道继电器因电流不足而失磁，从而检测列车的到达；列车驶离该轨道区段，车轮的分路取消，轨道继电器又恢复工作。因此轨道电路是检测列车占用轨道区段的专用设备。

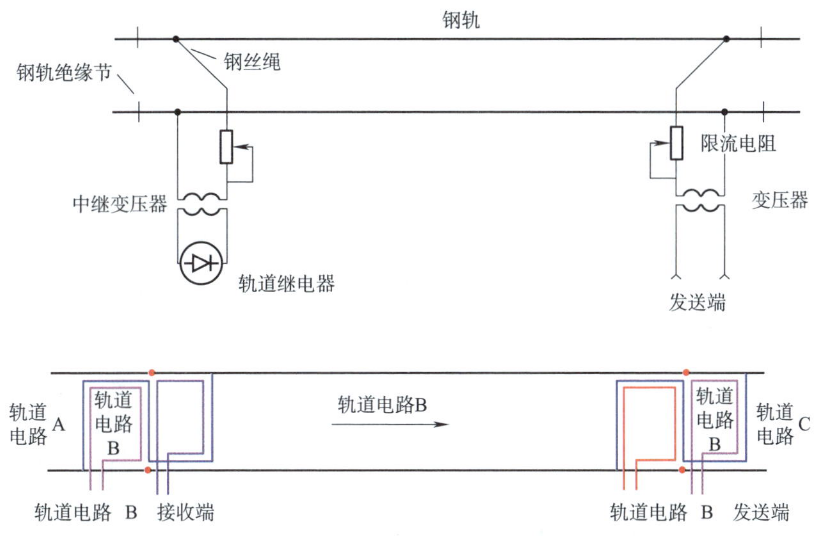

图 4-11　交流轨道电路结构和轨道电路

城市轨道交通正线的轨道电路都不设轨端绝缘节，一般称为无绝缘轨道电路，其“S”形的连接线，是轨道电路的电气绝缘设备；发送设备和接收设备都设置于信号设备室，通过电缆引至钢轨。

2. 轨道电路的作用

(1)检测列车是否占用轨道区段

轨道电路反映该轨道区段是否空闲，轨道区段空闲，才能建立进路、开放信号；列车占用信号所防护的进路，信号自动关闭，从而把信号显示和轨道电路状态结合起来。

(2)通过轨道电路向列车传递实时信息

城市轨道交通信号系统中,通过轨道电路向列车传递行车实时信息;当轨道电路检测到列车已经占用时,其轨道电路的发送端,立即通过轨道电路向列车传送目标速度、目标距离或进路等信息,列车接收到这些信息以后,自动控制列车运行速度。

4.4 列车运行自动控制系统

4.4.1 基于轨道电路的列车自动控制系统

1. 结构和基本功能

列车自动控制(ATC)系统,包括列车自动监控(automatic train supervision,以下简称 ATS)、列车自动防护(automatic train protection,以下简称 ATP)和列车自动运行(automatic train operation,以下简称 ATO)三个子系统,是一套完整的管理、控制、监督系统。位于管理级的 ATS 子系统,较多地采用软件方法实施联网,指挥列车安全运行;发送和接收各种行车命令的 ATP 子系统,确保列车的运行安全,完成列车运行进路控制、速度控制和实现列车间隔控制;车载 ATP 子系统,接收轨旁 ATP 设备传递的指令信息,实现列车运行速度的自动调整控制,进行列车运行超速防护和列车在车站的程序对位停车控制。三个子系统既相对独立,又相互联系,以保证列车安全、快速、短间隔地有序运行。

(1)ATC 系统结构

ATC 系统的设备分布于控制中心、车站信号设备室、轨旁及车上。ATC 系统的结构图如图 4-12 所示。指挥列车运行的控制中心设有作为 ATC 系统中枢的系统控制服务器,及其用于调度控制的工作站;数据传输系统包括通信前置服务器、路由器以及数据通信网等,实现控制中心与全线车站信号设备室之间的实时数据信息交换;调度员通过调度员工作站下达行车控制命令。

现场的列车在线信息,车次号信息以及道岔、信号机的状态信息等,在控制中心的显示屏及调度员工作站上显示。

设于联锁集中站设备室的服务器,接收调度员的控制指令,通过联锁装置,排列进路、开放信号,并将列车在线信息、信号设备的状态信息等传送给控制中心。通过 ATP 子系统的轨旁设备,发送列车检测信息,以检查轨道区段内有、无列车占用,并向列车发送限速命令或允许运行的目标距离信息、门控命令、对位停车指令等。

车上 ATC 设备接收并解译地面送来的调度指令和 ATP 速度命令或距离信息,完成速度自动调整和车站程序对位停车,实现列车的自动运行,并将列车的运

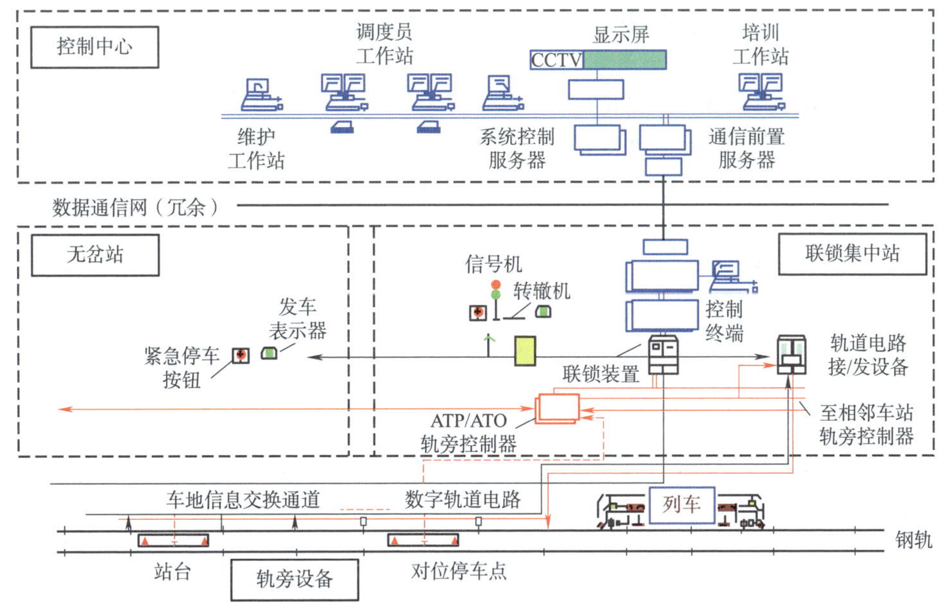

图 4-12　ATC 系统结构示意

行状态和设备状态信息，经车站服务器传送给控制中心。

(2)ATC 系统功能

ATC 系统的功能是实现行车指挥和列车运行自动化。

①控制中心 ATS 子系统的主要功能

列车运行和调整控制；时刻表的编辑、修改、存储以及时刻表的调整控制；列车位置的实时监视和列车运行轨迹记录；列车运行进路的自动设置，车站联锁状态的监督；运行图管理；线路监控和报警显示、故障记录等。

②联锁集中站 ATC 设备的主要功能

a. ATS 子系统的功能

遥控指令的解译、信号设备状态信息的编辑和传送、进路控制指令的发送及表示、折返站折返模式控制指令的发送、车-地交换信息的编译和发送、旅客向导信息、目的地信息的编辑和传送、设定列车运行等级等。

b. ATP/ATO 子系统的功能

轨道区段空闲的检测；列车运行进路和列车安全间隔控制；列车限速控制；车站程序对位停车控制；对位停车校核、列车车门和站台屏蔽门开、闭控制；停站时间控制及目的地选择等。

③车载 ATC 的主要功能

a. ATS 子系统的功能

接收非安全控制信息;接收运行等级及其目的地等数据;发送列车状态的自诊断信息;提供旅客导向信息等。

b. ATP/ATO 子系统的功能

接收和解译限速指令;根据限速,对列车进行速度自动调整控制和超速防护;测速、测距;对位停车程序控制和对位停车点校核;控制车门开、闭,发送站台屏蔽门开、闭信息;自动折返和出发控制等。

(3)ATC 系统的控制模式

城市轨道交通通过 ATC 系统,在控制中心集中控制列车运行,当遥控发生故障或运行需要的情况下,可以将权力“下放”,由相应的联锁集中站进行控制。

①行车调度的控制方式

a. 集中控制模式

全自动模式。ATC 系统根据列车运行时刻表,由控制中心自动办理进路,调度全线列车的运行。

自动调度模式。根据运行时刻表自动办理列车进路,但列车在车站的停站时分、运行等级等,由调度员进行调整。

集中人工模式。列车的始发进路,由调度员人工办理,列车运行目的地也由调度员设定。一般车站都设为自动或连续通过进路,列车运行进路由列车的目的地号“自动触发”,所以列车运行进路可处于“自动”状态,但是列车在各站的停站时间、出发时间、运行等级等都由调度员设定。

b. 联锁集中站控制模式

在调度员授权下,可将控制权下放给联锁集中站,由联锁集中站的车站值班员,对所管辖区段的列车运行进路进行控制。

②列车操纵模式

列车的操纵模式,根据信号系统和列车控制方式而异,一般有以下方式:

a. ATO 模式

在 ATO 模式下,司机根据操作规程,关闭列车门,完成出发检查后,按下出发按钮,列车自动启动运行,在区间根据地面限速指令,自动调整列车运行速度,列车到达下一站,自动完成程序对位停车控制。这种模式下,司机的任务是到站开启列车门、到点关闭列车门和按压“出发按钮”。

b. 手动 ATP 模式

在该模式下,司机关闭车门和执行出发检查后,手动启动,列车 ATP 子系统进行速度控制和超速防护,车站的停车控制也由司机负责操纵。这种模式下,列车的运行基本上依赖于司机,但是有 ATP 超速防护。

c. 慢速前行模式(CLOSE-IN)

在手动ATP模式下，列车收不到有效的机车信号或显示为零限速，这时司机在注意的情况下，按低于20 km/h的慢速运行，当列车收到有效的速度后，可以转为手动ATP模式。

d. 反向模式

这种模式下，司机处于列车的尾部，列车收不到速度命令，由司机控制以不超过10 km/h的速度反向运行，当速度超过12.5 km/h时，车载ATP子系统会施加全常用制动。

e. ATC关闭和旁路模式

该模式下，车载ATC系统可以有电，但其输入、输出均被隔离，不起作用，列车由司机人工驾驶，负责运行安全。

(4)连续式和点式ATP系统

基于轨道电路的ATC系统中，向列车传送ATP信息的方式有连续式和点式两种方式。这两种方式的共同处是都设有轨道电路；但是连续式ATP子系统的轨道电路不仅用于检测列车，也用于向列车传送ATP信息；而点式ATP子系统的轨道电路只用于检测列车，向列车传送ATP信息完全依赖于设置于特定地点的地面应答器。

连续式ATP系统是城市轨道交通的主流，我们会在后面ATP一节中作详细介绍。点式ATP子系统的ATC系统不包括ATO子系统，当然不能实现列车的自动运行；其优点是结构简单、可靠性高、价格低于连续式ATC系统。目前点式ATP系统只有在上海城市轨道交通5号线得到应用。

2. ATS子系统

列车自动监控(ATS)子系统，实现对列车运行的控制和监督；一般分有CATS和LATS；前者是控制中心的ATS设备，后者指联锁集中站的ATS设备。控制中心的ATS设备包括系统控制服务器、传输控制服务器、调度员工作站、显示屏、运行图绘图仪、打印机、UPS等；每条线路一般设两位行车调度员，监督和控制全线的列车运行；正常情况下列车运行进路的排列、信号控制，列车运行间隔控制和调整等操作，都是根据列车运行时刻表由ATS系统自动完成，不需要调度人员操作。在特殊情况下，也可以由行车调度员操作。控制中心显示屏和行车调度员工作站示意图如图4-13、图4-14所示。

行车调度员可以将行车控制权“下放”给联锁集中站，因此在联锁集中站都设有ATS分机。通常联锁集中站的行车值班员只能监督列车运行，当需要“站控”时，在征得调度员同意后，联锁集中站的行车值班员可以对所管辖的车站进行控制，在“紧急”情况下，联锁集中站可以不经过行车调度员同意，实现“紧急站控”；“站控”结束以后，车站行车值班员应将该车站的信号系统复原，才能“交权”。联锁

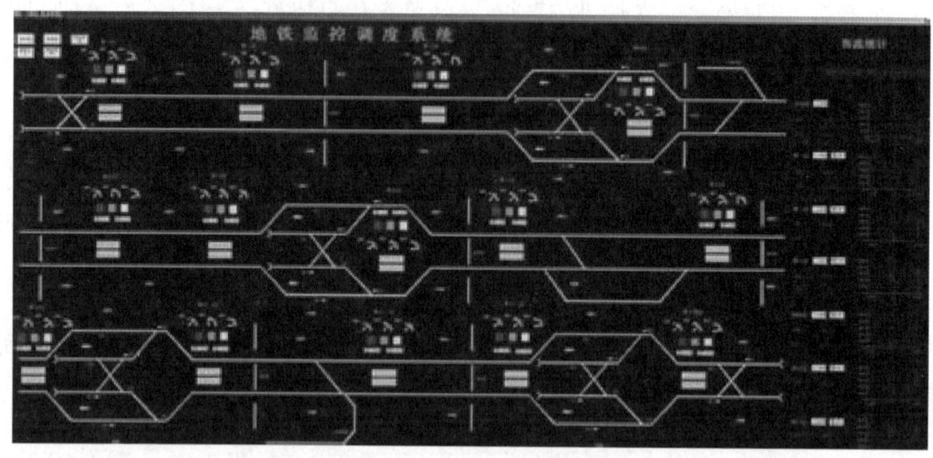

图 4-13 控制中心显示屏

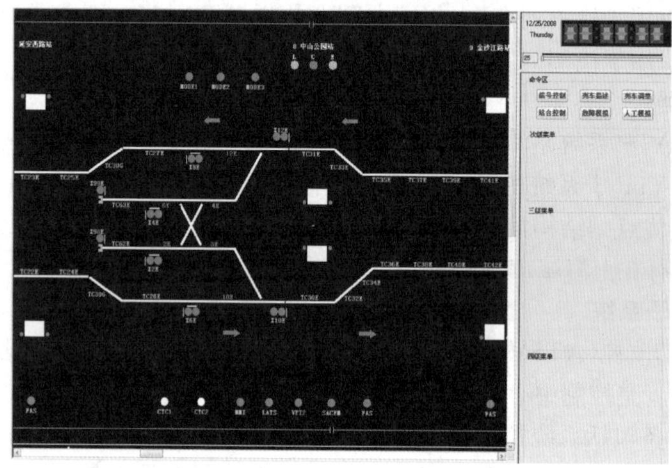

图 4.14 行车调度员工作站

集中站车站行车值班员工作站如图 4-15 所示。

3. ATP 子系统

列车自动防护(ATP)子系统,实现列车运行安全间隔防护和超速防护。通过 ATP 子系统检测列车位置,并向列车传送 ATP 信息(目标速度信息或目标距离信息)。列车收到 ATP 信息,自动实现速度控制,确保列车在目标距离内不超过目标速度的前提下安全运行。ATP 子系统包括轨旁 ATP 设备和车载 ATP 设备,并与 ATS、ATO、车站联锁设备等都有接口相连。ATP 子系统轨旁设备和功能如下:

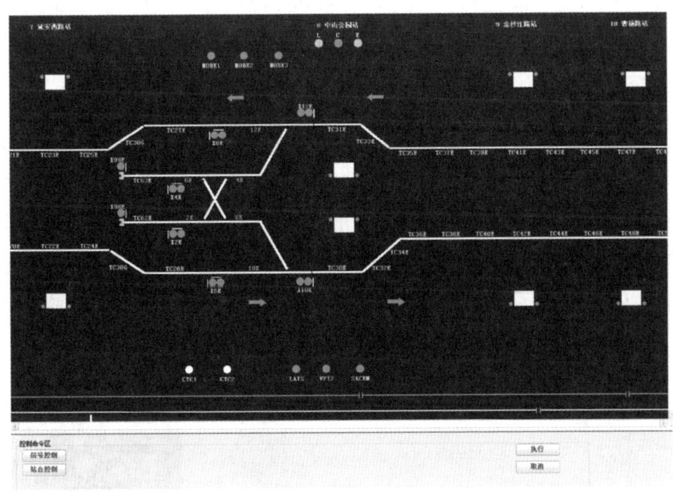

图 4-15　联锁集中站车站行车值班员工作站

①基于无绝缘模拟轨道电路的 ATP 子系统

模拟轨道电路的 ATP 子系统通过阻抗连接器，在轨道电路中传送用于检测列车的模拟检测信号，用以检测列车是否占用该轨道区段。当检测到列车占用该轨道区段时，通过阻抗连接器，在轨道电路中，向列车发送速度命令等模拟信号。因此阻抗连接器不仅是轨道电路的分割设备，也是轨道电路的发送、接收(相邻轨道区段)设备，又是向列车传送“速度命令”的重要设备。

②数字编码轨道电路的 ATP 系统

以数字编码轨道电路为基础的 ATP 系统，是城市轨道交通 ATC 系统的主要制式，在我国内已应用于很多城市轨道线路。数字轨道电路的车载信息主要以发送“目标速度”信息为主，但也有发送“进路地图”的“距离定位”制式，这为移动闭塞奠定基础。

4. 车载 ATC 设备与 ATO 子系统

(1)车载 ATC 设备

城市轨道交通列车车载 ATC 设备一般都集中设在头尾两端的车辆，不同的 ATC 系统，对应于不同的车载设备，数字编码轨道电路“目标速度”制式的 ATC 系统，其车载设备中不设标志器接收线圈和对位天线，显示单元增加了数字显示。它通过接收在站台区域设置的 TWC 环线信息及环线交叉点的定位信息等，实现车地信息交换和车站程序对位停车。接收“进路地图”的车载设备，除了接收车载信号的 2 个接收线圈外，还有 1 个信标信息接收天线，接收沿线路铺设的各种定位信标信息，相对于模拟轨道电路的 ATC 车载设备，其车底部的设备要少。在每个驾驶室有一套 ATC 设备，通过接收线圈接收来自轨旁的 SACEM 信息（SACEM 信息是由地面发送的车载信息）。典型的模拟轨道电路“速度码”制式的车载 ATC 设备如图 4-16 所示。

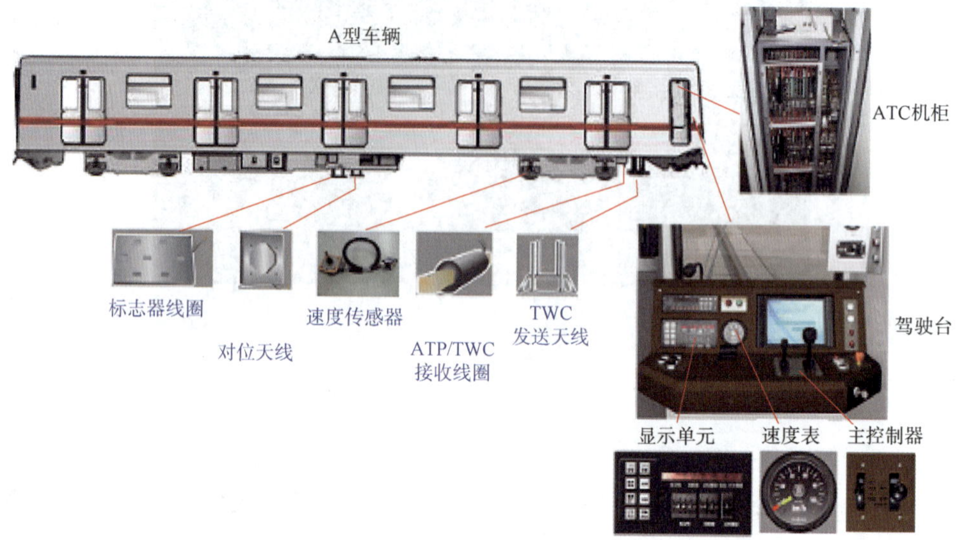

图 4-16　车载 ATC 设备

ATC 系统设备架置于司机室的左侧，机架与车体连接，防振底座和机架在电气上隔离。机架上设有 ATP、ATO、ATS 模块，直流调压器，安全/非安全继电器（包括开门继电器，紧急、常用制动继电器，驱动继电器等）和制动保证单元。

显示单元和速度表等部件设于司机操纵台上。显示单元上设有各种控制表示灯，包括列车车次号、列车目的地号、列车运行等级、列车长度；车次号和目的地号的设定开关；启动、停车、程序停车、跳停、慢行、超速等指示灯和其他相关的按钮，如图 4-17 所示。

ATP/TWC 接收线圈设于列车头部车辆第一个轮对前，其线圈的中心线，对准每根钢轨的中心，两组接收线圈串接，用于接收地面 ATP 速度信息、开门信息以及 TWC 信息。车载接收器分别调谐在车载 ATP 信号载频（速度信号和开门信号的载频频率均为 2 250 Hz）和 TWC 信息的信号频率（9 650 Hz）。

速度传感器是车轴脉冲发生器，用来获取列车实际运行速度和运行距离信息。一般设置两个速度传感器，分别设在第一节车的不同轴和不同侧。

TWC 发送天线安装在第一节车的底部，第一轮轴前方，其中心对准轨道线路的中心线，通过天线将列车运行状态信息等送至地面，经联锁集中站 TWC 模块，将信息转送至控制中心。

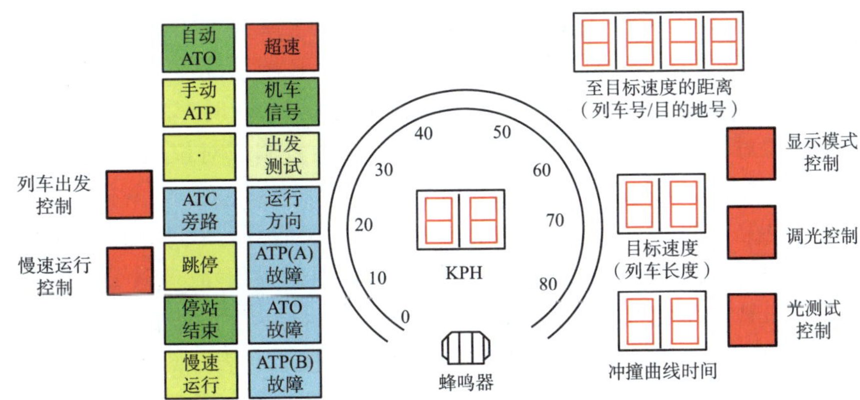

图 4-17 车载 ATC 系统状态显示单元

车载对位天线置于第一节车的底部，沿车辆的纵向中心线安装，用于接收对位停车点的地面“对位线圈”信息（有源），并向地面传送列车“已经对位”的信息，通过地面“对位线圈”和“对位模块”，交换对位信息和向地面发送列车长度信息，使相应长度的站台屏蔽门开启。

标志器检测线圈安装在第一节车的底部，沿车辆的纵向中心线设置，位于车载对位天线的后方，用于检测地面标志器信息。

（2）车载 ATP 子系统功能分析

车载 ATP 子系统是确保列车运行安全的关键设备，它与地面 ATP 设备相配合，完成速度或距离信号的接收和解译，实现超速防护、制动保证、零速检测、车门控制、后退防护等。

①ATP 信号的接收和解译

地面 ATP 子系统通过钢轨向列车发送速度命令和门控命令，其载频为 2 250 Hz。车载 ATP 接收线圈以耦合方式从钢轨接收经低频调制的 ASK 车载信号，再通过滤波器、解调器送至速度信号译码 CPU，译码 CPU 译出的速度或门控命令再送至系统处理 CPU。

②超速防护

实现列车的超速防护是 ATP 子系统的重要功能，用来确保列车不会超出“速度命令”所规定的速度。超速防护功能由超速控制器 CPU 来完成。超速控制器 CPU 接收来自系统处理 CPU 的限制速度信息和来自速度传感器的列车实际信息，如果列车的实际速度超出 ATP 限速，在自动模式下，列车将自动调整速度，在人工模式时由司机采取措施减速。ATP 超速的触发点，一般设定在比限速高 3 km/h。

③列车门的开、闭控制

当列车到达对位停车点，列车对位天线检测到由站台对位线圈送出的 13.235 kHz

的频率，确认列车已正确的与站台对位，车载 ATO 子系统发出“列车进行全常用制动”的指令，并生成一个列车停稳信号给车载 ATP 子系统。车载 ATP 子系统接收到该指令后，施加全常用制动，并检测到速度为 0。同时车载 ATP 子系统生成一个列车“对位”信号，给车载 ATO 子系统，并通过车载对位天线，送出载频为 21.945 kHz、调制低频为 77 Hz 的“对位”信号。地面对位线圈接收“对位”信号后，触发车站信号设备室的 ATP 模块，送出打开列车门信息。打开列车门信息通过站台区域的轨道电路发送，其载频为 2 250 Hz，调制频率为 4.5 Hz(左门)或 5.54 Hz(右门)。

列车 ATP 接收线圈，从钢轨接收到打开车门信号以后，使相应的“门控继电器”励磁，并点亮相应侧的门控表示灯，司机此时可按压与表示灯相一致的门控按钮打开车门(当门控继电器的前接点与车辆门控电路的安全接点相一致时，才能开启站台侧的所有车门)，车载 ATP 子系统指令列车对位天线，停发列车对位信号，改为发送打开站台屏蔽门信号(开启站台屏蔽门的数量应与列车门的数量相一致，也即根据列车编组的不同，发送不同的开启屏蔽门信号)；开启屏蔽门信号的载频为 21.945 kHz，6 节编组的列车，调制频率为 115 Hz；8 节编组列车，发送的调制频率为 171 Hz。车站信号设备室的对位模块收到由列车发来的开启屏蔽门信号后，传送给屏蔽门控制子系统，使相应的屏蔽门控制继电器励磁，与列车编组相对应的屏蔽门自动开启。

当停站计时结束，车站 ATP 模块停止发送打开车门信号，使列车相应的门控继电器失磁，司机可按压车门关闭按钮，门控电路启动列车门关闭程序。列车启动列车门关闭程序的同时，列车 ATP 子系统中止发送开启屏蔽门信号，使站台屏蔽门控制继电器失磁，启动站台屏蔽门关闭程序。

停站计时结束后，站台侧发车指示灯点亮。在启动列车门和屏蔽门关闭程序后，地面 ATP 子系统通过站台区域轨道电路，向列车发送速度命令。车辆 ATP 系统译出速度命令后，将列车门关闭信号一起送给车载 ATO 子系统。ATO 子系统收到上述信号后，点亮司机控制台上的 ATO 表示灯，提示司机按压 ATO 启动按钮，司机按压此按钮后，列车按 ATO 自动运行模式，启动加速并自动运行。

在人工模式的情况下，司机必须以人工控制方式，将车停于对位停车点，当列车对位表示灯点亮，证明列车正确对位，在确认对位停车后，司机可按压站台侧门控按钮，才能打开车门(关闭车门也由司机控制)。

(3)车载 ATO 子系统的主要功能及工作原理

当列车处在自动(ATO)操作模式下，车载 ATO 子系统才能发挥作用，该系统自动履行司机操作的非安全功能，自动完成列车的加、减速等速度调节控制，并自动完成列车在车站的程序对位停车。

①速度调节功能

ATO模块调速器以渐进和恒定的速率，使列车达到由限速设定的运行速度。当列车到达限定速度后，通过连续比较实际速度和限速，控制列车的牵引和制动系统，它应用闭环控制技术，达到速度调节的目的。调速器根据ATP速度命令、ATS运行等级和车站停车曲线所决定的最低参考速度，来控制和调节列车的速度，使列车速度保持在参考速度的0～5 km/h的范围内。

②车站程序对位停车控制

根据ATC制式的不同，停车方式有曲线式制动和台阶式制动两种。

基于模拟轨道电路的ATC系统，为了实现列车在车站的程序对位停车控制，根据列车运行方向，在离对位停车点350 m、150 m、25 m和8 m处分别设有对位停车用标志器，在对位停车点设置对位线圈；其中8 m标志器和对位线圈是有源设备，其余的标志器都是无源设备。

350 m的标志器，是车站程序对位停车控制的起始点。为了保证设备的可靠动作，设置了两个350 m标志器，工作频率分别为110 kHz和140 kHz；当列车收到上述频率之一，车载ATO子系统，便启动车站程序对位停车控制，列车生成第一制动模式曲线，并点亮司机操作台上的程序对位停车表示灯。

列车运行至站台区域收到距离对位停车点150 m处两个中间标志器的信息(它们的频率分别为120 kHz和150 kHz)；当列车收到中间标志器信息之一时，车载制动控制系统生成第二制动模式曲线。实际上，第二制动模式曲线是对第一制动模式曲线进行修正，也是对上一次制动的缓解。

列车离对位停车点25 m处，收到由内方标志器发送的信息(其频率为160 kHz)，从而列车制动控制系统生成第三制动模式曲线，进行第二次制动修正，相当于第二次缓解。

当列车距离对位停车点8 m时，接收由有源标志器送来的14.35 kHz频率信号，列车制动控制系统进行第三次制动修正，再一次制动缓解，使列车准确地停于对位停车点。当列车收到由地面对位线圈送出的13.235 kHz频率信号时，证实列车已在对位停车点停车，车载系统检出此信号后，实施全常用制动。台阶式车站程序对位停车原理如图4-18所示。

对位停车的设计精度一般设定为(±25－50)cm，在车站设有站台屏蔽门的情况下，一般对位停车精度控制在±25 cm；不设站台屏蔽门的情况下，停车精度可放宽为±50 cm左右。

数字编码轨道电路中，采用站台区域设置TWC环线的方式，根据环线“交叉点”来进行列车定位的校正；在以“距离定位”为原则的数字报文式轨道电路的ATC系统中，采用在站台区域设置“定位信标”的方法，对执行车站程序对位停车控制的列车进行定位校准。

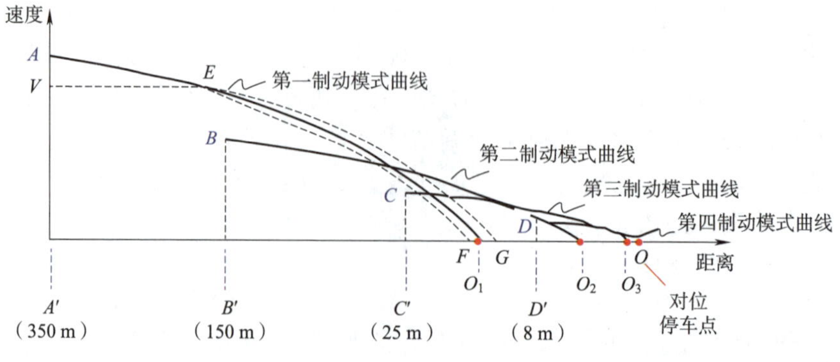

图 4-18 台阶式车站程序对位停车原理

4.4.2 基于无线通信(Radio)的 CBTC 系统

近年来随着移动通信技术的发展、无线通信可靠性技术的提高和通信协议和国际标准接口的制定,基于无线(Radio)通信的 CBTC 系统已在很多国家投入运行。微处理器技术的发展,促使 ATC 系统从一个以硬件为基础的系统向以软件为基础的系统演变;无线局域网(WLAN)技术的成熟、接口标准的制定、开放标准的数据通信系统(DCS)极大地推进了无线 CBTC 系统的发展进程。2005 年,我国上海轨道交通 8 号线选用了基于无线通信的 CBTC 系统,下面我们简单地介绍一下基于无线(Radio)通信的列车控制系统的系统结构。

基于无线通信的 CBTC 系统是指通过无线通信方式(而不是轨道电路),来确定列车位置和实现车-地双向实时通信,自动控制列车运行的信号系统。列车上的车载控制器通过探测轨道上的应答器,查找它们在数据库中的方位,确定列车绝对位置,而且列车本身自动测量、计算自前一个探测到的应答器起,已行驶的距离,确定列车的相对位置。列车车载控制器通过列车与轨旁设备的双向无线通信,向轨旁 CBTC 设备报告本列车的精确位置。轨旁 CBTC 设备根据各列车的当前位置、运行方向、速度等要素,同时考虑列车运行进路、道岔状态、线路限速以及其他障碍物的条件,向所管辖的列车发送“移动授权极限”(即向列车传送运行的距离、最高的运行速度,从而保证列车间的安全间隔距离)。

1. 无线 CBTC 系统设备

无线 CBTC 系统主要的子系统有列车自动监控(ATS)系统、数据通信系统(DCS)、区域控制器(ZC)、车载控制器(VOBC)及司机显示等。各子系统之间的通信基于开放的、标准的数据通信系统;地面与移动的列车之间都是基于无线(Radio)通信方式进行信息交换。

图 4-19 为基于无线通信的 CBTC 系统设备的典型配置,它包括控制中心、停

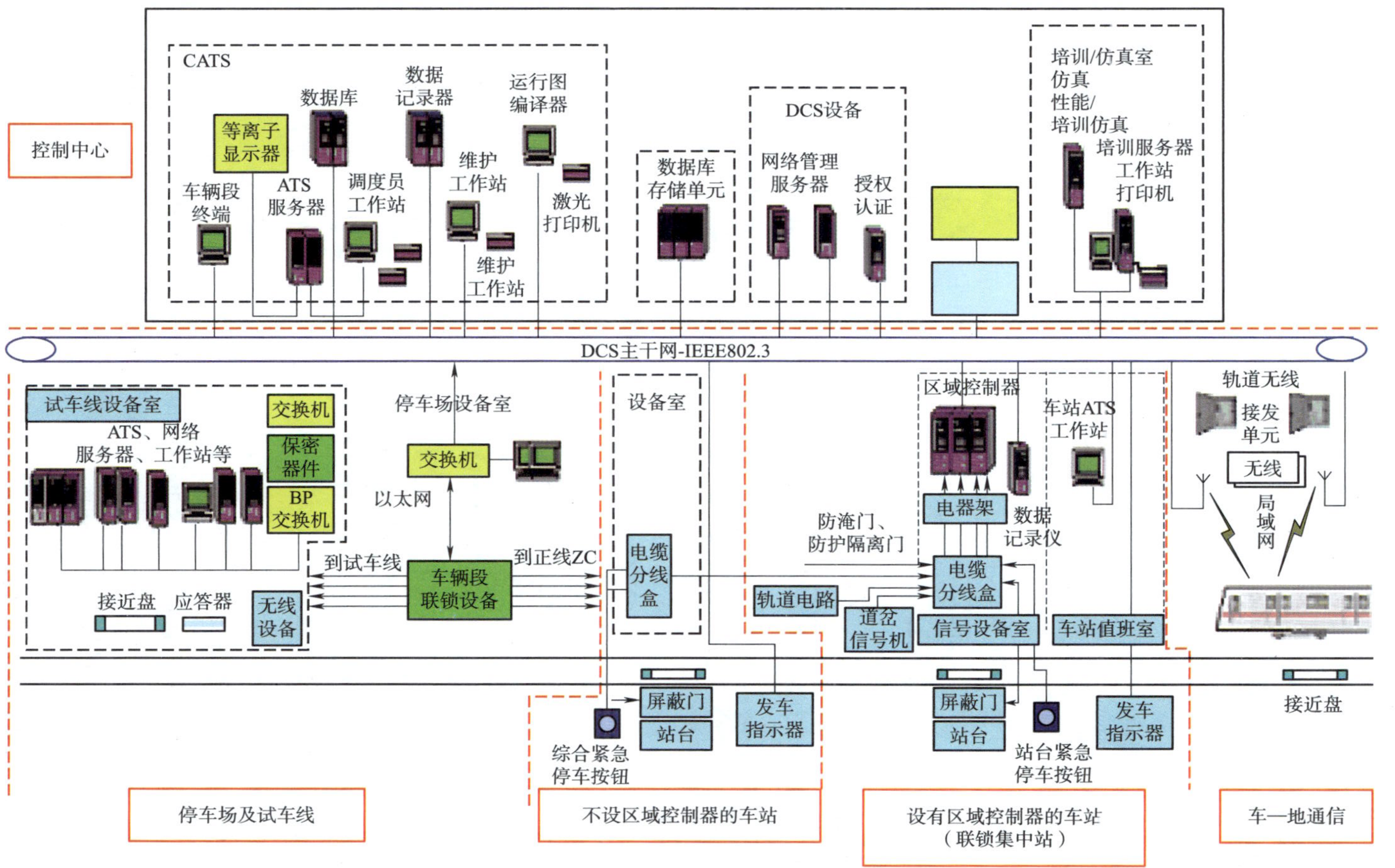

图 4-19　CBTC系统设备

车场、轨旁以及车载设备。

(1)控制中心内的 ATS 设备

控制中心内的 ATS 设备包括 2 套冗余 ATS 服务器、1 台网络时钟服务器、3 台调度员工作站(每个工作站配有 2 台 LCD 显示器)、1 台调度员工作站用于车辆段监控、2 台调度员打印机、2 台冗余配置的数据日志记录器、2 台冗余配置的数据记录器、1 台维护工作站和打印机、1 台运行图编辑器和彩色激光打印机、1 台打印服务器、1 台绘图机、2 台高速网络激光打印机。

控制中心设备还包括数据存储单元 DSU,它具有 3 台处理器,是一个安全设备,为冗余的 3 取 2 配置。

(2)数据通信系统(DCS)设备

ATC 系统的所有设备都和数据通信系统(DCS)相连。DCS 设备包括轨旁光纤骨干网、轨旁无线设备接入点(AP)、车载无线设备、联锁站和控制中心室的网络和交换机。

(3)分布式的轨旁设备

在具有联锁功能的车站配有区域控制器(ZC)和其他相关设备。区域控制器具有 3 台处理单元,为冗余的 3 取 2 配置。区域控制器是模块化结构,具有可再配置、可再编程和可扩展性。区域控制器设备和数据通信系统骨干网的连接都是冗余(双)连接。

每个联锁车站设有一个 ATS 工作站,工作站与数据通信系统冗余连接。在中央 ATS 故障时,可以进行本地控制。每个联锁车站都有一台数据记录器,用来记录区域控制器之间传送和接收的网络信息。

(4)车载设备

列车上的设备包括一个车载控制器(VOBC)、两个移动无线设备和两个司机显示器(TOD)。车载控制器具有 3 台处理单元,为冗余的 3 取 2 配置。车载控制器是模块化结构,具有可再配置、可再编程和可扩展性。

司机显示与车载控制器接口可以对驾驶员显示以下信息:最大允许速度、当前运行速度、到站距离、列车运行模式、停站时间倒计时、系统出错信息等;司机输入信息;输入司机身份、列车运行模式及其他开关和按钮的输入。

2. CBTC 系统的系统结构

CBTC 系统结构如图 4-20 所示。可以看出,CBTC 的主要组成部分有列车自动监控子系统(ATS)、数据库存储单元(DSU)、区域控制器(ZC)、车载控制器(VOBC)、数据通信系统(DCS)、(包括骨干网、网络交换机、无线接入点及车载移动无线设备)。

列车控制子系统之间的逻辑接口有列车自动监控(ATS)与区域控制器;ATS

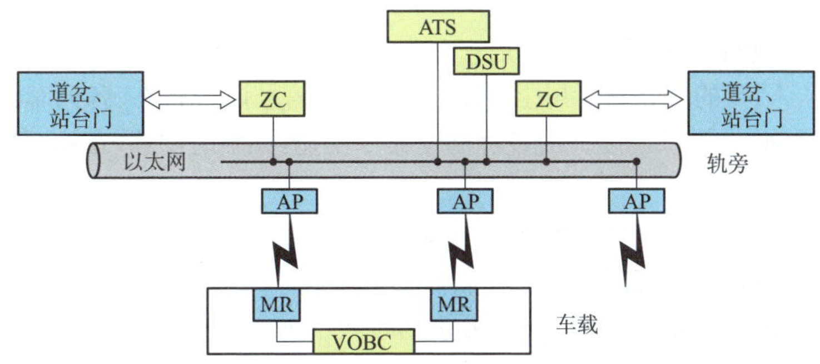

图4-20　CBTC系统结构概念示意

与车载控制器;ATS与司机显示;ATS与数据通信系统(DCS);区域控制器与车载控制器(本区域内的列车);区域控制器与区域控制器;车载控制器与司机显示;车载控制器与车载控制器(同一列车)。

(1)车载控制器(VOBC)

车载控制器通过检测轨道上的应答器,从数据库中检索收到的数据信息建立列车的绝对位置;车载控制器测量应答器之间的距离,并测量自探测到一个应答器后列车所行驶的距离。数据库包括道岔位置、线路坡度、限速、停站地点等轨道信息。

车载控制器具备列车自动防护(ATP)子系统和列车自动运行(ATO)子系统的所有功能。列车进入车载控制器的管辖区域后,车载控制器主动与区域控制器(ZC)的通信。车载控制器主动开始与区域控制器(ZC)的通信。这意味着当列车进入区域控制器的控制区域时,无论是刚刚进入系统、或从一个区域控制器区域转移至另一个区域,列车会向区域控制器发送信息,表示列车已经进入该区域控制器的管辖区域。

车载控制器通过数据通信系统与控制中心ATS直接通信,ATS周期性地接收到从各列车发来的列车所在位置和列车状态报告。

(2)区域控制器(ZC)

区域控制器接收其控制范围内列车发出的所有位置信息,根据控制中心列车自动监控子系统ATS的进路请求,控制道岔、信号机,并完成联锁功能;根据所管辖区域内轨道上障碍物位置,向所管辖区域的所有列车提供各自的移动授权。所谓“障碍物”包括列车、关闭区域、失去位置表示的道岔以及任何外部产生的因素,如紧急停车按钮、站台屏蔽门、防淹门和隔离保护门的动作等。区域控制器还负责对相邻ZC的移动授权请求作出相应,完成列车从一个区域到另一个区域的交接。

(3)列车自动监控子系统(ATS)

列车自动监控(ATS)子系统是一个非安全子系统,能为控制中心调度员提供人机界面。ATS的线路显示屏上显示线路状态、信号设备状态、各列车位置、列车工作状态,同时也提供调度员的各种调度命令功能,如临时限速、车站"跳停"、关闭区域等。

ATS具有远程控制系统所具有的设备诊断功能,包括列车的车载ATC设备的状态检测。ATS还可以向区域控制器发送对应于每列车的排列进路指令,但排列进路的指令必须和列车所接收的进路相一致。如果排列的进路不正确(列车A分配到列车B的进路),相应的车载控制器将会检测到道岔设置和本列车的运行进路不符,从而阻止列车通过道岔。

中央ATS(CATS)设备位于控制中心。车站ATS(LATS)设备位于区域控制器所在的联锁集中站的信号设备室。

(4)数据库存储单元(DSU)

数据库存储单元是一个安全型设备,包含其他列车控制子系统使用的所有数据库和配置文件。区域控制器和车载控制器之间,使用一个安全的通信协议,从数据库存储单元下载线路数据库。线路数据库都有一个版本号,在每个区域控制器和数据库存储单元之间每隔一定时间,就会对版本号进行交叉检测。当列车第一次进入系统开始,每隔一定时间在车载控制器和区域控制器之间也会进行相同的检测。

(5)线路示意图的数据库表示

基于无线通信的CBTC系统,在轨旁定向天线与车载天线之间,通过无线基站蜂窝网进行信息交换。无线蜂窝网采用重叠方式布置,保证信息的不间断交换。

轨旁区域控制器向列车发送的数据信息中,主要是至目标停车点的"进路地图"信息,即线路的拓扑结构。线路示意图由一系列的节点和边线来表示,包括轨道的分叉、运行方向的变更以及线路尽头等位置,这些都归纳为"节点"。不同节点的位置是数据库的主要内容。而连接两个"节点"的线路称为"边线"(Edge)。每个边线均有一个从起始节点到终止节点的默认运行方向,"边线"上的任何一点均由其与起始节点的距离来表示,这称为"偏移"(Offset)。所以线路上的位置均有"边线""偏移"矢量来定义,包括车站站台、道岔、应答器、速度区域边界、不同坡度的线路段等。

这些距离信息对于列车定位至关重要,因此这种方式的CBTC在轨旁,还设有用于定位校正的信标。

(6)数据通信系统(DCS)

数据通信系统开放性的系统设计原则是:对所有列车控制子系统提供IEEE

802.3(以太网)接口;对列车控制子系统是透明的;符合实时和吞吐量要求。列车控制子系统之间发送和接受IP报文,其中大多数列车控制子系统是移动的。数据通信系统对于这些传输的信息是完全透明的。

数据通信系统传送的是安全控制信息,但它本身不是一个安全系统。IEEE802.3以太网标准用于整个局域网(LAN);IEEE802.11跳频、扩频技术的无线标准,用于网络内的所有无线移动通信。

与数据通信系统相连的任何两个节点之间,可以相互通信。数据通信系统可以在下列设备之间传送信息:区域控制器和相邻的区域控制器;区域控制器和车载控制器;ATS和区域控制器;ATS和车载控制器;ATS和数据库存储单元;数据库存储单元和车载控制器;数据库存储单元和区域控制器。

①数据通信系统(DCS)结构

数据通信系统,对所有的列车子系统都是透明的,子系统之间的通信采用UDP/IP协议,数据通信系统完成报文通路,由于列车控制数据只占用不到10%的数据通信系统带宽,所以允许系统实现其他附加功能,如旅客广播系统(站台和车内)、旅客向导系统(站台和车内)、远程SCADA设备以及车载视频监视系统等。数据通信系统的系统结构如图4-21所示。

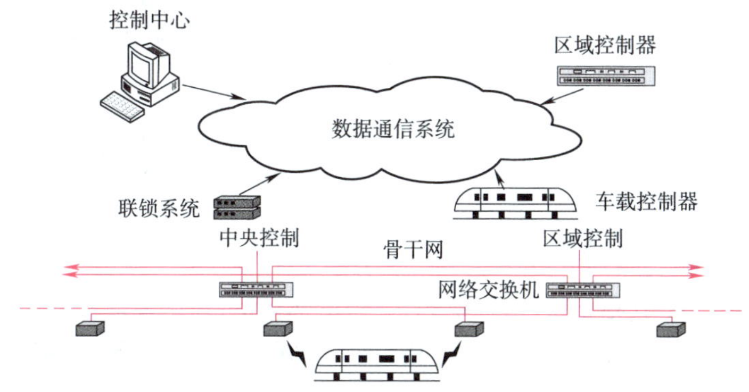

图4-21　无线CBTC的数据通信系统结构

②如何保证数据通信安全

由于采用无线通信,所以使数据通信公开化,如何保证数据通信的安全是个难题,为此采用以下解决方案:

DCS安全系统使用标准的通信协议和动态的密钥管理,确保报文认证和编码的保密性,认证授权支持IKE协议,以使管理所有的密钥(证书)信息。也即所有对数据通信系统的接入,都要经过一个保安器件,所有收到的无效报文都由保安器件识别抛弃,中央认证机构,向保安器件发布认证授权证书,如图4-22所示。

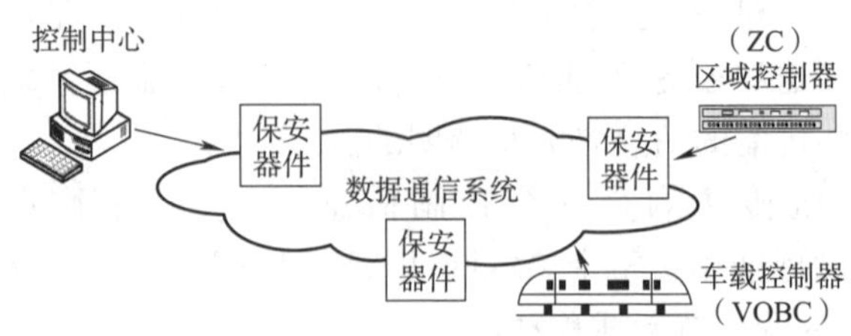

图 4-22 无线 CBTC 数据通信系统安全结构示意图

通信协议由三个核心部分组成:真实性报头(AH),证实一个信息包的发送身份,并证实该信息包的真实性;封装的保安有效报文(ESP):在传输前,将一个包加密和证实;因特网密钥交换(IKE):管理发送器和接收者保安密钥的传送(动态密钥,不断更新),

所以一个基于开放标准的数据通信系统,提供了单一无缝隙的 IP 网络,有良好的 IEEE 802.3 接口功能,一个符合 IEEE 802.11 接口标准的无线局域网,并向下兼容,有充裕的带宽,可用于先进的列车控制和辅助车载性能。

③采用开放标准接口

作为列车控制子系统间的接口标准为 IEEE 802.3;作为无线通信接口标准为 IEEE 802.11。IEEE 802.3 和 IEEE 802.11 均支持互联网协议 IP。

④列车与轨旁采用两条数据通道

两套车载无线设备均与车载控制器连接(冗余),所以区域控制器通过两个轨旁无线设备向车载控制器传送报文。车载控制器也分别通过两个车载无线设备向区域控制器发送应答信息。

⑤无线通信技术(例)

IEEE 802.11 其指定 FHSS(跳频扩频)的运营频率范围为 2.4～2.485 GHz,带宽为 79 MHz。FHSS 采用正交跳频序列,以防干扰。支持分段序列传输。支持多个 WLAN 蜂窝,具有桥接能力。

轨旁无线蜂窝,以 100%的重叠率进行设计,保证在一个无线基站故障时,列车信号不丢失。至于车载无线设备与哪一个轨旁无线基站进行通信,取决于对信号强度的计算,如果本蜂窝区域的无线信号强度,低于某一门限值,车载无线设备会自动转换到下一个有可接收信号强度的轨旁无线电蜂窝。

3. 无线 CBTC"虚拟闭塞"的主要功能

(1)虚拟闭塞概念

基于 Radio 通信的 CBTC 与上述基于感应环线通信的 CBTC 移动闭塞方式,主要区别在于通信方式的不同,后者两个列车的间隔虽然也是动态的,但这与感应环线的长度及交叉有关，在一定程度上它受硬件设备的物理限制。而无线 CBTC 可以理解为虚拟闭塞系统，它不是由物理上的闭塞分区定义的，而是由区域控制器内数据库来定义。虚拟闭塞分区的设计是根据对行车间隔的需要而进行划分，而且没有实际硬件设备来限制边界，虚拟闭塞分区的边界很容易进行动态调整。当然其虚拟闭塞分区的数量和长度也不受硬件的物理限制，如图 4-23 所示。

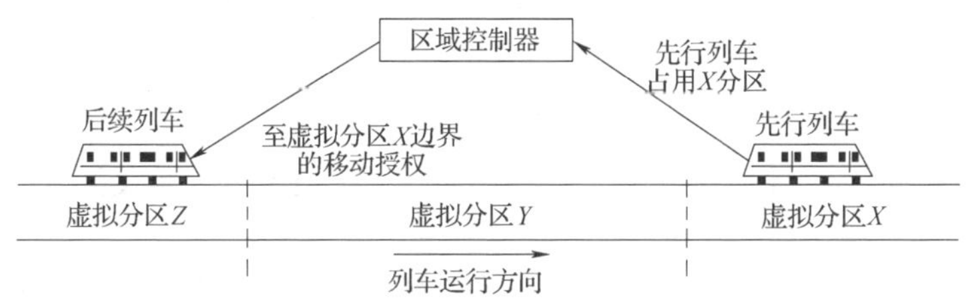

图 4-23　无线 CBTC 的虚拟闭塞示意图

区域控制器根据占用虚拟分区的前行列车位置，对后续列车发出移动授权，允许运行至虚拟闭塞分区的边界点，这一点便是后续列车的运行的目标点。我们把这目标点，称为正常运行停车点。该目标点与前行列车尾部还留有安全距离。它包括最不利情况下，列车启动紧急制动所需的安全距离和附加的防护距离。防护距离是后续列车在最不利情况下的运行距离，在车上通过计算而得，其中还包括列车的不确定因素，如打滑、空转、轮径补偿等。因而这个防护距离，既是固定的也是动态的。移动授权极限点，由区域控制器传给车载控制器。当列车接近移动授权极限点时，降低速度，缩短安全距离。

(2)列车运行控制子系统的功能

CBTC 列车运行控制系统的基本原理如图 4-24 所示，由图 4-24 可以看出控制中心 ATS、区域控制器、数据库存储单元、车载控制器之间基本的信息流。下面我们先以列车自动控制系统三个子系统的功能进行分析，然后以 CBTC 物理分层的功能进行分析。

①ATS 子系统功能

ATS 子系统为中心调度员提供用户操作界面，ATS 的功能主要包括：显示全线线路及系统设备状态；列车运行轨迹；时刻表的生成和执行；列车进路的自动分配；调整列车间隔；时刻表调整；不同运行类型的速度曲线选择；交叉点优先权；站台或者线路区域封锁；为发车指示器设置停站时间；执行临时限速；设置乘客信息系统文本；事件记录以及报告生成；重放等。可以归纳为：

a. 监视和显示功能。列车位置及功能的监视；列车控制子系统功能状况的监视；道岔、站台、屏蔽门及侵入轨道障碍物的监视和显示。

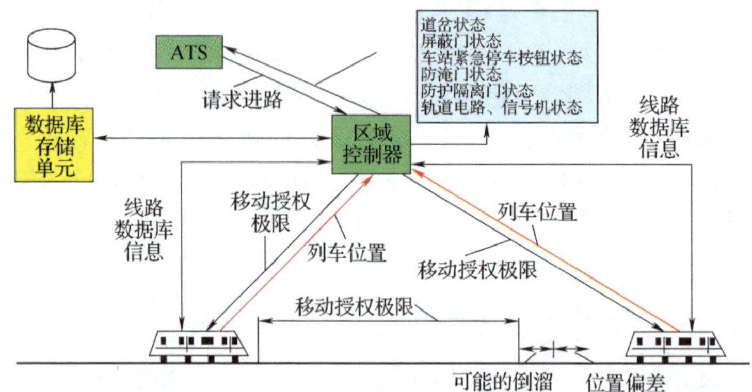

图 4-24 CBTC 列车运行控制系统的基本原理

b. 列车运行调整控制功能。基于运行线分配的列车进路排列；根据系统延迟或调度员要求，调整列车运行参数，按时刻表要求对列车运行进行调整，以保证运行间隔和运行图的实施。

c. 管理、维护。为管理报表、维护及运营分析收集数据，提供完善的人机界面。

d. 接口。提供站台乘客广播系统接口，提供站台旅客向导系统界面，SCADA 命令和状态显示，并与远程 SCADA 单元接口。

e. 车站程序停车。实现车站的程序对位停车，包括车门操作、站台屏蔽门控制命令、与轨旁通信，实现停站时分控制；车载广播的触发、报警监督；并向 ATS 报告等。

②ATP 子系统功能

基于车—地间无线"通信"，连续地检测整个系统内的列车位置；根据必须的最小安全停车距离，控制列车间的安全间隔；在证实道岔位置正确，并已锁闭的前提下，才允许列车进入该道岔区域；根据安全运行要求，按驾驶模式规定的速度，限制列车运行速度、也可以临时进行速度限制；对位停车点的核准和"零速"检测；实现制动和牵引的联锁；提供车门安全联锁；实现屏蔽门和列车门的联锁；监督所有列车的运行方向；监督列车的倒溜，监督车辆非预期的运动；列车完整性监督；轮径校准，空转/打滑检测和补偿；防淹门和防护隔离门监督；紧急停车按钮监督；关键报警和事件的记录。

③ATO 子系统功能

ATO 子系统，根据 ATS 所提供的运行类型，提供符合乘客舒适度标准的列车运行速度；为列车在区间运行，提供相应的速度曲线；确认启动坡度；实现车站"跳停"；

当车站“扣车”功能启用时，驾驶员可以开/关列车门；

实现车站程序对位停车，使停车精度达到±0.25 m；并提供列车将会打开哪侧门的信息；只有在列车停于对位停车点，并且施加了停车制动的条件下，才能打开车门；关列车门；

给司机显示单元(TOD)发送信息；“报警”信息的监控并向 ATS 报告。

(3) CBTC 系统物理分层的功能分析

从物理位置而言，基于无线通信的 CBTC 系统包括三个功能层次：控制中心、区域和车载，如图 4-25 所示。

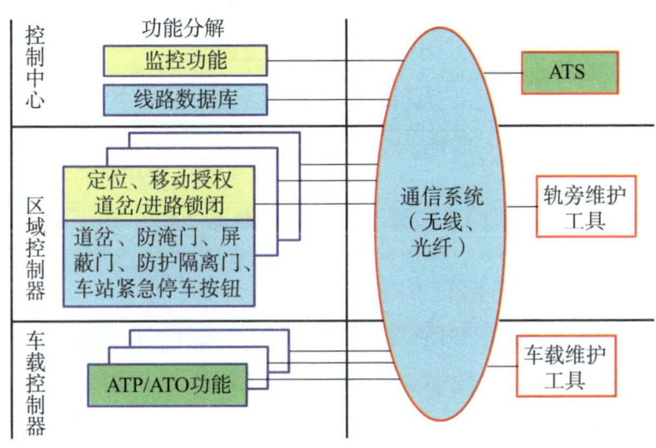

图 4-25　CBTC 系统功能结构

①区域控制器的功能

区域控制器是故障导向安全的轨旁子系统。每个联锁区设置一个区域控制器，而且以三取二的冗余配置。由区域控制器实现与所控制区域内所有列车的安全信息通信，完成联锁功能，并向所管辖区域内每列车发送移动授权。区域控制器功能如图 4-26 所示。

a. 跟踪列车和发出移动授权。区域控制器基于来自列车的位置报告而跟踪列车，从而为所控制区域内的每列车确定移动授权。列车在 3 s 内接收不到移动授权信息，也即连续 6 次失去安全通信，则列车会紧急制动。

b. 排列进路。由 ATS 完成选路，区域控制器对道岔实施控制和状态监视，当列车通过和接近道岔时，防止道岔的转换，而且在确保道岔转到正确的位置、锁闭之后，才允许列车进入道岔区域。

c. 与 ATS 通信。处理来自 ATS 的列车进路命令，向 ATS 报告道岔状态和轨道占用情况，以及告警、出错信息。

d. 站台屏蔽门的控制和状态监视。

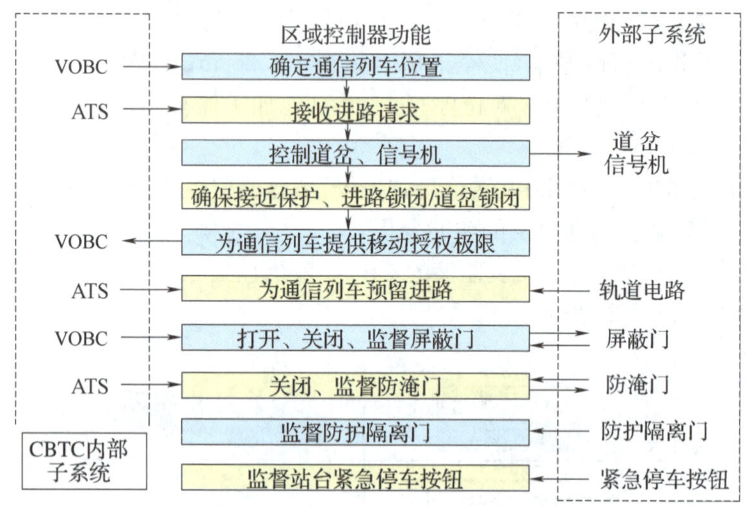

图 4-26 CBTC 区域控制器功能

e. 侵入轨道的障碍物的监视和检出。

f. 实现与相邻区域控制器的通信，实现列车在两个相邻区域控制器间的交接，并将列车移动授权由一个控制区管辖区延伸到相邻控制器。

②车载控制器功能

由车载控制器实现列车自动防护(ATP)和列车自动运行(ATO)的功能，CBTC 车载控制器功能如图 4-27 所示。

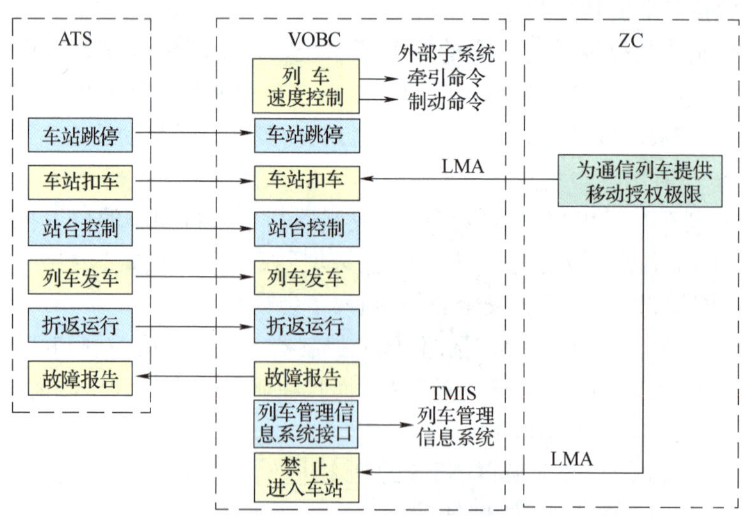

图 4-27 CBTC 车载控制器功能

a. 确定列车位置。列车在线路上检测到两个相邻的应答器，便实现列车位置定位的初始化。然后列车根据测速传感器和加速度计，对运行过程的距离进一步细化定位，由于线路数据库，唯一的定义了线路上的所有位置，所以运行过程中检测到轨道应答器（信标）所提供的同步点信息，实现列车的定位校正。而列车实际定位位置，应根据列车向区域控制器报告的列车车头和车尾位置，加上车头、车尾的不确定误差和在报告传输过程中的运行距离（估计），还应该考虑先行列车尾部潜在的倒溜距离，所以真正的列车“定位”原理示意，如图 4-28 所示。

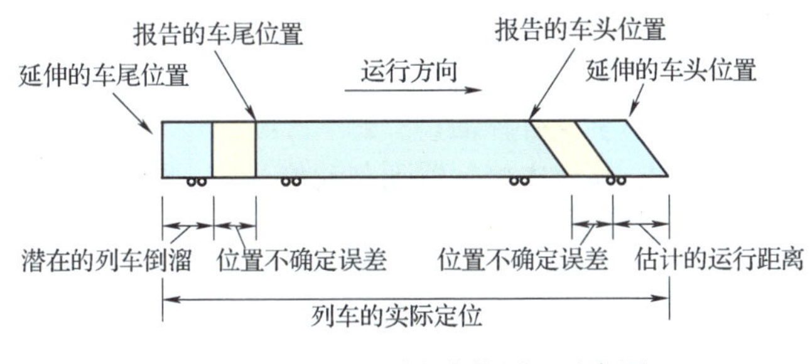

图 4-28　CBTC 列车定位原理示意图

b. 强制执行移动授权控制。根据区域控制器对列车的移动授权命令，由车载控制器执行移动授权控制，动态计算安全距离，以确定列车目标运行速度，监督由测速传感器测得的实际速度，不超过到达目标点的目标速度。并进行防倒溜监督和障碍移动监督（在自动模式下）。在安全运行速度限制范围，调整列车速度。

c. 车门控制和安全联锁。只有当列车到达对位停车点，才允许相应侧的车门开启。

d. 列车完整性的检测和根据乘客舒适标准控制列车移动。

4.5　日检测试及车载设备故障处理

4.5.1　日检测试

日检测试是在车辆投入运营之前验证 ATC 系统的功能。日检测试是一个按规程作业的手动操作，以验证码率解码、超速检测、最小信号等级门限检测和 TWC 发送和接收。

1. 初始化测试设置

初始化发车测试：

(1)把主控制器放在全常用制动位置；

(2)把模式方向手柄放在手动向前位置;

(3)打开车辆电路断路器 ATP1 和 ATP2;

(4)把车辆钥匙转到 ON 位置;

(5)把测试面板上的 ATP 选择开关放在 ATP1 位置。如果 ATP 选择开关在并行位置,日检测试将被禁止;

(6)设置测试面板上的码率选择器开关到 0KPH;

(7)把机架上的 ATC1 和 ATC2 电源开关 SW1 和 SW2 放在 ON 位置。在上电后大约需要 10 s 初始化系统;

(8)把测试面板上的测试钥匙放在测试位置;

(9)核实车门关闭且列车没有移动;

(10)一旦在测试模式,移动主控制器到制动位,但不要到全常用制动位置。这样在测试期间将允许声音告警。

2. 日检测试(表 4-1)

表 4-1 日检测试步骤

步骤	程 序
1	核实 ADU 上的 Close-In 指示器点亮,速度计指示 20 km/h 速限,速度计上的速度指示 20 km/h
2	按下测试面部上的超速按钮
3	ADU 上的 Close-In 指示器闪,超速告警响起,超速指示器点亮
4	释放 OS 按钮并把测试钥匙转到 OFF 位置 1 min 然后再转回 ON 位置
5	移动码率选择器开关到 10 km/h
6	速度计指示速限为 10 km/h
7	按下测试面板上的信号电平按钮并保持。速度计上的 ATP 速限指示 0
8	释放测试面板上的信号电平按钮。速度计上的 ATP 速限指示 10 km/h
9	按下超速按钮,SBR 将失磁,超速指示器点亮
10	释放超速按钮,SBR 将励磁,除非超速条件持续超过 3.4 s。如果这样,则需要降低模拟速度到 0 以便 SBR 吸起。一旦 SBR 吸起,继续测试。超速指示器将熄灭
11	设置测试面板上的选择器开关到 20、30、45、55、65 和 80 执行步骤 5 到步骤 10。这将核实系统解码速度与选择器开关位置一致,每个码率的超速点和信号电平门限
12	把测试面板上的码率选择器开关移到 80 km/h 且主控制器移到惰行位置。速度计将指示 77 km/h 的速限。速度指示是 77 km/h
13	按下超速按钮并保持 4 s,超速告警响起,超速指示器点亮,SBR 继电器失磁
14	把测试面板上的码率选择器开关移到 0 并按下信号电平按钮。告警将消失,超速指示器熄灭,SBR 励磁

续上表

步骤	程　序
15	把测试面板上的码率选择器开关移到 TWC。ADU 上的数字显示将闪
16	把测试面板上的码率选择器开关移到 0 且把测试钥匙转到 OFF 位置。EBR 继电器将励磁
17	把 ATP 选择器开关放在 ATP2。重复步骤 3 到步骤 17
18	一旦日检测试完成,把 ATP 选择器开关放在并行位置

4.5.2　车载设备故障处理

(1)故障现象:西门子 A 型电动列车无法注册。

故障处理步骤:

①观察所选无线信道是否正确:列车正线运营使用 1 信道,列车在停车场内使用 0 信道。如信道选择不正确,执行步骤 2;如信道选择无误,执行步骤 3;

②重新设置信道,并注册;

③列车停站后,闭合司机座椅后方设备柜内 44F02 开关,重新启动无线系统电源,设置信道并注册。

恢复行车操作:

①列车可以注册,按运行要求操作,继续运行;

②列车无法注册,用上下行接车电话报修,继续运行。

(2)故障现象:西门子 A 型电动列车无法呼叫总调。

故障处理步骤:

①观察无线信道使用是否正确及注册是否正常:如信道选择正确并注册正常,执行步骤 2;如信道选用不正确或注册不正常,执行步骤 3;

②列车停站后,闭合司机座椅后方设备柜内 44F02 开关,重新启动无线系统电源,设置信道并注册;

③重新设置信道,注册,并请求通话。

恢复行车操作:

①列车可以通话,按运行要求操作,继续运行;

②列车无法通话,用上下行接车电话报修,继续运行。

(3)故障现象:西门子 A 型电动列车 ADU 及速度表无显示或闪烁。

故障处理:待列车处于停稳状态后,切换 ATP 选择开关,先 ATP2,若不行,再切至 ATP1。

恢复行车操作:若 ADU 及速度表显示恢复正常,恢复原驾驶模式运行;

否则,按调度指令,人工驾驶。

(4)故障现象:西门子 A 型电动列车停站后,允许开门灯不亮。

故障处理：

①确认列车是否停准(以停车牌对准司机室门中心线为中心，前后误差为25 cm)，若未停准。按列车停站按钮，进行开关门操作；

②若已停准，开门灯仍不亮。将ATP门控开关旁路后，再进行开关门操作。恢复ATP门控旁路开关。

恢复行车操作：恢复原驾驶模式运行。

(5)故障现象：西门子A型电动列车停站过程中，列车进站时，程序停车灯未点亮。

故障处理：列车到达进站站界标，如程序停车灯未点亮时，立即按压ATO停车按钮，在列车停车后，以人工ATP模式驾驶列车对位停站。

恢复行车操作：恢复ATO模式驾驶。

(6)故障现象：西门子A型电动列车停站过程中，列车进站时，程序停车灯亮，但列车无明显执行制动、停站趋势。

故障处理：立即执行紧急制动；待停车后转换主控制器钥匙使系统重启。以人工ATP模式驾驶列车对位停站。

恢复行车操作：恢复ATO模式驾驶。

(7)故障现象：西门子A型电动列车在正线运营过程中，无限速码。

故障处理：与总调确认轨旁行车条件；如行车条件许可，但仍无速度码，切换ATP选择开关，启动备用设备。

恢复行车操作：待速度码正常后，恢复原驾驶模式运行。

(8)故障现象：在列车正常行驶过程中，限速码接收正常情况下，西门子A型电动列车突然发生制动现象。

故障处理：待列车完全停下后，检查车门状态信息是否为全关闭；如车门为全关闭状态，切换ATP选择开关，启动备用设备。

恢复行车操作：待速度码正常后，恢复原驾驶模式运行。

(9)故障现象：西门子A型电动列车发生制动不缓解故障。

故障处理：待列车完全停下后，重新启动司机室背面的ATPI和ATP2的电源空气开关或开关主控制器钥匙。

恢复行车操作：待制动缓解后，恢复原驾驶模式运行。

(10)故障现象：西门子A型电动列车ADU的显示ATP A故障，列车自动停车。

故障处理：等待系统自动转换ATP B工作，即ADU上的ATO模式灯或人工ATP灯亮。

恢复行车操作：恢复原有驾驶模式行车。

第5章　列车驾驶

5.1　驾驶员的基本要求

驾驶员必须牢记“安全第一，便民第一”的宗旨，遵守和学习有关的安全规定和运行规则，严格按照安全制度、行车规则执行乘务驾驶任务。

(1)城市轨道交通是一个现代化程度很高的实体，必须由具有良好职业素质的人去完成各种行车任务，而驾驶员则是第一线的操作者，所以必须有高度的安全意识和服务意识，并且要能够不断学习与遵守规则的素质才能确保运行正常进行。我们把拥有纪律性、严格执行规章制度的驾驶员看作是保证安全行车的基本因素之一，在人与技术设备的有机联系中，人是最主要的方面，如果在经常性发生人为失误造成事故的状况下，最精良最先进的设备也会变得不那么可靠。国内外历次事故的分析与调查都表明，由于人为失误造成事故的比例大于技术缺陷所造成的事故的比例。因此，行车人员树立安全意识、学习和遵守安全规定是十分重要的。

(2)驾驶员必须掌握列车的基本构造、性能，具有一般的故障处理能力，熟悉运行线路和停车场等基本设施情况，熟练掌握担任驾驶区段、停车场线路纵断面情况。

驾驶员对列车必须有一个较完整的了解，主要表现在对操纵列车技能的掌握和对主要部件构造、性能的知晓。只有在掌握和了解性能、作用的基础上，才能够使自己具备处理故障的能力，在列车运行中出现故障的情况可以说是具有经常性，特别是有关功能性的故障出现较多，所以能否在规定时间内及时、准确地排除故障实际上已经成为驾驶员技术业务的标志之一；一名驾驶员的技术业务还表现在对线路纵断面的熟悉程度并具体在驾驶技术上得到体现；经过学习和经验积累较好地掌握了线路纵断面状况后就能得心应手地驾驭列车投入运行，应付各种运行过程中的事件。

(3)驾驶员还必须掌握其他相关的业务能力和具有一定的应变能力。如懂得救援的过程和方法、懂得消防灭火的要求、会扑灭初起火灾的方法、会常用灭火器的使用方法等。

特殊情况下的处置方法，对一个驾驶员来说同样是基本常识和必须明确的业务。在城市轨道列车的运行中，一般情况下只有驾驶员一个人值乘，而运行中的突发事件由于各种因素的存在，有着不可预测性，在事件的初期往往只有驾驶员能够最早发现与知道，所以一名职业素质较好的驾驶员应该而且必须掌握有关事件初期的处理方法，使事件能够在初期阶段得到控制和处置，减小损失、稳定现场局面(包括组织乘客共同应付突发事件，等待进一步帮助)等。

(4)鉴于驾驶员在整个运行过程中的重要作用，因此城市轨道交通管理部门规定了电动列车驾驶员上岗值乘的必要条件。

首先是驾驶员必须经过考试合格，并取得"电动列车驾驶证"后方准独立驾驶电动列车；其次是脱离驾驶岗位 6 个月以上，如再需驾驶列车必须对业务知识和安全运行知识等进行再培训与考核并且合格；最后是对驾驶员的纪律性和身体状况、心理状况要有相关管理部门以及有关领导作出鉴定。符合以上必需条件时才能够上岗驾驶列车，以保证行车工作安全和行车秩序正常。

5.2 出勤、退勤及交接班

5.2.1 出勤

(1)出勤是驾驶员在投入运营前重要的准备阶段，在这个阶段中应做好出勤前的各项工作准备，包括业务准备、生理准备、心理准备。

(2)驾驶员在出勤前，必须充分休息、班前 8 h 内禁止饮酒，生理和心理状况必须符合工作要求。

(3)驾驶员必须在规定时间内、到达规定地点，按规定方式出勤，出勤时应穿着指定的乘务人员识别服，佩戴好工号牌、星级标志或其他规定的相应标识，并携带好计时工具、工作证、驾驶证及其他相关工具物品，不得无证上岗，不得携带与行车无关的物品，手机必须调至振动挡，应了解当日值乘时间、地点及所接列车的车次，并做好记录。

(4)驾驶员在停车库内出勤时，应提前 30 min 到运转值班室向运转值班员出勤，听从运转值班员的安排，认真阅读当天运营注意事项及通知，了解值乘列车车号和停放股道，备用驾驶员应在首班车出库前 30 min 出勤，出勤后对备用列车进行检查，检查后应在驾驶员候乘室内待命，严禁擅自外出或到司机公寓休息。

(5)驾驶员在正线出勤时，应提前 20 min 到线路车站的指定候乘室，向班组长出勤(遇特殊线路，需线路两头出勤的，可通过电话方式向班组长出勤)，出勤时，应认真听取班前布置会，认真阅读并抄录涉及运营有关注意事项和调度命令，正确向班组长报告当日身体、思想、情绪状况。

5.2.2 退勤

(1)驾驶员在停车场内退勤时,应到运转值班室与运转值班员办理退勤手续,与运转值班员做好移交手续,并将列车的技术状况及当日列车运行情况向其汇报。移交内容包括电动列车钥匙、司机报单、对讲机、应急包等。

(2)驾驶员在正线退勤时,应到规定地点退勤,将当日运营情况向接班班组长汇报。遇值乘列车发生事故、严重晚点或乘务管理部门认为有必要时,值乘司机应至运转值班室办理退勤,书面报告事件经过并积极配合调查。

5.2.3 交接班

(1)驾驶员在停车库内交接班时,接班驾驶员应认真听取运转值班员对当天工作的安排,并仔细阅读当日运行的注意事项,必要时应作好记录,向运转值班员领取电动列车钥匙、司机报单、对讲机、应急包等行车物品,接班后应对电动列车进行检查和试验,一旦发现列车故障或车辆状况不符合出库要求的,应及时向运转值班员报告。

(2)驾驶员在正线交接班时,接班驾驶员需等交班驾驶员办理完开关门作业后,再执行交接工作,接班驾驶员应与交班驾驶员进行对口交接。交接内容包括电动列车钥匙、列车行驶交路、所交接列车的技术状况、驾驶专用物品、司机报单、继续有效的行车命令以及其他有必要交接的内容。若遇设备故障或发生事故情况,以及在规定时间内未交接完毕的,应随车继续交接,直至处置和交接完毕。

(3)正线接班的驾驶员在接车后,应认真查阅司机报单和电动列车故障单,确认所接列车的技术状况、当日运行情况以及注意事项。

(4)在存车线备用列车的交接班时,交接班司机应跟车进出存车线路。必须步行进入的,交接班驾驶员应向行车调度员申请,按照面向来车方向通行路径,说明进出路线,得到其同意后,方能下线路与备车驾驶员交接班,进入线路行走时,并加强对线路的瞭望,尽量靠线路限界外侧行走,确保自身安全。

5.3 停车场内调车及试车作业

5.3.1 停车场内调车作业

(1)调车作业前,驾驶员应了解车辆技术状态、运行路径和作业要求。在停车场内调车作业时,应由运转值班员开具相应的调车作业单,驾驶员掌握调动列车的车号、停放股道及调送地点,并在调车作业单上签字确认,方可执行调车任务。若遇特殊情况(仅指试车线故障列车下线时)需临时变更调车计划,驾驶员可凭运转值班员发布的口头命令,执行调车变更任务。

(2)调车作业前,驾驶员应与信号楼值班员进行车调联控作业,确认调车信号开放,确认车号、股道,执行相应的手指呼唤后启动列车,并在库门平交道前一度停车,确认平交道无行人及异物侵入限界后,方可动车。

(3)在停车场内调车时,列车限速 20 km/h,驾驶员应认真确认进路中每个调车信号机的显示及每副道岔的开通位置,严格执行手指呼唤。

(4)利用牵出线、尽头线调车,当列车接近终点时,驾驶员要控制好车速,在停车位置 10 m 前处一度停车,然后列车限速 3 km/h 接近规定停车位置并停车。当列车需再次进行调车时,驾驶员应与信号楼值班员进行车调联控,确认调车信号开放后,方可动车。

(5)在调车过程中,如遇信号显示或进路错误时,驾驶员应立即采取紧急制动措施,并立即通知信号楼值班员,待信号重新开放或由信号楼值班员通知后,根据要求动车,但要减速运行,加强对线路及信号的瞭望。在信号系统严重故障、行进线路信号全部不能开放时,应根据信号楼值班员的调车手信号或口头命令动车。

(6)在停车场内调车时,原则上不准许驾驶员采用后退模式调车,如遇特殊情况只准许退行时,驾驶员必须确认另一端司机室有司机进行监护的前提下,并与信号楼值班员车调联控后,方可动车。

5.3.2 停车场内试车作业

(1)列车在停车场库内至试车线试车前,驾驶员应凭《电动列车试车作业交底单》执行试车任务,并掌握调试列车的车号、停放股道、技术状态及调试要求。试车由两名驾驶员担当调试工作,一般情况下,不准许利用场线及停车库线进行试车作业。

(2)试车作业前,由试车负责人向驾驶员进行调试内容交底,如驾驶员了解不清或试车作业内容违反有关安全行车的规定,驾驶员可拒绝其试车要求。

(3)当列车调至试车线后,驾驶员应按停车场试车线有关作业规定,在指定地点停车,凭非进路调车信号开放及与信号楼值班员进行车调联控后,方能进行试车。

(4)列车到达试车线后,驾驶员应先对试车线进行一次往返压道作业,限速 20 km/h,确认线路与车辆制动情况正常,并将压道情况汇报至 DCC 信号楼值班员,若线路与车辆制动情况不符合试车作业条件,不应进行试验。在试车作业过程中,运行速度达到试车线最高设计速度的试验项目,在试验前应运行至试车线尽头规定位置(以列车停车位置标为准),保证有足够的试验距离后,再进行试验。

(5)在试车作业过程中,如需进行单向连续两个或以上试验时,试车司机应依据距离、停车等标志、标识掌握制动距离。对于不满足制动距离的,不应进行试验。

(6)在试车作业过程中,驾驶员应按试车负责人动车指令操纵列车。夜间试车、接近线路尽头或轮轨粘着条件差时,驾驶员应加强瞭望,降低速度和提前采取制动措施,确保试车安全。

(7)试车完毕后,驾驶员应将列车行驶至规定位置,与信号楼值班员进行车调联控作业后,方可动车。

(8)遇雷暴雨、强风、大雪及浓雾天气,不应进行试车线试车作业。

5.3.3　正线试车作业

(1)在正线运营时期内的试车作业,必须使用自动闭塞信号方式试车,驾驶员在试车作业前,必须向施工负责人了解具体施工内容,接到调度命令后,要仔细阅读、了解调度命令内容,后方可进行正线试车,严禁切除车载ATP进行试车。

(2)在正线运营结束后的试车作业,在夜间停运期间开行电动列车时,实行电话闭塞法行车,列车占用区间的行车凭证为路票,发车凭证为车站值班员显示的发车手信号;正线试车作业前,驾驶员必须向施工负责人了解具体施工内容,接到调度命令后,要仔细阅读、并了解调度命令内容后,方可进行正线试车;按电话闭塞法,到达施工站后,由施工负责人至车站车控室进行施工登记,登记完毕后,驾驶员根据调度命令及施工登记号进入施工区间;施工结束后,在施工方负责人撤销施工登记后,驾驶员根据调度命令,按相关闭塞方式,根据信号机显示驶回停车场。

(3)遇雷暴雨、强风、大雪及浓雾天气,不满足正线试车条件时,应立即停止正线试车作业。

5.3.4　洗车作业

(1)驾驶员在接到运转值班员洗车作业的通知后,应了解所洗列车的停放股道及列车车体号。

(2)驾驶员确认列车车况良好、调车信号开放后,按调车作业相关规定将列车运行至洗车库门口待命。

(3)驾驶员凭开放的洗车库入库信号,限速3 km/h,进入洗车库,根据各线路洗车设备要求进行洗车作业。

(4)列车洗车作业完毕后,驾驶员通知信号楼值班员洗车作业完毕,根据信号楼值班员命令,手指呼唤确认信号、道岔开放状态正确后,启动列车。

(5)在洗车过程中,驾驶员不得打开车门,擅自进入洗车区域;在清洗列车头部时,不得启动列车刮雨器。

(6)在洗车过程中,如发现列车前方进路或设备状态异常,应立即采取紧急停车措施,并与信号楼值班员联系。

5.4 正线驾驶作业

5.4.1 巡道作业

(1)正线巡道驾驶员应根据运行图要求执行巡道作业。巡道作业前,由运转值班员向驾驶员递交巡道作业的调度命令。巡道列车按调度书面命令手动驾驶,限速 45 km/h(遇特殊情况,按调度命令执行)。遇列车进站、曲线区段、瞭望条件不良等情况应适当减速,并加强前方线路瞭望。

(2)巡道驾驶员驾驶时应加强瞭望,确认限界、积水、线路及触网情况。若发现异常情况或不具备安全通行条件时,应立即紧急停车,仔细确认、判明情况,并向行车调度员报告,根据调度命令办理相关作业。若线路设备异常但不影响列车正常通过的,驾驶员应向行车调度员建议限速运行,并得到许可后通过该区段。

5.4.2 区间运行

(1)列车在区间运行时,驾驶员应坐姿端正,上身轻靠椅背,左右手均放置在操纵台上,做好随时紧急停车准备,座位高度调节至满足驾驶员瞭望视线清晰。

(2)列车运行时,驾驶员必应认真瞭望前方线路及触网情况,发现异物侵入限界,应立即采取紧急停车措施。

(3)列车运行中,遇进站信号机、出站信号机、道岔防护信号机时,驾驶员应执行手指呼唤。

(4)在地面线路遇阳光斜射刺眼时,驾驶员可调整遮阳帘至合适位置,严禁拉至底部。在地下线路或地面线路背光处,严禁将遮阳帘对前窗进行遮挡。

(5)列车在运行途中,驾驶员应时刻注意列车综合信息屏的显示,发现故障及时判断并处置,若故障影响列车准点运行时,应向行车调度员报告。

(6)列车在区间运行时,驾驶员应做到合理牵引和制动,做到平稳驾驶,严格按照指示速度和区间信号的显示驾驶列车,运行途中,不间断核对运行时分,防止晚点。

(7)在区间运行时,驾驶员应加强瞭望,以防有人或异物侵入限界、有异物侵入限界及高空坠物,无特殊情况严禁鸣笛,遇大风、大雨、大雪、浓雾等恶劣天气或在曲线半径较小、瞭望条件不理想的线路上运行时,驾驶员可在征得行车调度员同意后，应适当减速运行，在经过坡度较大的区段时，应控制好牵引和制动，避免列车冲动或超速。

5.4.3 进站作业

(1) ATO模式下的列车在进站前，司机应确认列车程序停车情况，遇程序停车未启动或列车制动力明显不足时，应立即采取紧急停车措施，防止列车越过停车位置。

(2)驾驶员在手动驾驶列车进站前，应适当减速，带制动进站，以保证制动的平稳。

(3)列车进站时，司机应注意观察站内及站台情况，以防有人或异物侵入限界，发现异常情况要鸣笛示警，必要时应及时采取紧急停车措施。

(4)遇钢轨涂油或轨面湿滑，应提前减速，防止列车越过停车位置。

5.4.4 车站停车及开关门作业

(1)列车进站后，驾驶员应将列车在规定停车地点(停车牌)处停稳。

(2)列车停稳后，驾驶员跨出司机室一步，转体面对站台，面对车体，以立正姿势站立，按压靠站台侧开门按钮，打开所有该侧车门，通过驾驶操作台上DDU面板确认车门是否全部打开，CCTV无异常情况发生后，通过站台与CCTV显示情况监护乘客上下情况及发车表示器显示。

(3)在装有屏蔽门或安全门的车站，驾驶员应同时确认屏蔽门或安全门全部开启，如屏蔽门或安全门未自动开启时，立即手动打开屏蔽门或安全门。

(4)当发车表示器闪亮或停站计时器到达15 s后，驾驶员应根据乘客上下情况，掌握好关门时机，按压靠站台侧关门按钮，关闭所有该侧车门，尽量做到一次关门成功。

(5)列车关门后，驾驶员应确认车门全部关闭，无夹人夹物，车站站务员显示的“关门良好”手信号及CCTV显示屏显示站台安全，遇有出站信号机、道岔防护信号机的车站，必须确认信号机开放，手指呼唤后方可进入驾驶员室。遇车门/屏蔽门/安全门/电动栏杆未全部关闭或瞭望不清时，严禁进入驾驶员室(除确认故障面板故障及行车调度呼叫联系外)。

(6)在弯道车站，驾驶员关闭车门后，应凭车站站务员显示车门关闭良好的手信号后，方能进入司机室。

(7)在安装屏蔽门或安全门车站，驾驶员应确认屏蔽门或安全门同步关闭，且屏蔽门或安全门和列车车体之间无人员或物品侵入，确认站台尾部光带完整，若在弯道站台应确认屏蔽门安全探测装置未报警。

(8)在安装屏蔽门或安全门的车站,驾驶员在进入司机室前,应对车门和屏蔽门或安全门关闭情况进行手指呼唤。

(9)在没有安装屏蔽门或安全门车站,驾驶员在进入司机室前,应对车门关闭情况进行手指呼唤。

5.4.5 出站作业

(1)列车启动前,驾驶员对车门、速度码、信号机、发车表示器进行手指呼唤后发车。

(2)列车出站前,遇有道岔时,驾驶员对道岔防护信号机及道岔位置进行手指呼唤后方可发车。

(3)驾驶员在 ATP 或 WSP 手动驾驶列车出站时,应控制好牵引,做到平稳启动列车。

(4)在安装 CCTV 监视器的车站,驾驶员应通过监视器观察站台情况,发现异常情况,应立即采取紧急停车措施。

5.4.6 折返作业

(1)列车到达终点站清客完毕,待站务员走出客室,驾驶员应迅速关闭车门,在确认接车驾驶员上车,并且对前方道岔防护信号及道岔开通位置进行手指呼唤,后方可驶入折返线,前方道岔防护信号未开放,严禁进入司机室(除确认故障面板故障及行车调度呼叫联系外)。

(2)驾驶员在 ATP 或 WSP 手动驾驶列车时,根据列车限速要求驾驶,严禁超速行驶。在折返线行驶时,驾驶员应集中思想,做到距离过半,速度减半。

(3)列车在规定地点(折返停车牌)处停车,确认列车无压岔和占标。停车后,驾驶员应立即关闭主控制器钥匙,并在司机室等候。

(4)在司机室控制权转换后,交车驾驶员在锁闭司机室门及客室通道门,关上车窗,雨雪天气时关闭雨刮器,后方能离开司机室。

(5)接车驾驶员应提前在规定地点等候折返列车,到达司机室后主动和交车驾驶员联系,同时交车驾驶员需将列车技术状况和其他必要的行车信息告知接车驾驶员,接车驾驶员待列车停稳后打开主控制器,接车驾驶员在对前方道岔防护信号机、道岔位置,速度码进行手指呼唤(手指:五指并拢,并伸直手臂,分别指向前方道岔防护信号机、道岔位置,速度码,呼唤:道岔防护信号机——信号正确,道岔位置——道岔位置正确,速度码——速度码有)后,方可驶出折返线。

5.4.7 广播报站

(1)列车在始发站发车前,驾驶员应根据运行交路设置好列车报站器,如是手动播报,应在列车起动后,及时按下播报按钮。

(2)用报站器报站时,驾驶员应加强监听,并注意显示屏上站名显示,当发现报站错误时,应及时采用人工广播更正。

(3)当列车报站器发生故障无法使用时,驾驶员应及时通过人工广播进行报站,人工报站应使用普通话,做到声音清晰、语气平和、用语规范。

(4)当遇到列车故障、清客、跳停等特殊情况或其他信息发布时,驾驶员应选取应急广播词及时向乘客进行说明,没有设置应急广播词的列车应采用人工广播,播报内容见表5-1。

表5-1 播报内容

状 况	播 报 内 容	播 报 时 机
车站及区间迫停1 min以上	乘客们请注意,现在临时停车,请乘客们耐心等待	车站1 min 1次 区间30 s 1次
车站及区间迫停5 min以上	乘客们请注意,由于技术原因,列车在本站有较长时间停留,请有急事的乘客改乘地面交通,敬请谅解	列车停留时间超过5 min
高峰回库	乘客们请注意,本次列车终点站为××线××路站,要往××路后续车站的乘客请改乘下一班××线列车,谢谢您的配合	列车出站后播报(起始站开始,每站都报)
列车车门切除	乘客请注意,由于个别车门故障无法正常打开,请乘客们注意车门上的提示,提前做好准备,改从其他车门下车,谢谢您的配合	驾驶员切门后列车出站及进站前播报(每站都报)
列车接调度命令放站	乘客们请注意,由于运营调整需要,列车将不在××路车站办理上下客作业,需前往××路的乘客请提前下车改乘后续列车,谢谢您的配合	驾驶员在接调度命令后,及时向乘客播报。 (通过车站前每站都报)
终点清客	乘客们请注意,本次列车终点站×××站到了,请乘客们带好随身物品抓紧时间下车,谢谢您的配合	列车到达终点站
客流高峰期间	乘客们请注意,由于正值高峰期间,请上车的乘客尽量往车厢里走,不要紧靠车门,请下车的乘客提前做好准备,谢谢您的配合	驾驶员遇到车厢较拥挤的情况下播报

(5)高峰回库的列车,驾驶员应进行人工广播,广播内容包括:列车目的地、前方到达站及其他注意内容。

5.5 出、入停车场作业

5.5.1 列车检查

一、准备工作

值乘驾驶员在出勤前，应得到充分休息，出勤前 8 h 内禁止饮酒及驾驶人员禁止服用的药物，身体生理条件和心理状况应符合岗位工作要求，若驾驶员因故无法担当值乘任务，应在出乘前或值乘过程中立即报告，经乘务组长确认核实后，不安排本班值乘任务。

值乘驾驶员应按列车出库时间提前 30 min 至运转值班室向运转值班员出勤，乘务组长应对值乘驾驶员身体与心理状态进行观察和询问，在具备值乘条件的情况下，向值乘驾驶员布置值乘列车的车次、车号、停放股道、有效调度命令及行车重点注意事项。在值乘驾驶员抄录完毕后，乘务组长核对签认准确后，运转值班员向值乘驾驶员发放电动列车钥匙、驾驶员报单、对讲机、应急包等行车物品。

值乘驾驶员在检车作业前，必须完成以下准备工作内容：

(1)值乘驾驶员至被检列车，再次确认列车车号、股道与运转值班员布置的出乘计划相一致后进行出乘列车检查。

(2)确认车体两侧及地沟无人和异物倾入限界(图 5-1)。

(a)

(b)

图 5-1 检查车体两侧及地沟

(3)确认车库库门开启到位，库门插销固定，无松动侵限情况(图 5-2)。确认股道接触网送电显示灯显示正常。

(4)登车确认驾驶员室操作台上无“禁动标识牌”。

二、列车外部检查

(1)列车前端检查

(a)

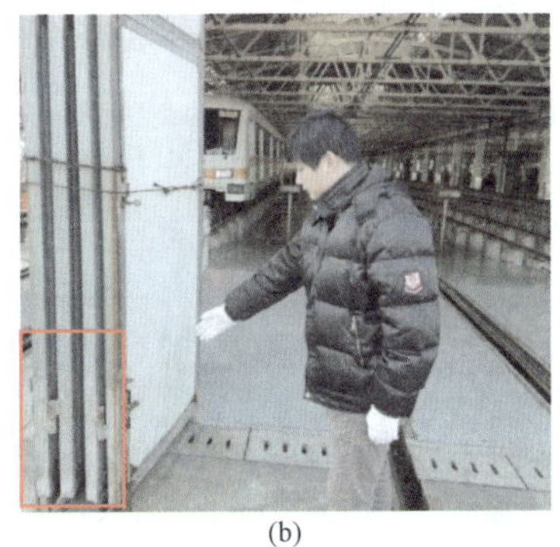
(b)

图 5-2 检查库门插销

①目的地显示器外观有无损坏(图 5-3)。

(a)

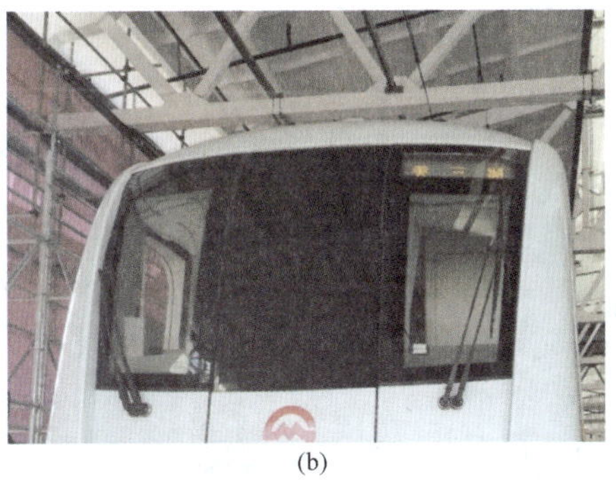
(b)

图 5-3 检查目的地显示器外观

②刮雨器外观有无损坏(图 5-4)。

(a)

(b)

图 5-4 检查刮雨器

③安全门关闭是否密贴，外观有无损坏(图 5-5)。

(a)

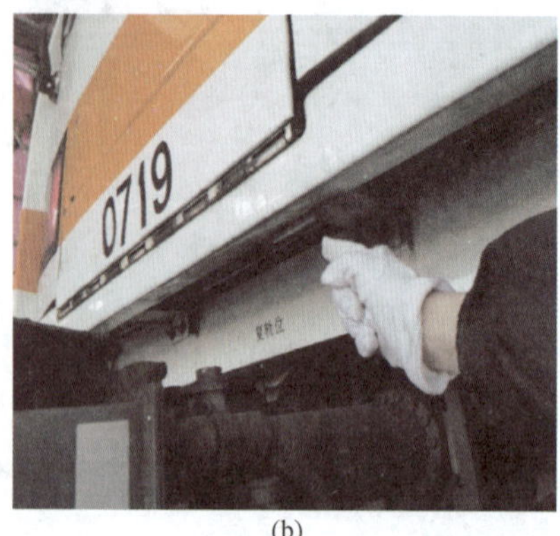

(b)

图 5-5　检查安全门

④气笛外观是否损坏(图 5-6)。

(a)

(b)

图 5-6　检查气笛

⑤车钩机械部分有无裂痕损坏；风管有无老化破损；伸缩滑盖位置是否正确；锁闭是否良好；解钩拉环放置是否正确，有无损坏；对中风缸截止阀位置是否正确(图 5-7)。

(2)车体侧面检查

①司机室及客室门、车窗玻璃有无损坏；橡胶密封条是否老化；扶手、脚蹬有无损坏；锁孔盖有无损坏，是否在关闭位置(图 5-8)。

②总风管阀门位置是否正确(图 5-9)。

③ATC 机架有无损坏(图 5-10)。

④转向架外观是否良好，构架有无裂缝(图 5-11)。

(a)

(b)

图 5-7 检查车钩机械部分

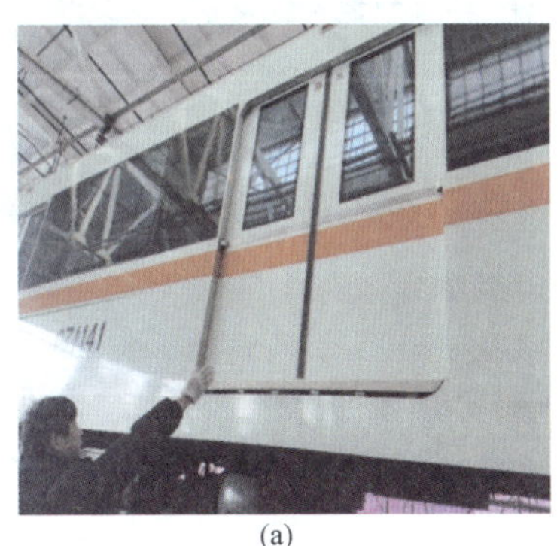
(a)

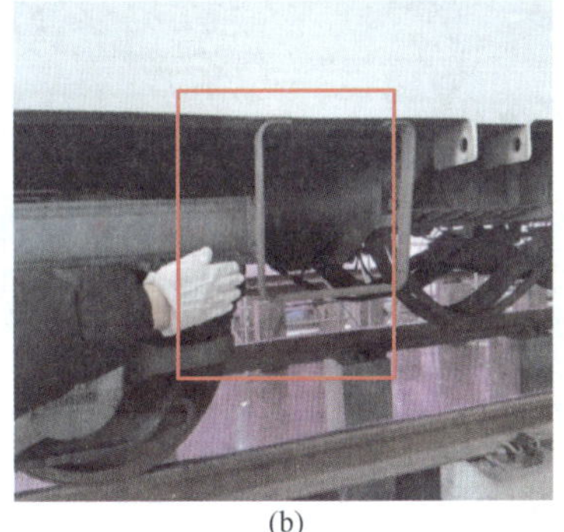
(b)

图 5-8 检查车体侧面

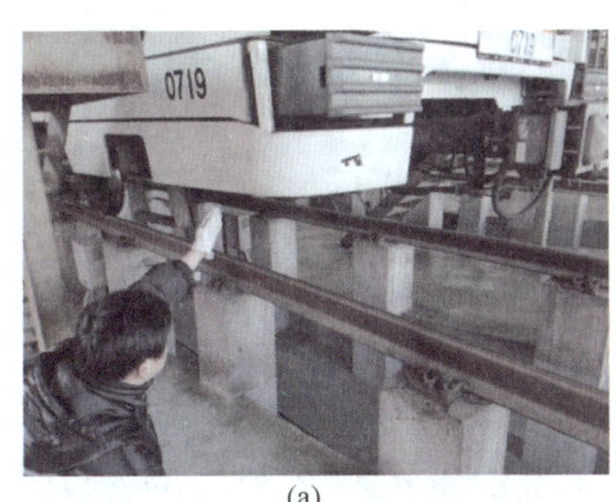

(a)

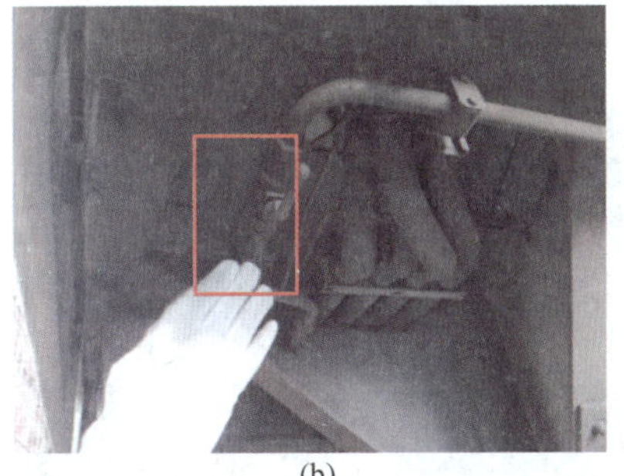
(b)

图 5-9 检查总风管阀门

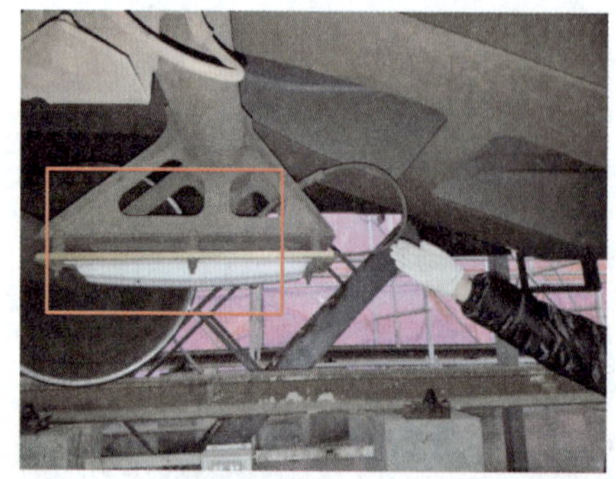
图 5-10 检查 ATC 机架

图 5-11 检查转向架

⑤锥形簧、空气弹簧有无老化(图 5-12)。

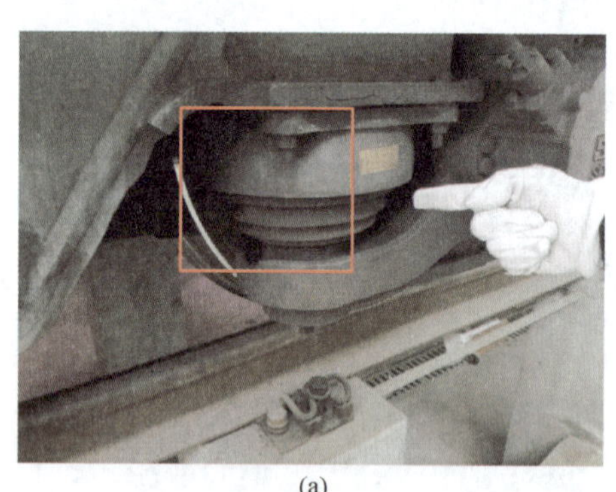
(a)

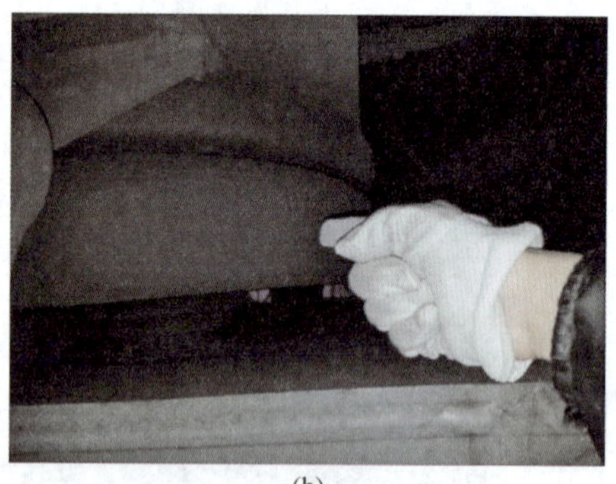
(b)

图 5-12 检查锥形簧、空气弹簧

⑥减振器有无损坏(图 5-13)。

⑦抗侧滚扭杆有无损坏(图 5-14)。

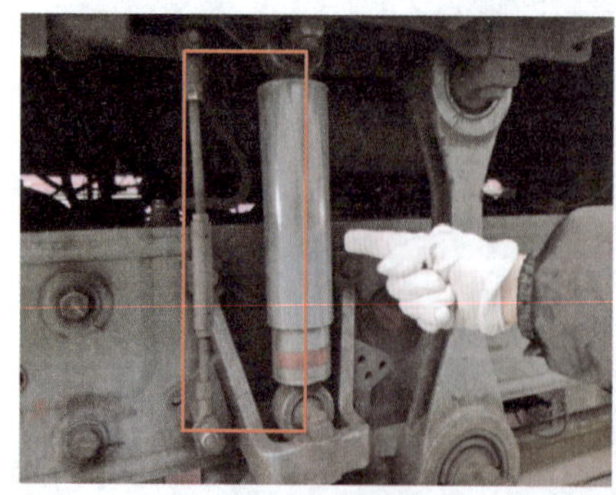
图 5-13 检查减振器

图 5-14 检查抗侧滚扭杆

⑧轮对踏面有无擦伤剥离(图 5-15)。

⑨速度传感器有无损坏(图 5-16)。

图 5-15 检查轮对踏面

图 5-16 检查速度传感器

⑩接地线有无损坏(图 5-17)。

⑪停放制动缓解拉手位置是否正确并锁闭(图 5-18)。

图 5-17 检查接地线

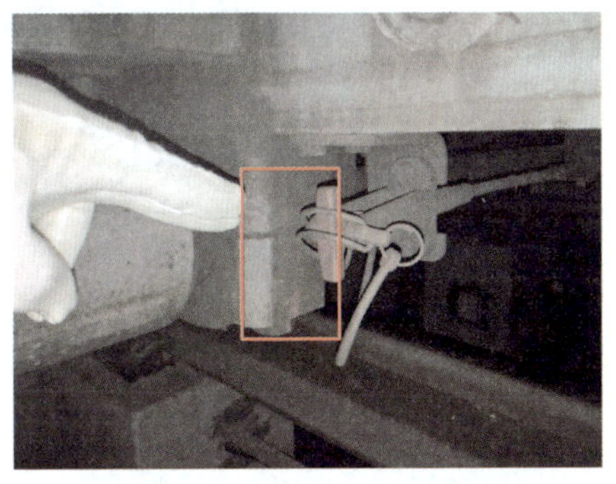

图 5-18 检查停放制动缓解拉手

⑫主风缸、空气弹簧风缸、制动风缸、门风缸是否漏风损坏(图 5-19、图 5-20)。

⑬主风缸排水阀是否损坏(图 5-21)。

⑭网管阀、智能阀控制箱悬挂是否牢固(图 5-22)。

⑮蓄电池保险、蓄电池箱悬挂是否牢固,箱盖是否锁闭(图 5-23)。

⑯半自动车钩解钩阀是否损坏(图 5-24)。

⑰牵引辅助逆变器箱箱盖是否锁闭(图 5-25)。

⑱牵引逆变器箱悬挂是否牢固,箱盖锁闭是否良好(图 5-26)。

⑲辅助设备箱、高速断路器箱悬挂是否牢固,箱盖是否锁闭(图 5-27)。

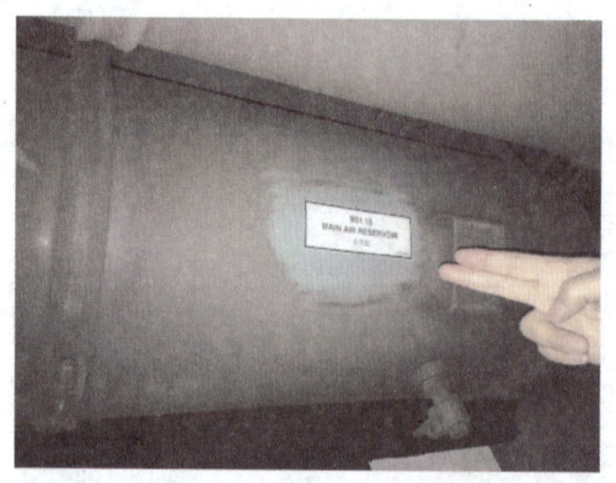

图 5-19　检查主风缸

图 5-20　检查空气弹簧风缸

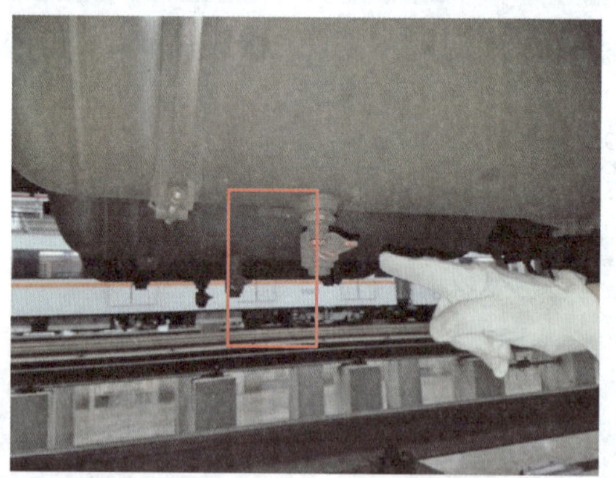

图 5-21　检查主风缸排水阀

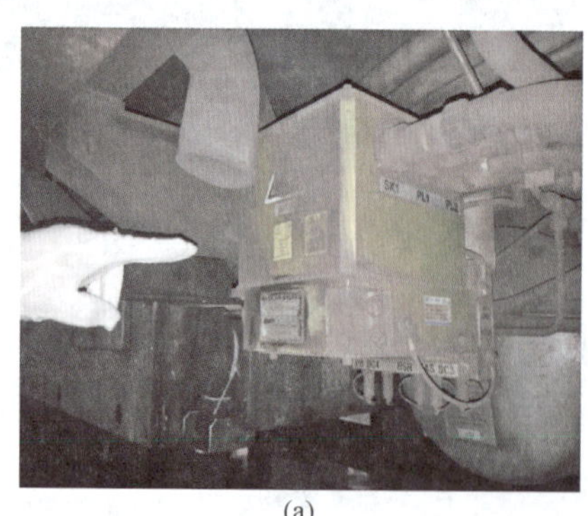

(a)

(b)

图 5-22　检查网管阀、智能阀控制箱

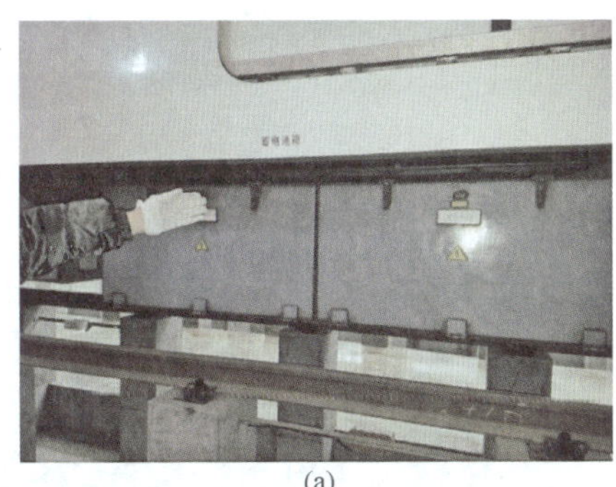
(a)

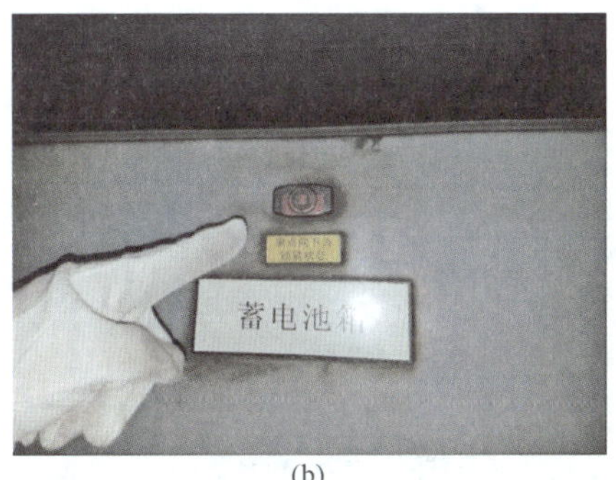

(b)

图 5-23 检查蓄电池保险、蓄电池箱

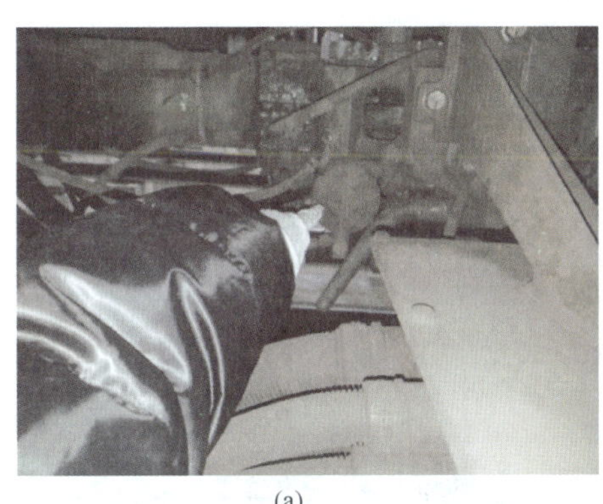
(a)

(b)

图 5-24 检查半自动车钩解钩阀

(a)

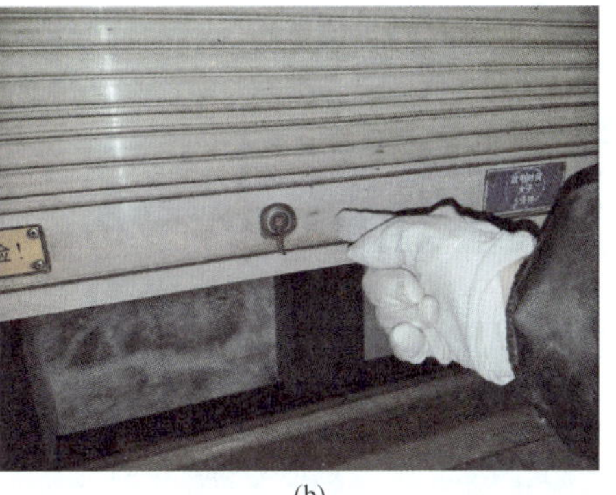
(b)

图 5-25 检查牵引辅助逆变器箱箱盖

(a)

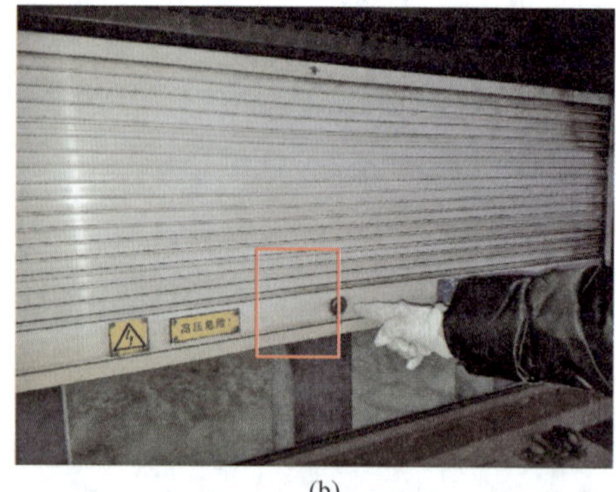
(b)

图 5-26 检查牵引逆变器箱

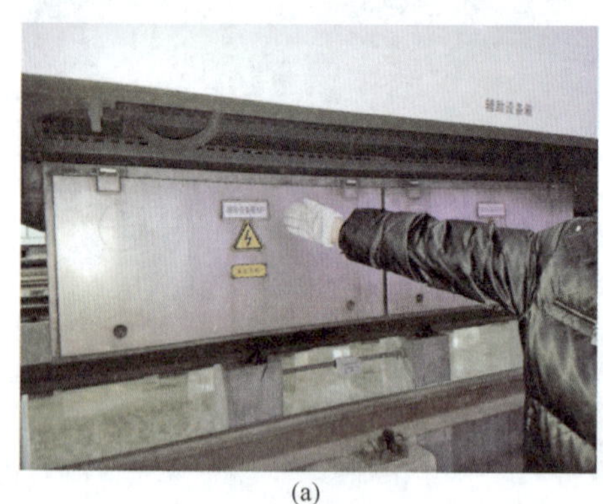
(a)

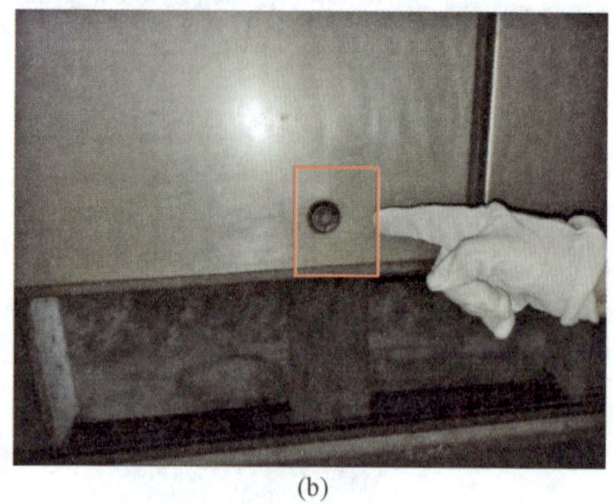
(b)

图 5-27 检查辅助设备箱、高速断路器箱

⑳车间供电盖锁闭是否良好，封条是否完好(图 5-28)。

(a)

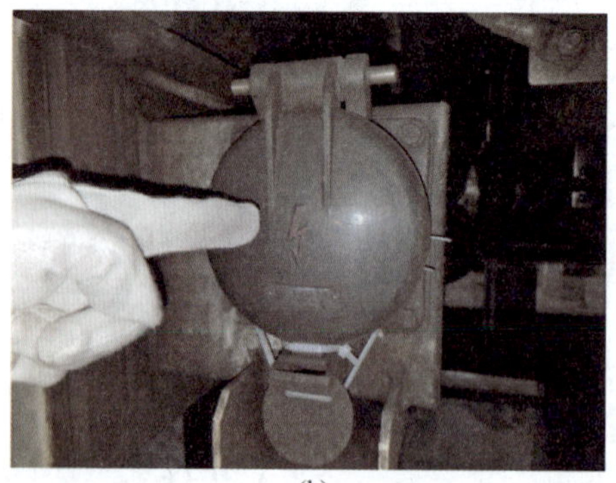
(b)

图 5-28 检查车间供电盖

㉑制动电阻箱悬挂是否牢固(图 5-29)。

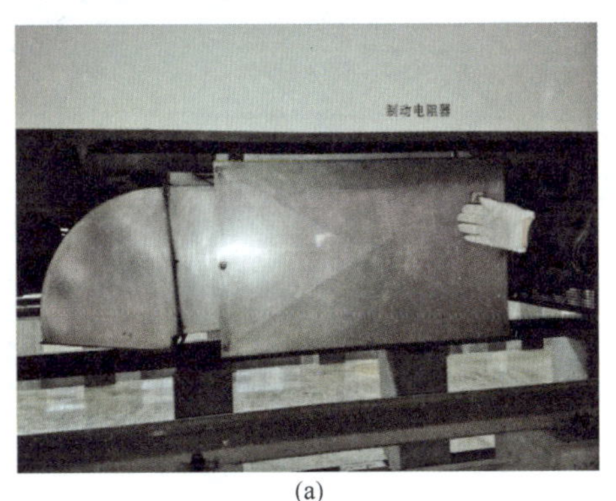

(a)

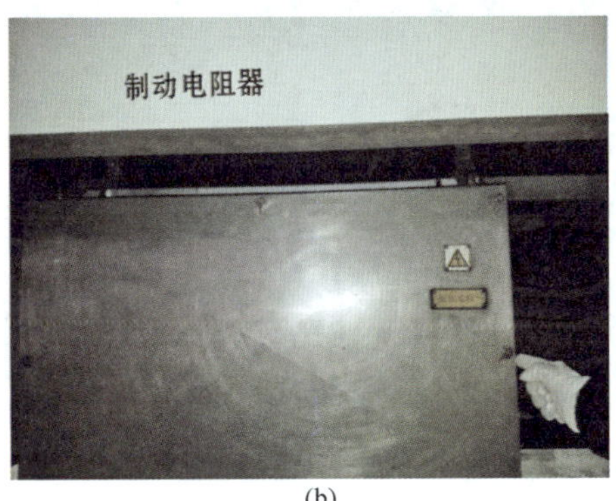

(b)

图 5-29 检查制动电阻箱

㉒空压机悬挂是否牢固,外观是否损坏(图 5-30)。

㉓压力塞门位置是否正确(图 5-31)。

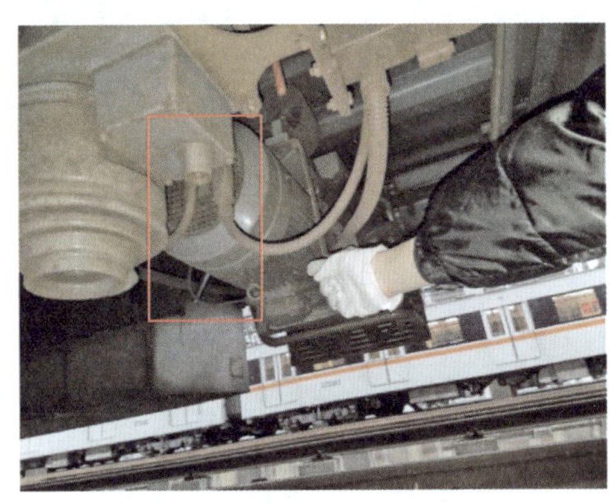

图 5-30 检查空压机悬挂牢固

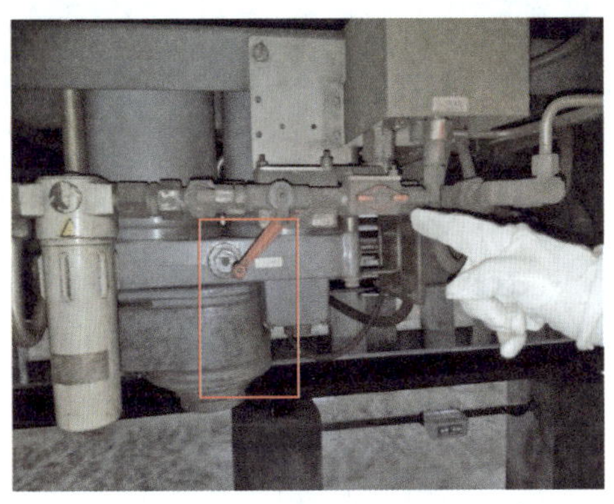

图 5-31 检查空压机压力塞门

㉔油水分离器悬挂是否牢固,外观是否损坏(图 5-32)。

㉕双塔式空气干燥器悬挂是否牢固,外观是否损坏(图 5-33)。

㉖辅助滤波电抗器箱悬挂是否牢固,箱盖是否锁闭(图 5-34)。

三、客室及驾驶员室检查作业

1. 客室检查

(1)列车客室行车设备检查

①内部照明设备是否有损坏(图 5-35)。

②贯通道装饰板是否有损坏。

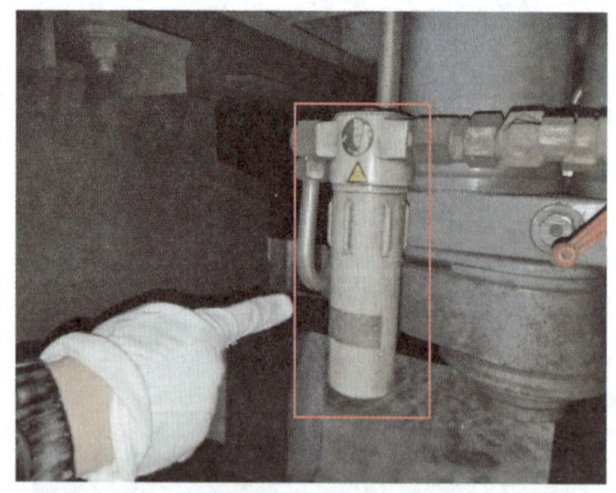

图 5-32 油水分离器

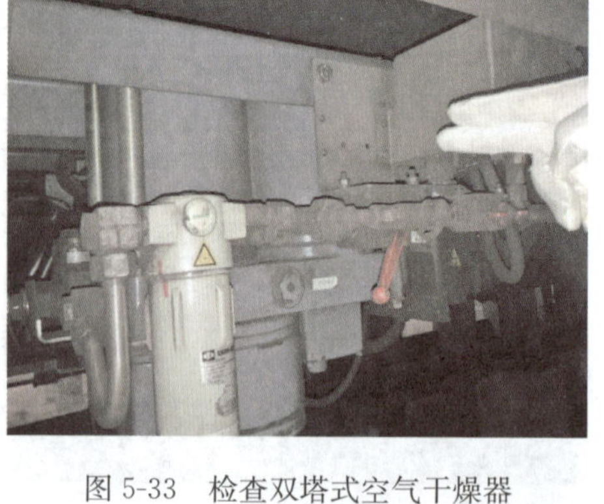

图 5-33 检查双塔式空气干燥器

图 5-34 检查辅助滤波电抗器

图 5-35 检查内部照明设备

③过桥板是否有损坏(图 5-36)。

④顶板是否损坏。

⑤设备柜锁闭是否良好(图 5-37)。

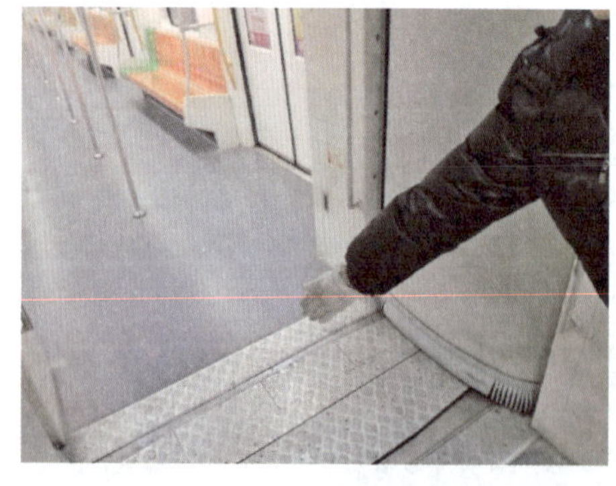

图 5-36 检查过桥板

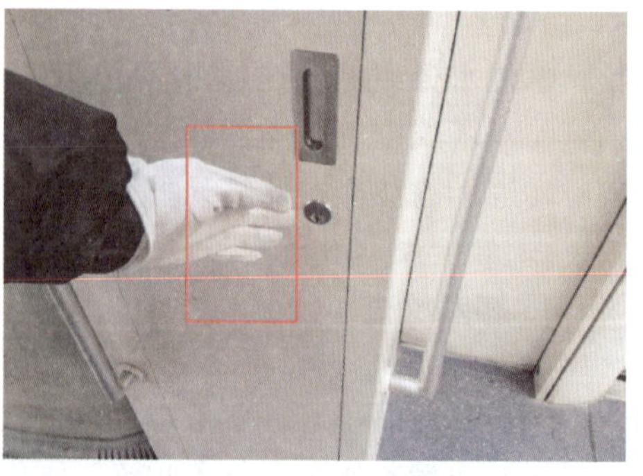

图 5-37 检查设备柜锁闭

⑥脚踏泵状态是否良好(图 5-38)。

⑦升弓截止阀位置是否正确(图 5-39)。

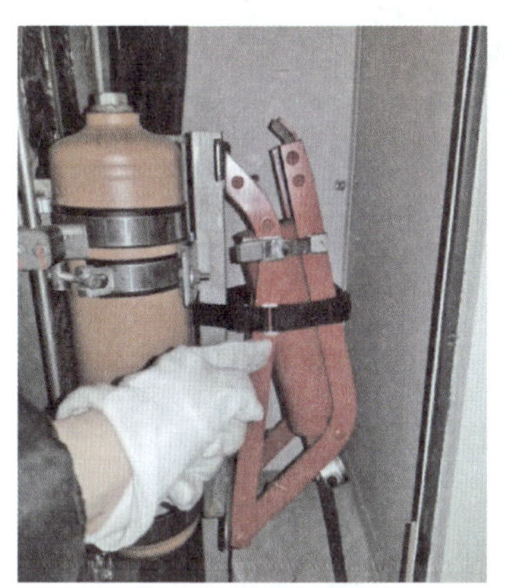

图 5-38 检查脚踏泵

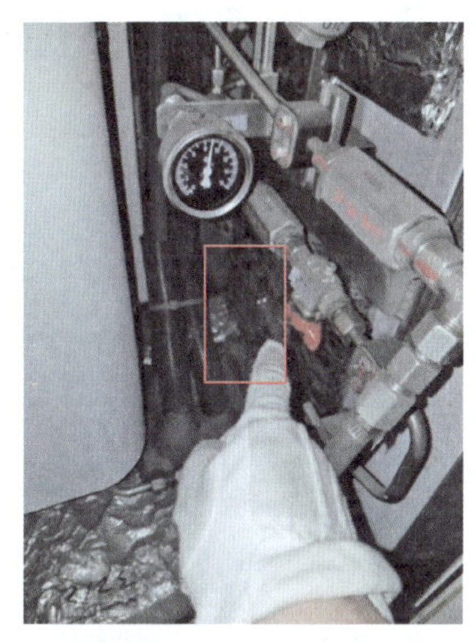

图 5-39 检查升弓截止阀

⑧气制动缓解阀位置是否正确(图 5-40)。

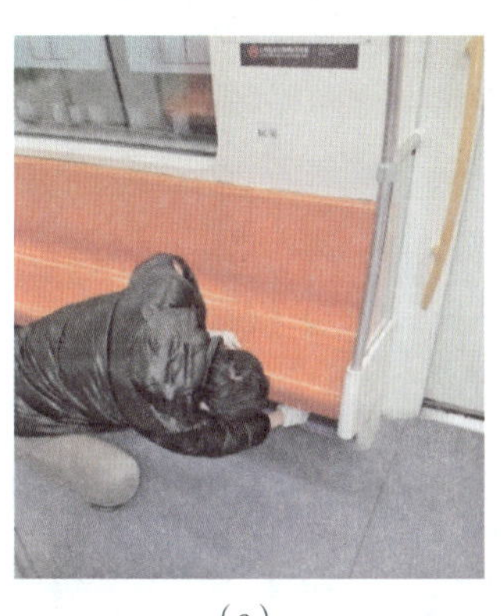

(a)

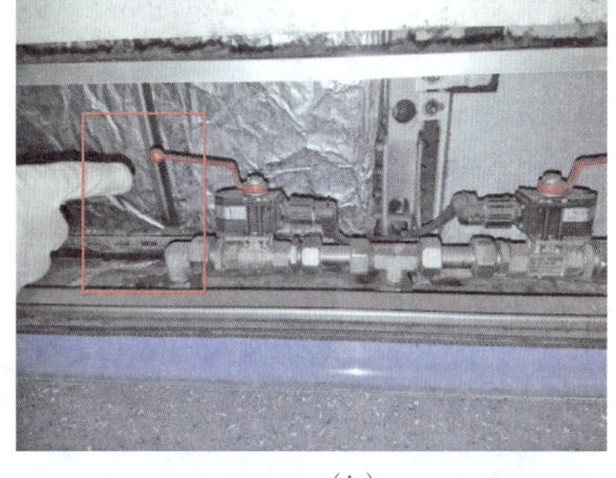

(b)

图 5-40 检查气制动缓解阀

⑨盖锁闭是否良好。

⑩车门紧急拉手位置是否正确(图 5-41)。

⑪门灯外观是否良好(图 5-42)。

(2)列车客室服务设施检查

①立柱横杆是否有损坏(图 5-43)。

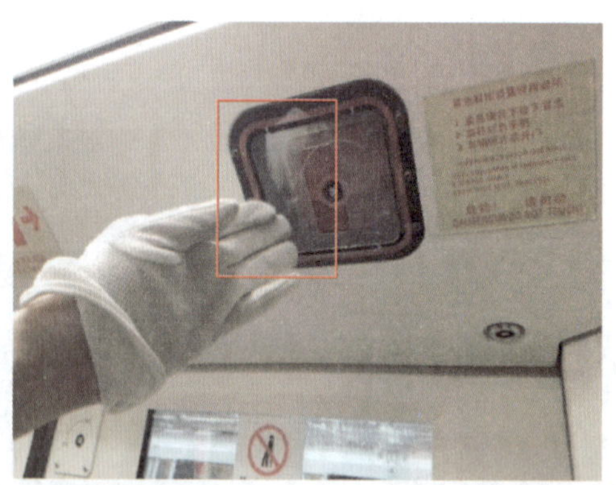

图 5-41 检查车门紧急拉手

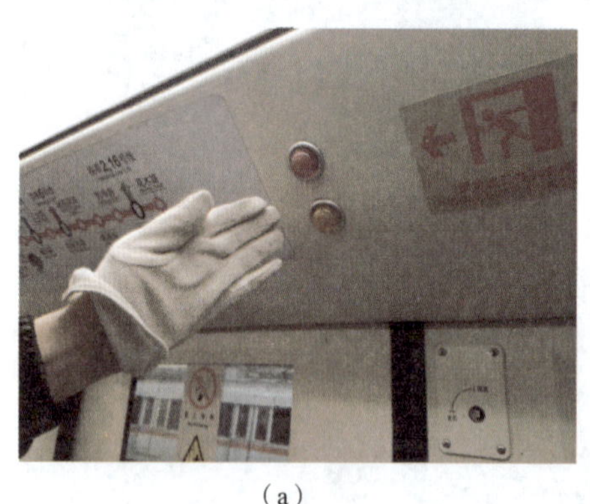

(a)

(b)

图 5-42 检查门灯

②车窗是否有损坏(图 5-44)。

图 5-43 检查立柱横杆

图 5-44 检查车窗

③乘客座椅是否有损坏(图 5-45)。

④天花板是否有损坏。

⑤地板是否有损坏(图 5-46)。

图 5-45 检查乘客座椅

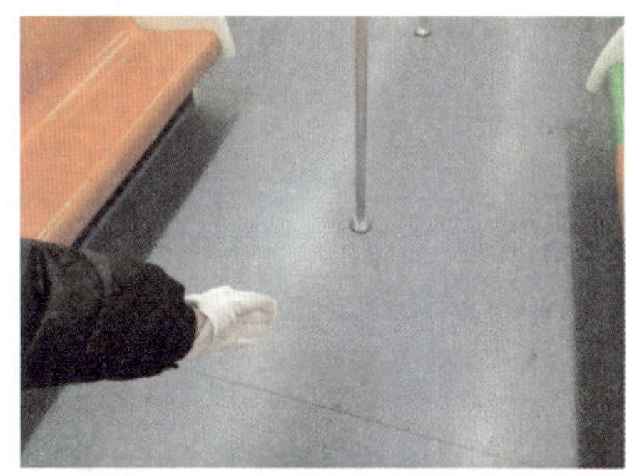

图 5-46 检查地板

⑥灭火器状态是否良好(图 5-47)。

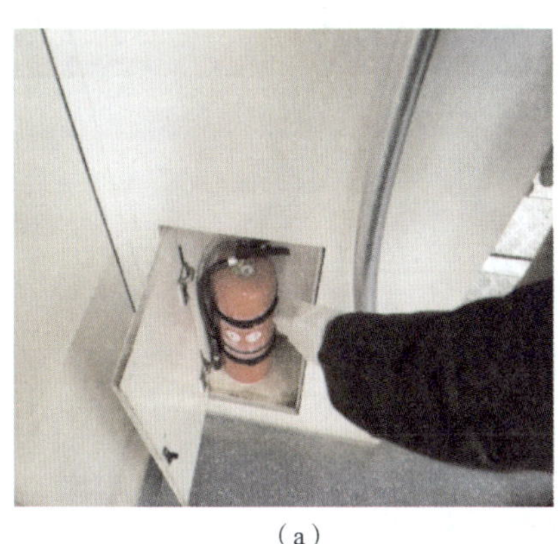

(a)

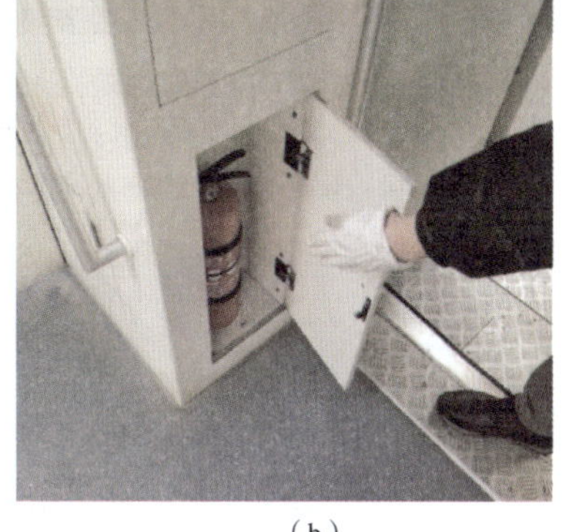

(b)

图 5-47 检查灭火器

2. 驾驶员室检查

①通道门是否损坏(图 5-48)。

②驾驶员主驾驶台、副驾驶台外观是否良好(图 5-49)。

③开关位置是否正确(图 5-50)。

④灯罩、速度表、话筒、对讲机、压力表、驾驶员座椅外观有无损坏(图 5-51)。

⑤安全门状态是否良好,安全门开启手柄有无损坏(图 5-52)。

⑥灭火器状态是否良好,箱盖锁闭是否良好(图 5-53)。

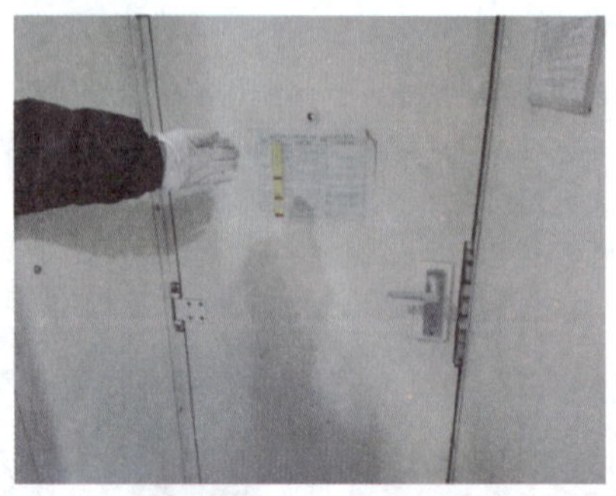

图 5-48　检查通道门

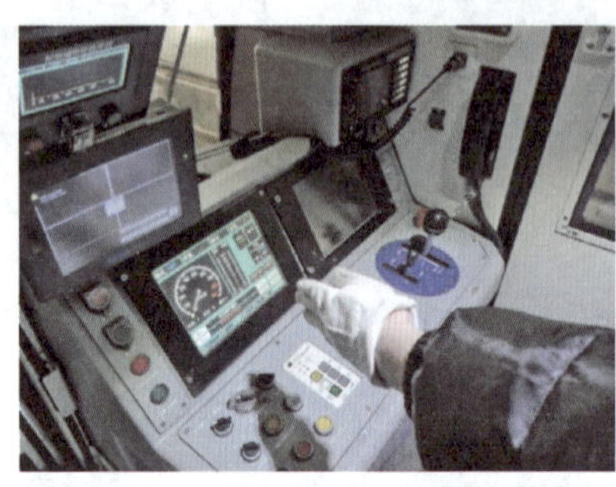

（a）

（b）

图 5-49　检查驾驶员主驾驶台、副驾驶台

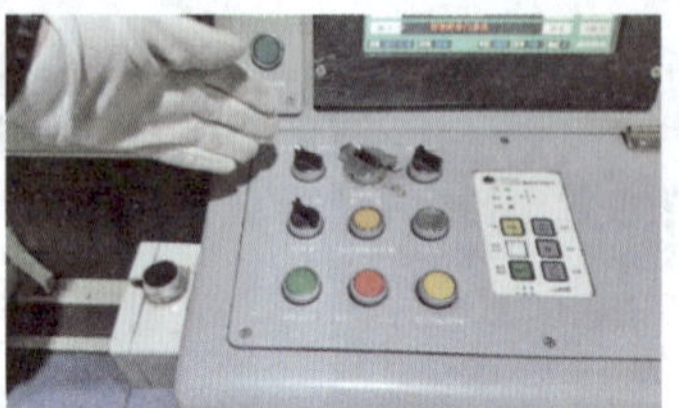

图 5-50　检查开关位置

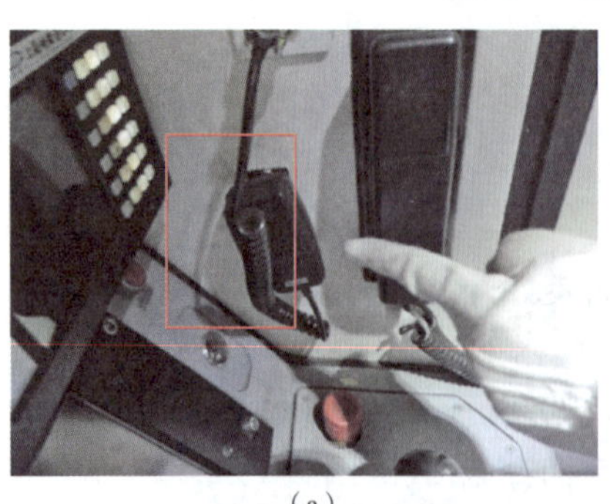

（a）

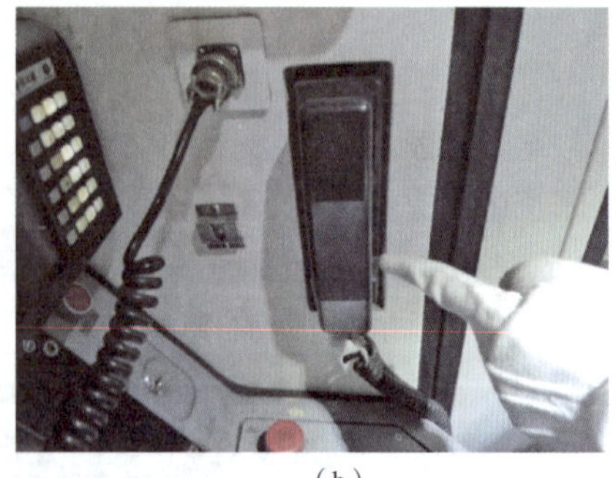

（b）

图 5-51　检查灯罩、速度表、话筒、对讲机、压力表、驾驶员座椅

(a)

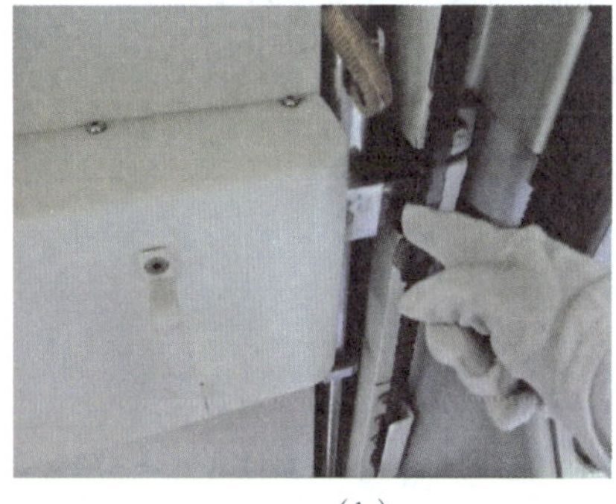

(b)

图 5-52 检查安全门

⑦电子柜锁闭是否良好(图 5-54)。

图 5-53 检查灭火器

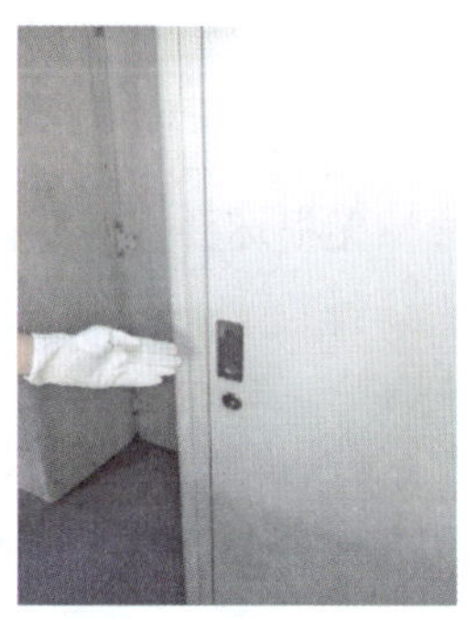

图 5-54 检查电子柜锁闭

⑧通风设备有无损坏(图 5-55)。

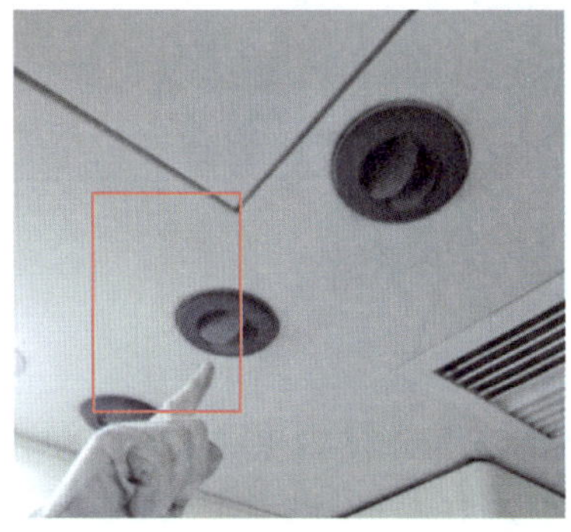

图 5-55 检查通风设备

⑨驾驶员室照明灯有无损坏。

⑩设备柜内开关及小型空气断路器位置是否正确，铅封完好(图 5-56)。

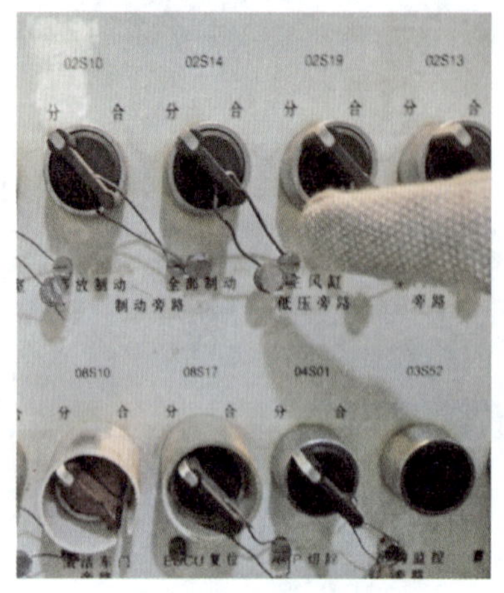

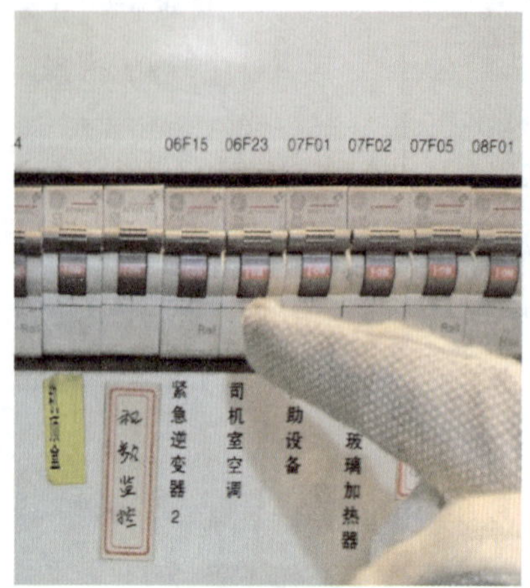

图 5-56　检查设备柜内开关及小型空气断路器

⑪绝缘棒无损坏并在规定位置安放(图 5-57)。

图 5-57　检查绝缘棒

⑫工具配品齐全并在规定位置安放。

四、列车启动及静态试验作业

1. 列车启动

(1)检查驾驶员室内各开关位置是否正确(图 5-58)。

(2)合上启动准备开关，检查蓄电池电压，一般应大于 84 V(图 5-59)。

(3)开司控钥匙，等显示屏亮后，按下灯泡测试按钮进行灯泡测试(图 5-60)。

(a)

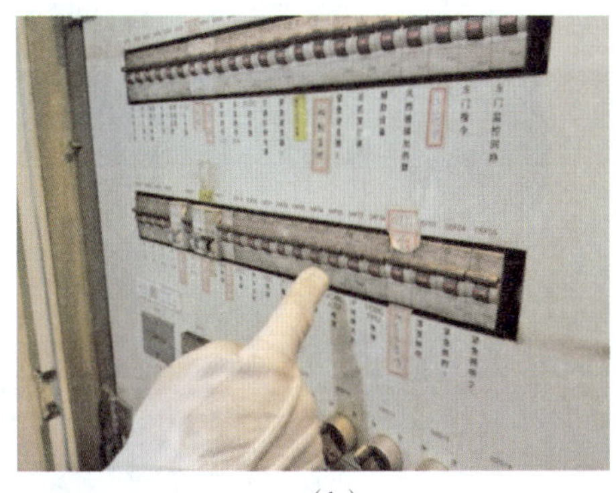

(b)

图 5-58 检查列车驾驶室内各开关

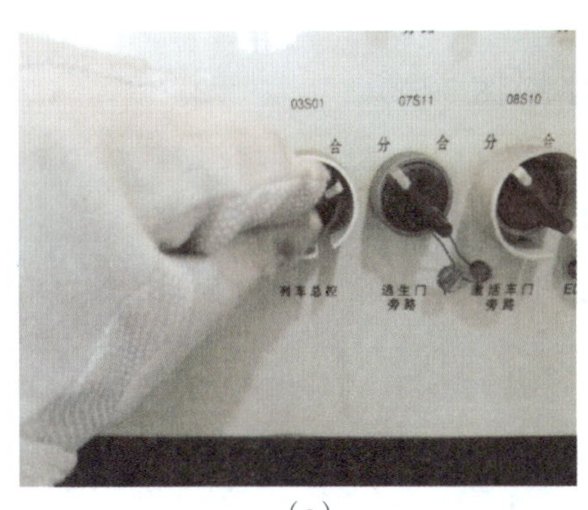

(a)

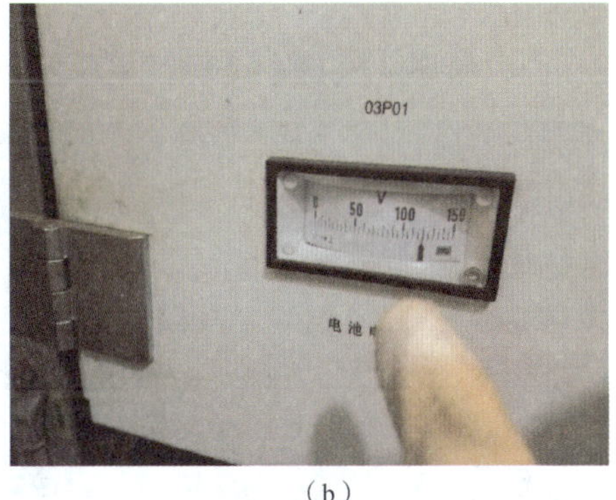

(b)

图 5-59 启动准备开关,检查蓄电池电压

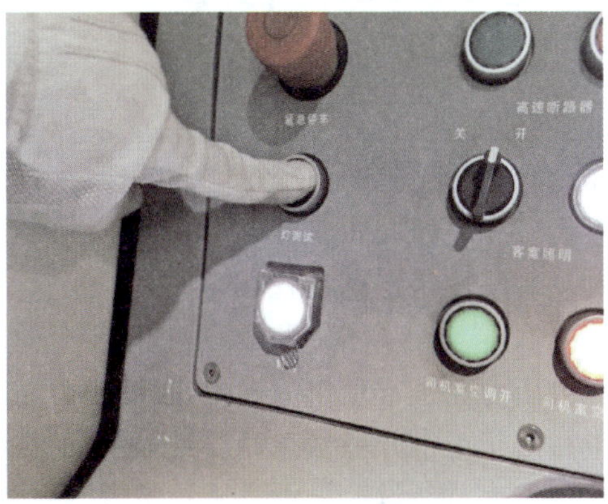

图 5-60 灯泡测试

(4)按下升弓按钮,待升弓按钮灯亮,确认双弓升起(图 5-61)。

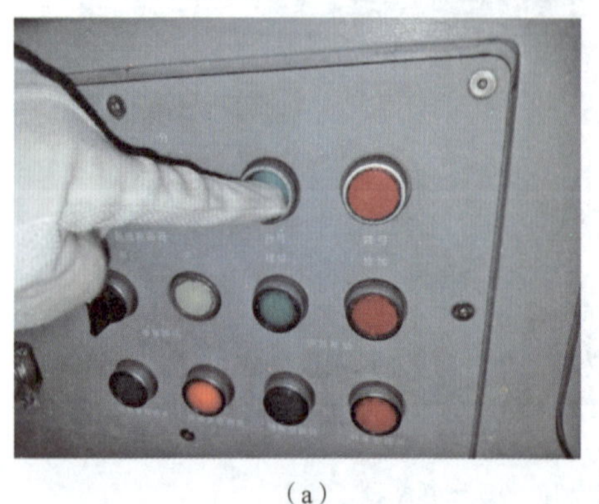

(a)

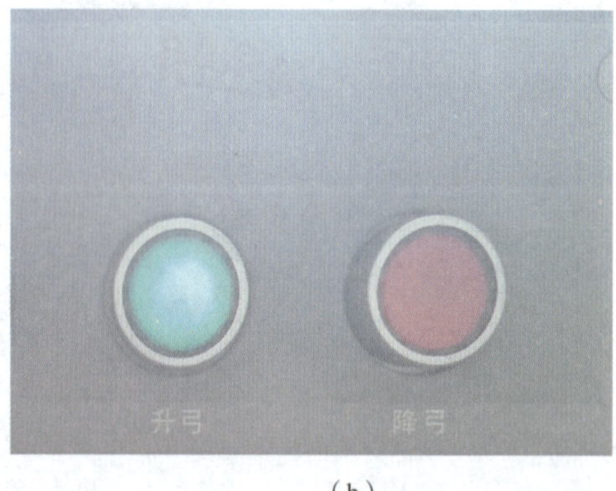

(b)

图 5-61 升弓

(5)合高速开关,确认高速开关合指示灯亮(图 5-62)。

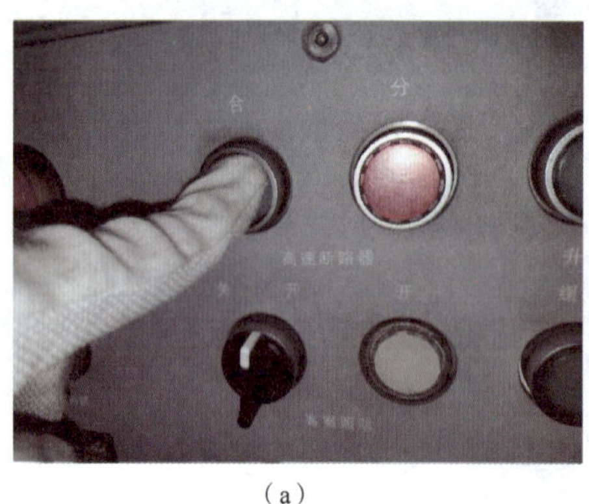

(a)

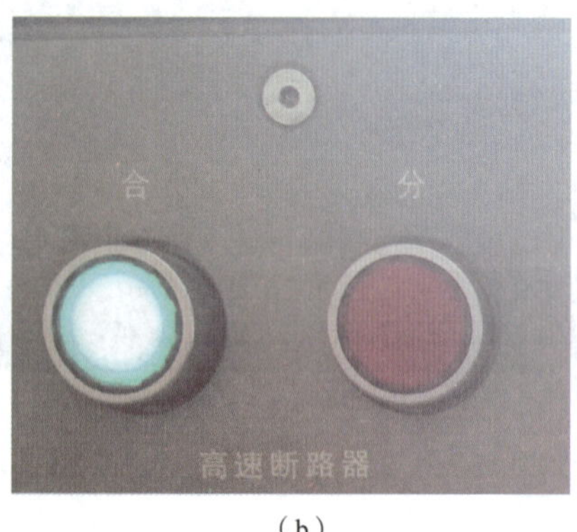

(b)

图 5-62 合高速开关

(6)检查空压机、逆变器是否启动。

(7)检查触网电压是否在 1 200~1 800 V 之间(图 5-63)。

(8)检查风压是否大于 450 kPa(3. 5 bar),大于 350 kPa(3. 5 bar)按下停车制动缓解按钮,待停车制动缓解按钮点亮(图 5-64)。

2. 列车静态试验

(1)检查列车总风缸压力在正常工作范围内,制动压力显示正常(图 5-65)。

(2)检查列车受电弓处于正常升弓状态,且网压显示正常(图 5-66)。

(3)检查驾驶员室各仪表、指示灯、显示屏显示正常无故障(图 5-67)。

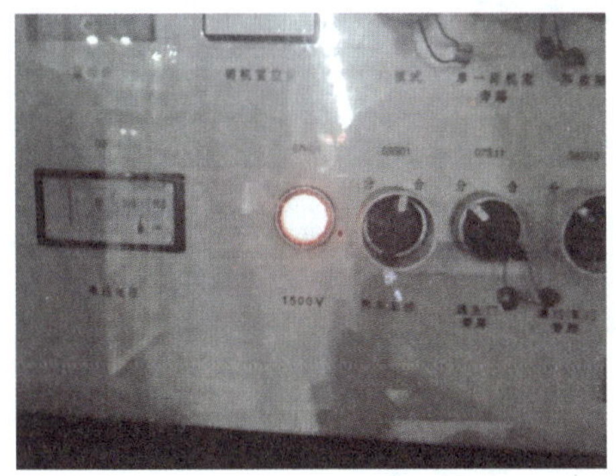

图 5-63　检查触网电压

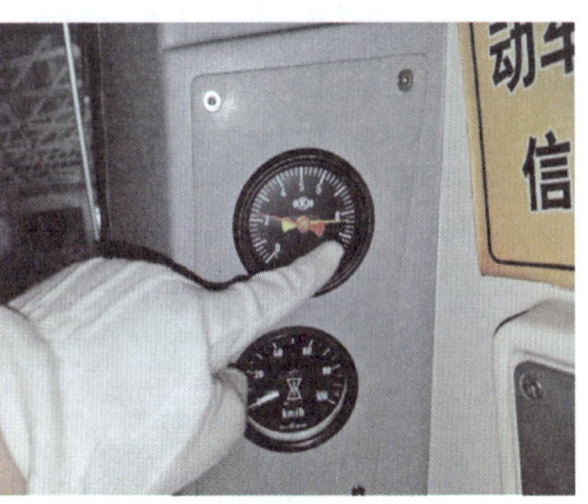

图 5-64　检查风压

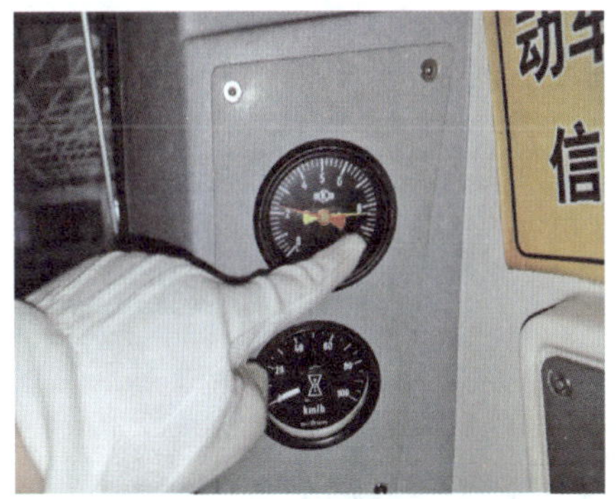

图 5-65　检查列车总风缸压力

图 5-66　网压正常

图 5-67　检查驾驶员室各仪表、指示灯、显示屏显示正常

(4)进行列车开关门试验。分别开关左、右侧车门,确认车门开启、关闭良好,指示灯显示正确(图 5-68)。

(a)

(b)

图 5-68 列车开关门试验

(5)进行驾驶员室设备功能测试。分别开启驾驶员室灯、客室灯、刮雨器、气笛、无线电话、驾驶员室联络、头灯、驾驶员室/客室通风、遮阳布等设备,确认各设备良好(图 5-69)。

(a)

(b)

图 5-69 驾驶员室设备功能测试

(6)设置报站内容,检查客室广播功能良好、内容正确(图 5-70)。

五、列车动态试验及收车

1. 列车动态试验

(1)气制动试验

①等主风缸压力超过 750 kPa(7.5 bar),可以进行气制动试验(图 5-71)。

②按下停车制动缓解按钮，待该按钮点亮(图 5-72)。

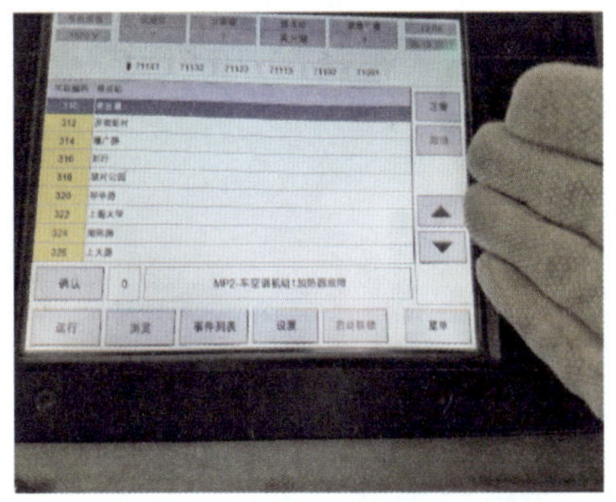

图 5-70　设置报站广播

图 5-71　主风缸压力超过 750 kPa(7.5 bar)

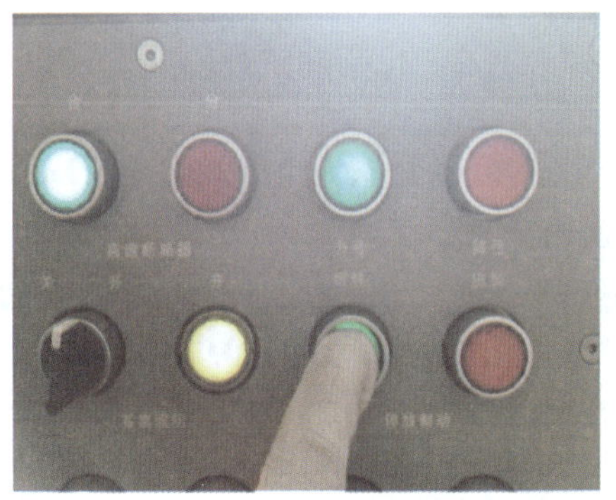

图 5-72　停车制动缓解

③将方式手柄放置在前进位，将方向手柄拉至全常用制动位，缓解紧急制动，点击 HMI 启动按钮(黄色\红色)，等待直至 HMI 面板显示气制动实验结束(图 5-73)。

(a)

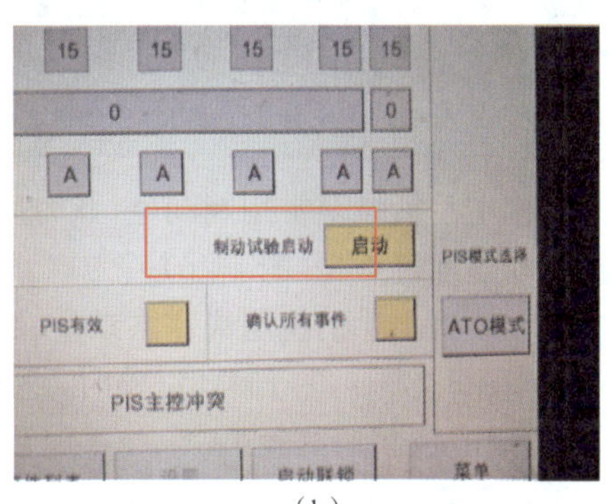

(b)

图 5-73　制动试验

(2)前进位制动试验

①选择前进模式,按下主手柄 C 阀,制动缸压力由 300 kPa(3 bar)降至 200 kPa (2 bar)(图 5-74)。

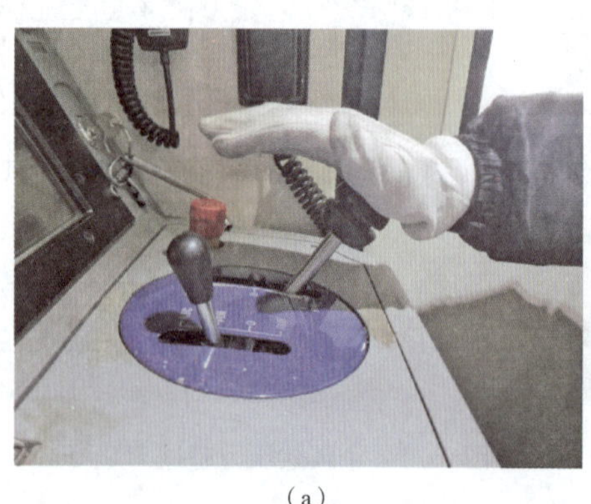

(a)

(b)

图 5-74 前进位制动试验步骤 1

②将主手柄推至牵引,待制动缸压力由 200 kPa(2 bar)降至 0 时,驾驶员台上制动缓解灯点亮后,迅速回 0(图 5-75)。

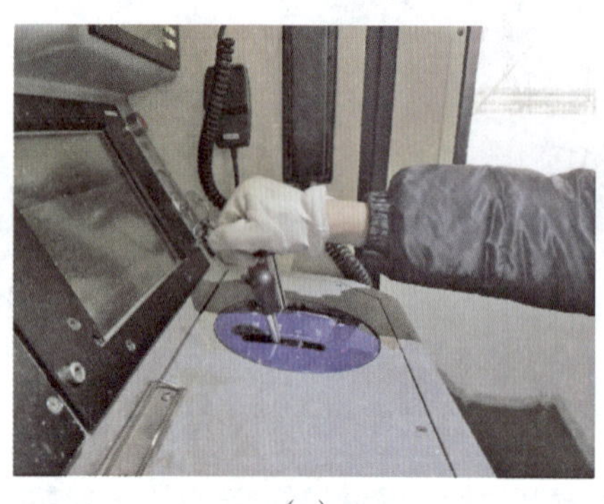

(a)

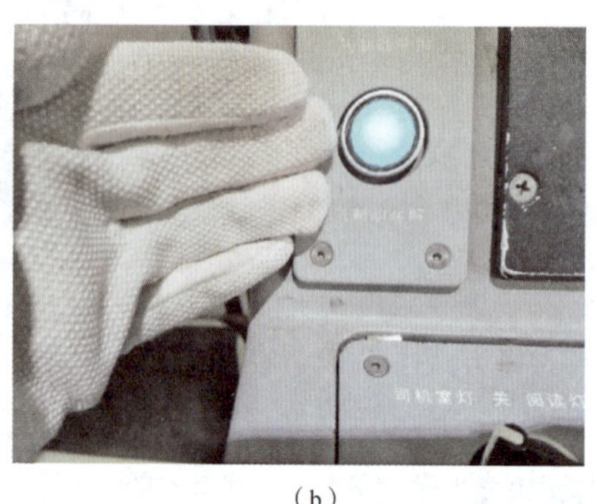

(b)

图 5-75 前进位制动试验步骤 2

③将主手柄拉至常用制动位,此时风缸压力由 0 升至 200 kPa(2 bar),驾驶员台上制动施加灯点亮(图 5-76)。

④继续将主手柄拉至快速制动位,制动缸压力由 200 kPa(2 bar)升至 300 kPa (3 bar)(图 5-77)。进行制动试验时,主手柄 C 阀始终保持按下状态。

(3)后退位制动试验

①选择后退模式,按下主手柄 C 阀,制动缸压力由 300 kPa(3 bar)降至 200 kPa(2 bar)。

（a）

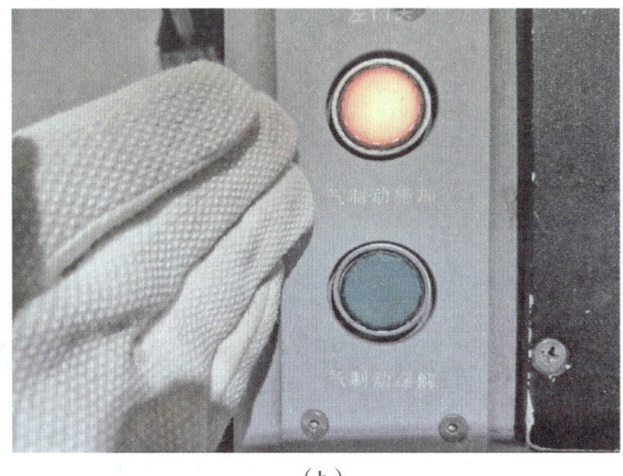

（b）

图 5-76 前进位制动试验步骤 3

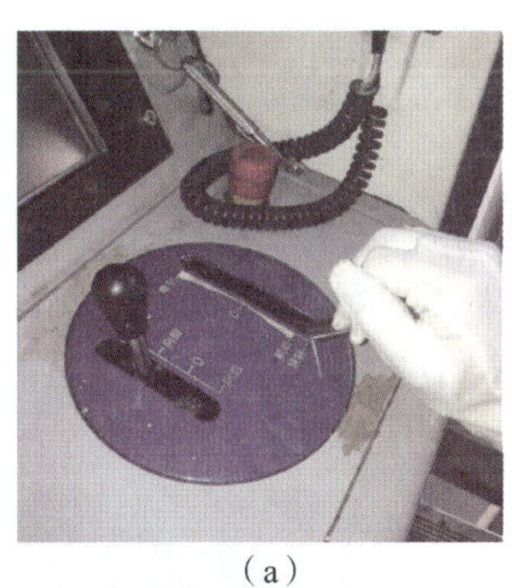

（a）

（b）

图 5-77 前进位制动试验步骤 4

②将主手柄推至牵引，待制动缸压力由 200 kPa(2 bar)降至 0 时，驾驶员台上制动缓解绿灯点亮后，迅速回 0。

③将主手柄拉至常用制动位，此时风缸压力有 0 升至 200 kPa(2 bar)，驾驶员台上制动施加红灯点亮。

④将主手柄拉至快速制动位，制动缸压力由 200 kPa(2 bar)升至 300 kPa(3 bar)。进行制动试验时，主手柄 C 阀始终保持按下状态。

2. 列车收车

(1)关闭列车负载(空调、照明)(图 5-78)。

图 5-78 关闭列车负载

(2)施加停放制动(图 5-79)。

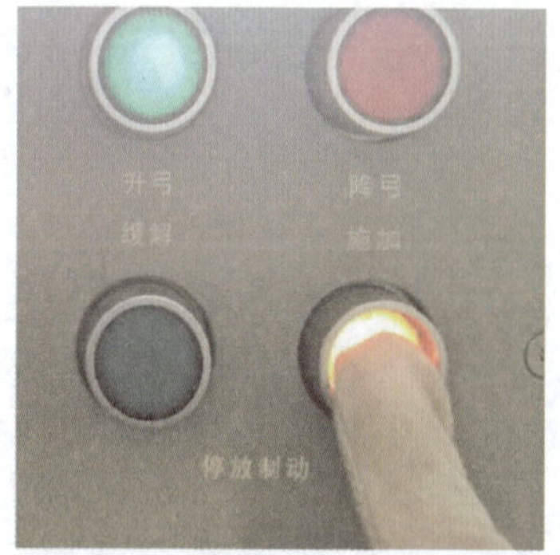

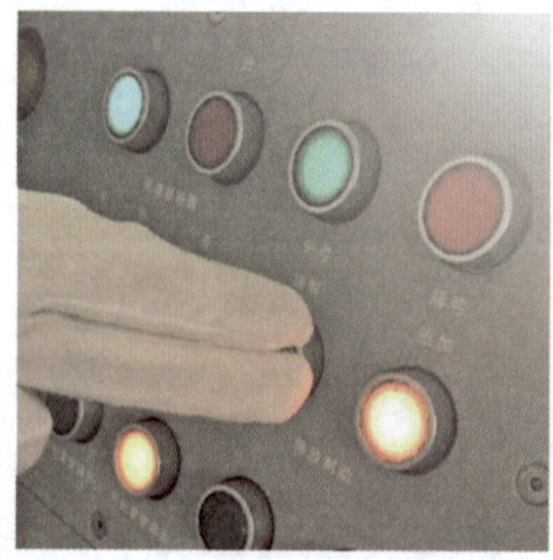

图 5-79 施加停放制动

(3)分断高速开关(图 5-80)。

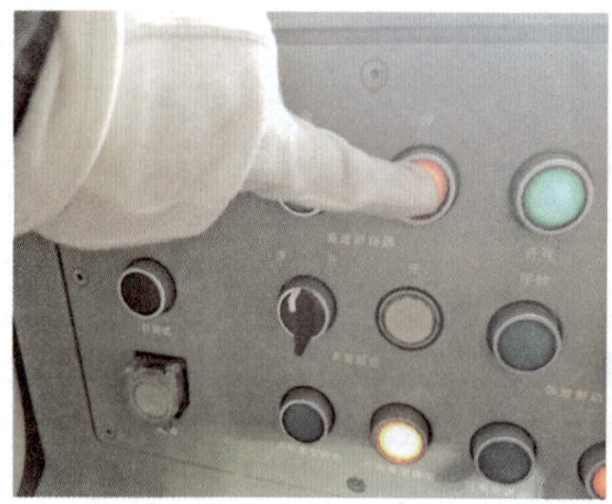

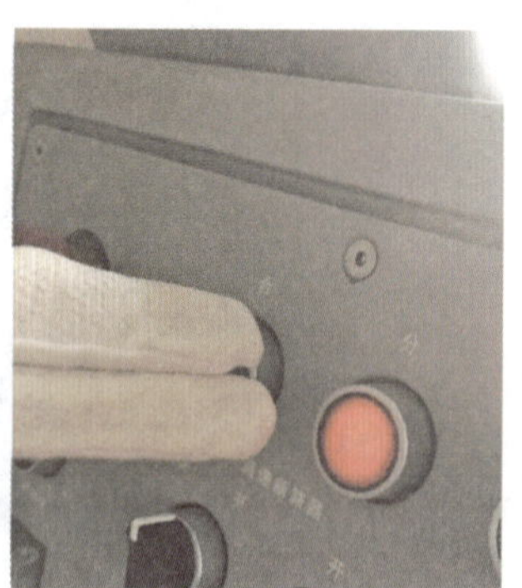

图 5-80 分断高速开关

(4)按下落弓按钮,确认全列车受电弓落下(图 5-81)。

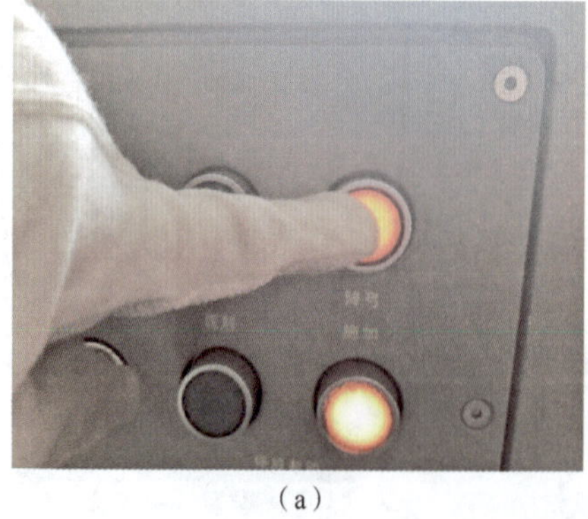

(a)

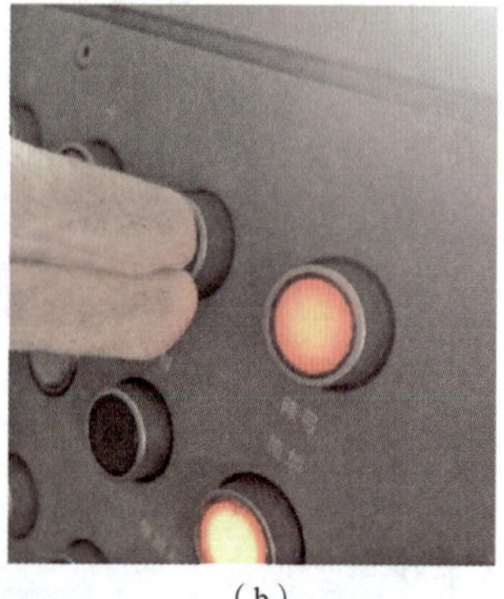

(b)

图 5-81 落弓

(5)关闭主控制器钥匙(图 5-82)。

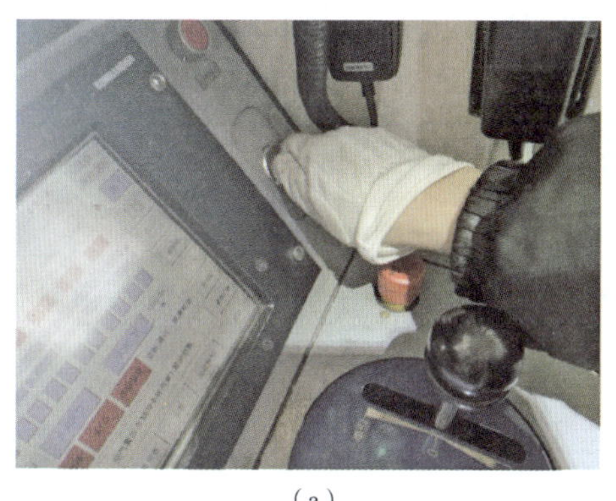

(a)

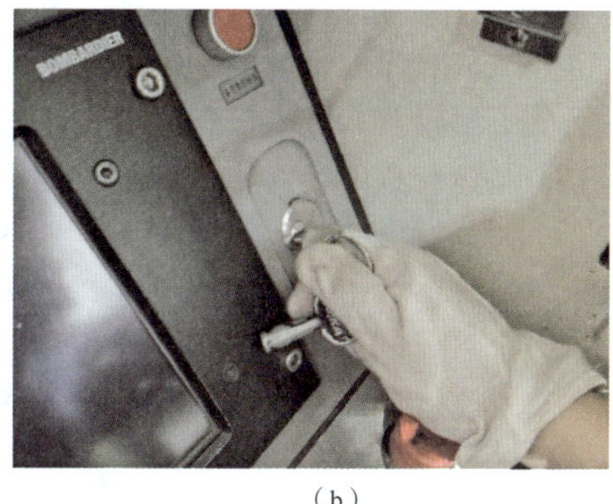

(b)

图 5-82 关闭主控制器钥匙

(6)分断蓄电池开关(图 5-83)。

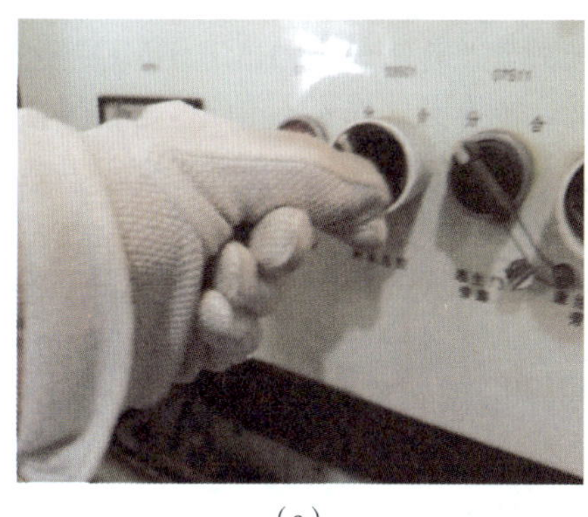

(a)

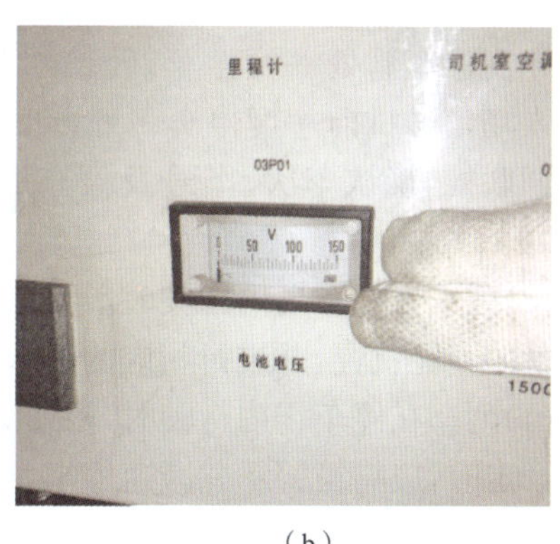

(b)

图 5-83 分断蓄电池开关

5.5.2 出场作业

(1)驾驶员检车作业完毕后与信号楼值班员进行车调联控,确认出库列车车号、车次及股道。

(2)驾驶员确认库门开启良好,并对出库信号进行手指呼唤。

(3)驾驶员以“慢速前行/RMO/RMF”模式限速 5 km/h 驾驶列车至车库门口一度停车,确认平交道上无人、车通过,具备安全通行条件后,启动列车出库。待列车全部出清出库平交道后,驾驶员限速 20 km/h 在停车场内运行。

(4)列车在停车场内行驶时,驾驶员应认真确认进路上每一架信号机的显示和每副道岔的开通位置,并进行手指呼唤。有人员在线路上行走时,应鸣笛警示并减速停车;过平交道口时应停车确认,具备通行条件后方可通过。

(5)经出场线(入场线)出场的列车,驾驶员应在出场信号机前一度停车牌处一度停车,转换列车无线车载台信道,对出场信号机及道岔开通位置进行手指呼唤,确认具备运行条件后驾驶列车出场。

(6)驾驶员驾驶列车运行至信号模式转换点前的一度停车牌处一度停车,建立ATC信号模式并确认列车收到正确的车次号和目的地号后对信号机开放、道岔位置、速度码进行手指呼唤。

(7)驾驶员按运行图规定的驾驶模式驾驶列车进入正线车站。

5.5.3 入场作业

(1)列车入场前,驾驶员应确认车站站务员清客完毕,具备动车条件后,对出站信号机或道岔防护信号机、前方进路进行手指呼唤。

(2)驾驶员以 ATP(ATPM)或 ATO 模式驾驶列车运行至信号模式转换点前的一度停车牌处一度停车,转换驾驶模式至"慢速前行/RMF/RMO"模式,运行至入场信号机前一度停车牌处再度停车,转换无线车载台信道,与信号楼值班员车调联控,确认车次、车号及停车股道,对入场信号机进行手指呼唤后,启动列车。

(3)列车在停车场内行驶时,驾驶员应认真确认进路中每个信号机的显示及每副道岔的开通位置,并进行相应的手指呼唤。

(4)列车在停车场内行驶时,限速 20 km/h,做到瞭望不间断,有人员在前方线路上行走时,应鸣笛警示并减速停车,过平交道口应停车确认,具备通行条件后方可通过。

(5)列车在进入停车库前的平交道处应一度停车,驾驶员下车对库门、股道送电、无人及异物侵入限界进行手指呼唤后,驾驶列车进入车库。

(6)列车进库限速 5 km/h,在接近停车位置时控制好速度,并在规定停车点停车。

(7)列车进入尽头线股道停车时,驾驶员应在离停车位置 10 m 处前一度停车,然后限速 3 km/h 至规定停车处停车。

(8)列车入库后,驾驶员应配合基地保安巡视客室内部。

(9)驾驶员离车前,应将有关行车记录填写完毕,并记录两头驾驶员室内的列车走行公里数,同时携带好驾驶器具,离开列车时应将两端驾驶员室门全部锁闭,并对驾驶员室杂物进行清理。

5.6 工作纪律及非正常作业

5.6.1 工作纪律

(1)驾驶员在执行手指呼唤时,必须做到“眼到、手到、口到、心到”,呼唤时应使用普通话,做到声音清晰、洪亮;手指时,手心应垂直于地面。

(2)驾驶员工作禁令:

①严禁在接受口头命令时,未按规定进行复诵。

②严禁擅自改变列车运行(ATO/ATP/ATP 切除/慢速前行)方式。

③严禁人车冲突后未确认人员状况时再次动车。

④严禁在挤岔后未经专业人员确认时再次动车。

⑤严禁在列车压警冲标、冒进信号时未及时报告行车调度员。

⑥严禁夹人夹物动车或车门未关闭且未采取有效措施时动车。

⑦严禁擅自通过按规定应停车的车站或在规定应通过的车站停车。

⑧严禁在非涉及行车事宜时,使用手机。

⑨严禁在运营线路抛弃杂物。

(3)除遇特殊情况外,驾驶员因事需要请假者,应提前 3 天向班组长请假并办理请假手续;因病需要请假者,应提前 1 天向班组长请假并办理请假手续;未经批准不得擅自休假,遇急病或特殊情况,应提前 1 小时向班组长请假。

(4)驾驶员在值乘过程中,如遇列车 5 min 以上晚点、列车救援、信号设备故障、人车冲突、异物侵入线路、行车事故、重大服务投诉事件、班组或上级部门认为有必要书面澄清的事件时,退勤时应填写书面报告,并积极配合相关部门的调查。

(5)在停车库内,驾驶员上车前,应对列车车底及两侧进行检查,防止人员及设备侵入限界,如司机室挂有“禁动牌”时,严禁启动列车,并向运转值班员报告。

5.6.2 非正常作业

(1)驾驶员处置列车故障时,应严格按照排故手册流程操作,并在规定处置时间内判断出故障能否排除,根据列车的实际技术状态,向行车调度员明确终点站退出运营、立即清客退出运营和申请救援的行车作业要求。

(2)列车在 ATO 模式驾驶时,驾驶员需离开司机室处置故障或其他事宜,必须将方向/方式手柄(模式开关)转换至手动模式,防止列车自行发车。

(3)开门后,屏蔽门/安全门自动状态未能打开,驾驶员应激活控制盘,根据车长选择 6/8 节开关,再手动打开屏蔽门/安全门;关闭车门后再关闭屏蔽门/安全门，确认屏蔽门/安全门锁闭灯点亮后恢复开关至自动状态，并恢复6/8节开关。

(4)运营列车发生故障需离开司机室处理时，驾驶员必须向行车调度员汇报，说明需处理的地点和大致处置方式，携带无线手持机等工具后离开司机室，并关闭司机室门，处理完毕后，应及时回司机室恢复运行。

(5)列车故障无法动车时，驾驶员应根据故障处置先检查判断，再处理的原则，按检查顺序对司机室各指示灯、仪表、开关、故障显示屏、断路器状态等进行检查，综合判断故障后再根据故障处置预案要求处理。

(6)运营中遇单扇车门故障，需切除时，驾驶员应报告行车调度员，携带方孔钥匙至故障车门，人工闭合故障车门后切除，再扒动车门确认锁闭良好，并张贴“车门故障标识”。

(7)运营过程中，驾驶员发现或接到通知列车有异声或异常情况时，驾驶员应立即报告行车调度员，并适当减速，根据行车调度命令或维修人员确认无碍后，方可恢复正常运营。

(8)列车停在站台遇车门紧急手柄动作时，驾驶员应立即报告行车调度员，由车站人员处理，如列车迫停区间，驾驶员应报行车调度员后，应立即至故障车门确认乘客安全，并恢复车门紧急手柄，回司机室恢复运营。

(9) ATO自动驾驶，列车进站停车时，驾驶员应确认列车程序停车情况，遇程序停车未启动或列车制动力明显不足时，应立即采用紧急停车措施使列车停车，再以手动方式对位。

(10)遇列车制动单元故障或切除部分车辆制动系统维持运行时，驾驶员应使用ATP手动驾驶方式，并适当延长列车制动距离，确保列车在规定地点安全停车。

(11)司机室侧门采用开门形式，驾驶员打开司机室门时，安全锁不得释放，并使车门吸住门吸，再进行站台作业，防止车门自动锁闭。

(12)列车在始发站发车前，驾驶员应根据运行图确认列车交路情况，并按要求设置报站器，在大小交路折返站，驾驶员应确认信号显示与运营交路一致。

(13)列车停站准确，但未收到开门信息，需切除ATP门控旁路开关开门，驾驶员必须至站台上开门，并报告行车调度员，动车前，必须恢复ATP门控旁路开关

(14)正线运营发生ATP故障需切除，驾驶员必须报行车调度员，并得到同意后方可切除，维持运营按照切除ATP方式执行，列车退出运营后，由驾驶员负责即刻恢复ATP开关，并报运转值班室备案。

(15)凡在城市轨道交通范围内的车站、停车场及区间线路上发生人员伤亡事故的，驾驶员应立即停车，并按顺序报告。在正线区间内，由驾驶员向行车调度员报告；在停车场管辖范围的线路内发生事故，由驾驶员向运转值班员报告；报告内

容：日期(月、日)时间(时、分)、地点(上行线、下行线里程或站名)、列车车次、列车号、报告人姓名及事故概况；驾驶员应严格按行车调度员的调度命令执行，并配合相关部门做好工作，现场处理完毕恢复运营时，需现场民警签字认可，并汇报行车调度员，经同意后恢复运行。

(16)因暴雨或其他原因造成区间隧道积水时，驾驶员应对下列情况进行确认：当积水面与轨面高度大于150 mm时，允许列车以正常速度通过；当积水面与轨面高度大于等于100 mm小于150 mm时，允许列车按40 km/h速度通过；当积水面与轨面高度大于等于50 mm小于100 mm时，允许列车按20 km/h速度通过，此时驾驶员应谨慎驾驶，以惰行方式通过；当积水面与轨面高度小于50 mm时，原则上列车不通过积水段。

(17)因天气原因能见度下降时，驾驶员应根据实际情况，限速运行。

(18)发现触网挂有异物时，驾驶员应立即停车。地面线路或高架线路时需报告行车调度员，在得到行车调度员许可后方能下车用绝缘杆拨除异物；车头越过触网悬挂异物时或异物较难清除时，驾驶员可汇报行车调度员，经行车调度员同意用切单弓绕过触网悬挂物的方式继续运行；触网异物可由后续列车处理；驾驶员发现邻线线路触网挂有异物时，应及时报告行车调度员，说明具体位置。

(19)遇列车救援时，驾驶员应严格按行车调度员的调度命令执行，瞭望端驾驶员应加强瞭望。

(20)列车在车站停站时发生触网停电，驾驶员须及时向行车调度员报告，打开车门，并向乘客广播；如停电无法短时间恢复，驾驶员可根据调度命令进行清客，并收车；列车在区间发生触网停电时，驾驶员应尽量将列车惰行至车站，如无法牵引迫停区间时，驾驶员应及时向行车调度员报告，并用客室广播安抚乘客；如触网供电无法及时恢复，且客室内乘客较多时，驾驶员可根据调度命令进行疏散；触网恢复供电后，驾驶员应及时启动列车，并确认列车状况，如车况满足运营条件，立即恢复运营。

第 6 章　列车故障处理

6.1　故障处理基本技巧

列车故障是影响列车正常运营秩序的主要原因之一，列车在载客运营中发生因故障掉线、清客、救援的现象不断发生，给正常的运营组织带来混乱。列车故障形成的原因主要包括：设备老化、欠修、维修保养不当、驾驶员操作不当、人为损坏等。

为了减少列车故障发生的频率，除按时做好维修保养以外，驾驶员要规范驾驶列车，合理使用各项功能，最重要的是掌握各类车型的故障排除技能，一旦发生列车故障能及时快速处理，恢复运营秩序。通常列车故障发生后，都有其一定的表象，驾驶员可根据表象来判断故障原因和部位，从而快速地、正确地处理。

6.1.1　故障恢复法

通过司机室显示屏或仪表指示灯显示内容，确定故障发生部位并检查相关设备有无异常。如空气断路器断开、供气阀门关闭等，可恢复其功能以达到排除故障的目的，如图 6-1 所示。

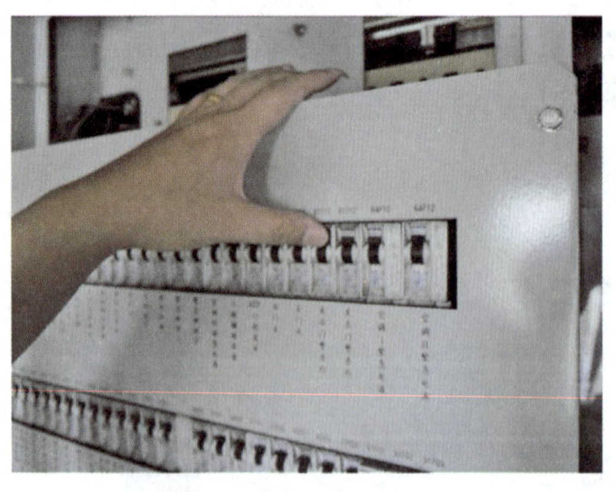

图 6-1　恢复空气断路器

6.1.2　故障切除法

部分设备故障发生会直接影响列车的驾驶性能及安全性能，因此列车在电路设计中对重要部件安装了监控系统，该设备一旦发生故障，遵循设备故障导向安全这一设计原则，车辆控制系统会采取限速运行或停止运行等手段来确保列车安全。驾驶员必须通过故障现象准确查找故障原因，通过切除故障设备的方法来维持列车运行，以减少故障状态下对运营的影响。如车门发生关闭不到位时，驾驶员可以采取切除该车门的方法继续载客运行，如图 6-2 所示。

（a）

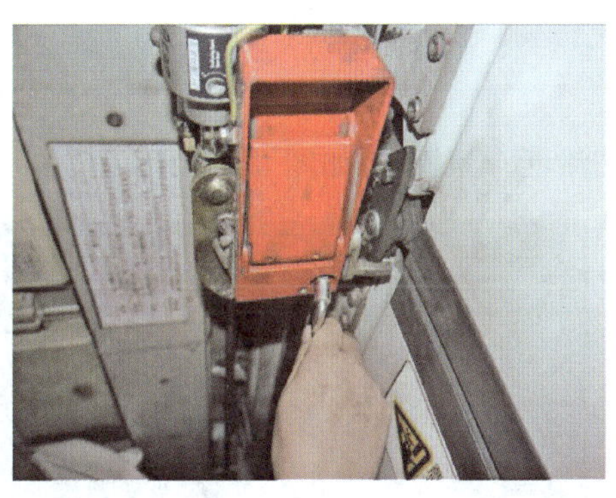

（b）

图 6-2　切除故障车门

6.1.3　旁路法

在车辆监控系统发生故障时，会影响列车驾驶功能，导致列车无法牵引，此时驾驶员必须按故障情况严格区分故障发生的原因，也就是区分是否是监控系统本身原因发生的故障，在这种情况下，驾驶员可尝试使用旁路相关监控设备，维持列车运行。如监测列车空气制动是否缓解的压力传感器发生故障时，会导致全列车无牵引的现象，驾驶员必须先确定列车制动已真正缓解后再使用旁路制动监控电路的方法排除故障，如图 6-3 所示。

6.1.4　重启法

列车采用计算机控制，在控制信号或通信信号发生误差时会造成信息显示紊乱，严重的会影响列车某些设备的正常使用（或成为死机），在这种情况下最好采用重新启动列车或重新启动相关设备的方法，激活故障设备，恢复列车功能。如上海轨道交通阿尔斯通 A 型电动列车车门死机后，可通过关闭再开启 EDCU 的方法重

(a)

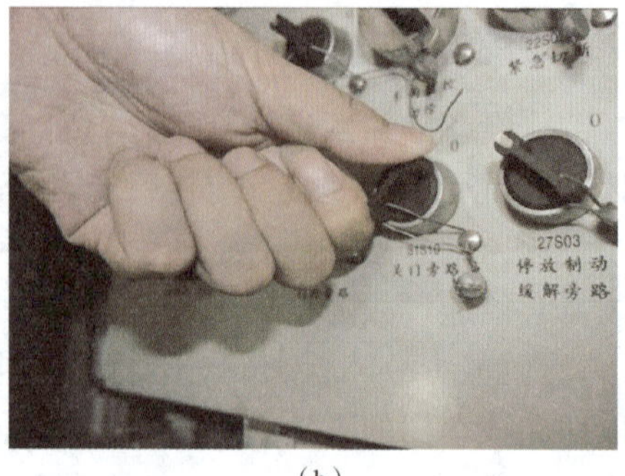

(b)

图 6-3 切除监控旁路开关

新激活车门控制，如图 6-4 所示。

(a)

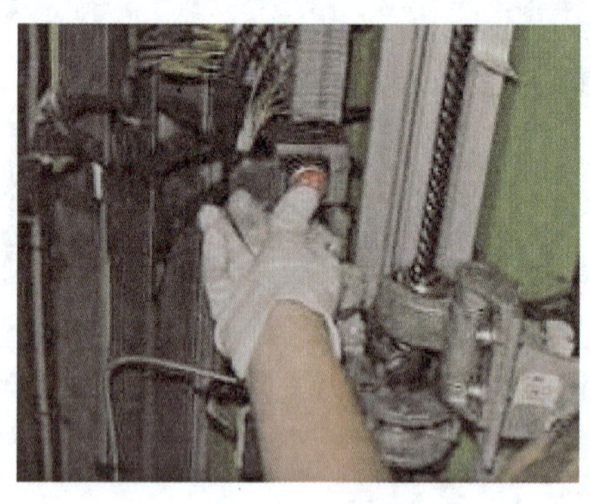

(b)

图 6-4 激活车门控制

6.2 运行列车的应急处置

列车在运营过程中发生比较简单、轻微的故障时，驾驶员可通过观察司机显示屏及指示灯的显示，对显示的信息在第一时间作出分析和判断，以便采取适当的措施和方法排除故障。

6.2.1 列车客室车门故障应急处置

客室车门故障是最为常见的列车故障，按故障类型可以分为全列车车门无法打开、全列车车门无法关闭、单节车门无法打开或关闭、单扇车门无法关闭、车门关闭但关门灯不亮、安全疏散梯未锁闭到位等故障。

1. 单个车门不能关闭,列车无法动车

(1)重新按压"开左/右门"按钮(图 6-5),开门后,再按压"关左/右门"按钮,按压"开、关门"按钮需保持 3 s 以上。

(2)司机报告行调(图 6-6)故障车次、列车位置和故障现象并申请到现场切除车门。

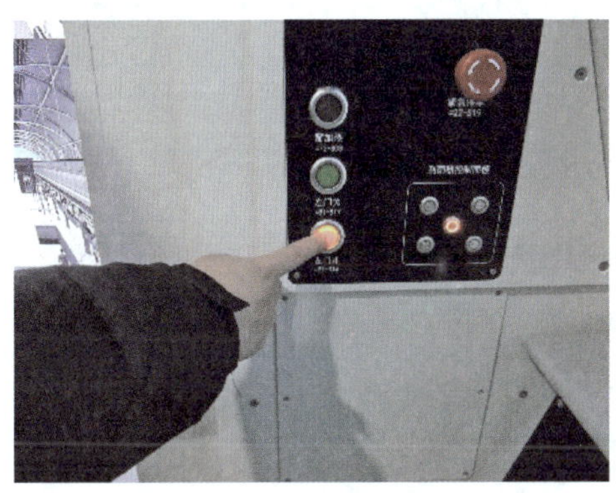

图 6-5　"开左/右门"按钮

图 6-6　报告行调

(3)通过车辆显示屏(图 6-7)选择播放预置的"临时停车"紧急广播安抚乘客。

(4)用纸笔记录故障车门的编号(图 6-8),按压"开左/右门"按钮开启车门、站台门。

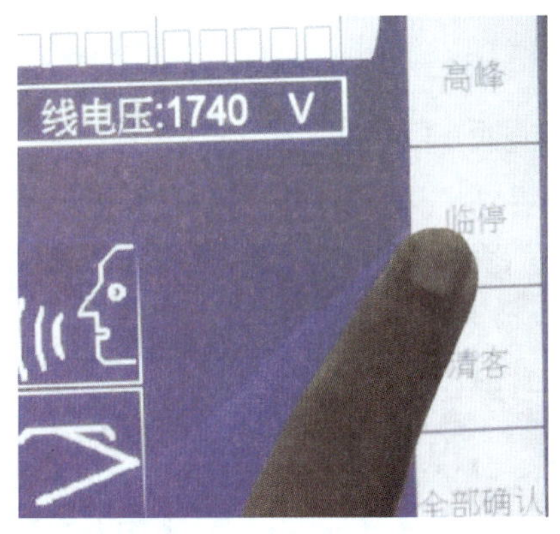

图 6-7　车辆显示屏

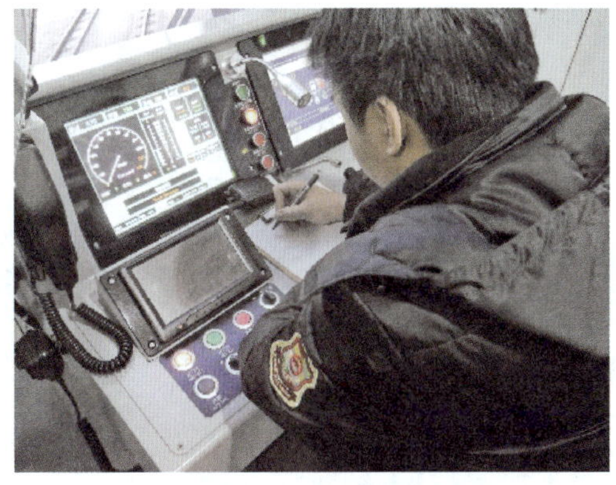

图 6-8　记录故障

(5)到达故障车门处,解锁车门,手动关闭车门,恢复解锁手柄,用方孔钥匙将车门切除(图 6-9)。

图 6-9 切除车门

(6)确认车门上方的红灯亮和车门切除装置在水平位(图 6-10)。

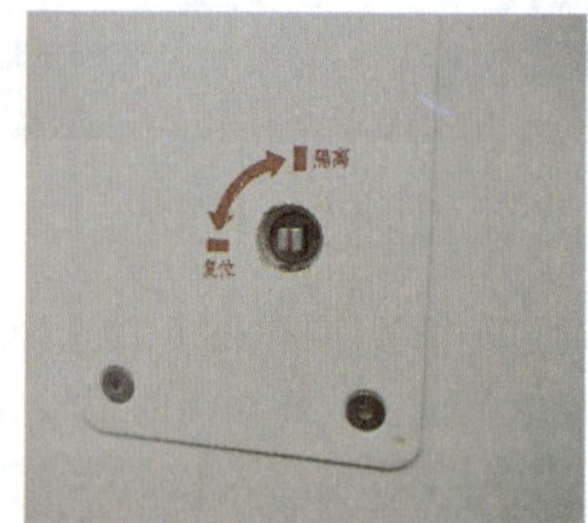

图 6-10 确认切除车门

(7)返回司机操纵台点击车辆显示屏(图 6-11)查看车门状态界面,确认小锁图标。

(8)按作业程序关门动车(图 6-12)。

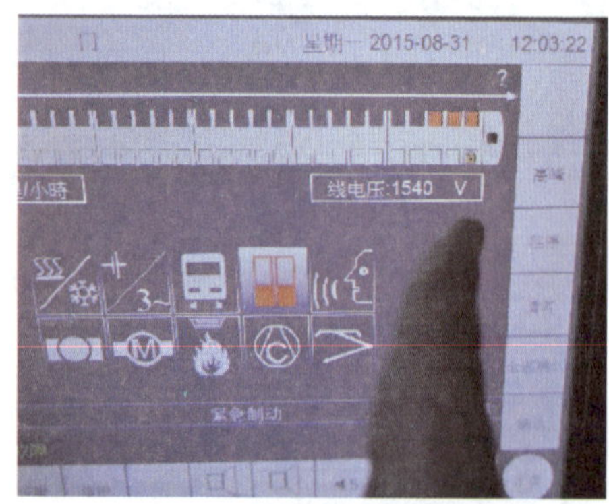

图 6-11 车辆显示屏

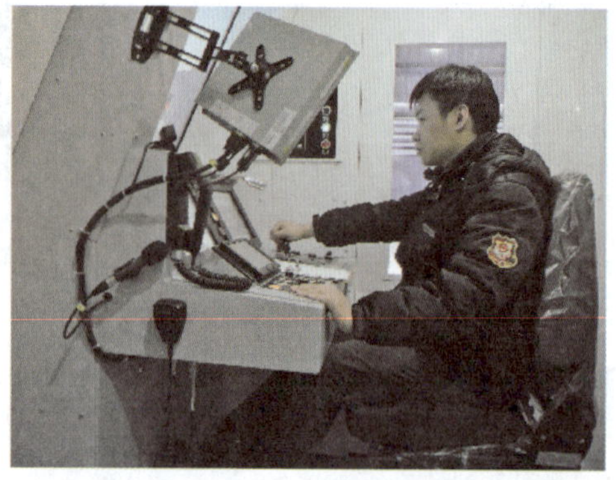

图 6-12 关门动车

(9)动车成功后报告行调:“××次司机在××站上/下行切除××车门成功,现已动车”。

2. 列车整侧车门无法打开

(1)司机确认列车对标精度和开门使能信号。

(2)司机按下“开左/右门”按钮并保持 3 s 以上。

(3)司机报告行调故障车次、列车位置和故障现象。

(4)司机通过车辆显示屏选择播放预置的“临时停车”紧急广播安抚乘客。

(5)司机将主控钥匙(图 6-13)打到“关”位,等车辆显示屏黑屏 3 s 后将主控钥匙打到“开”位。

(6)司机将“驾驶模式选择”开关(图 6-14)转向“OFF”位;按下站台侧的“强制开左/右门”按钮及“开左/右门”按钮和备用按钮开门,按下“开左/右门”和备用按钮需保持 3 s 以上。

图 6-13 主控钥匙

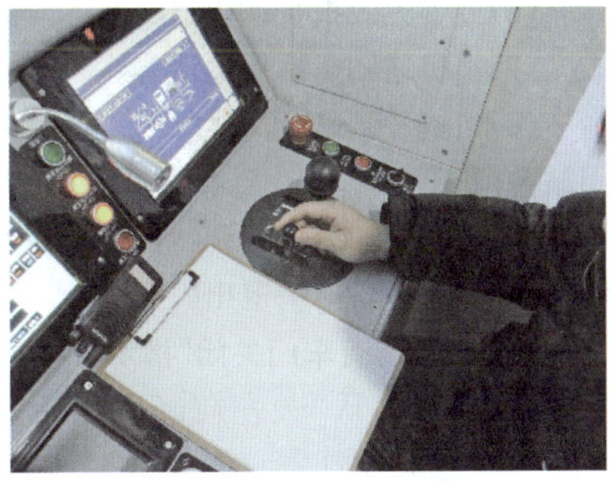

图 6-14 “驾驶模式选择”开关

(7)司机将“门零速旁路”开关(图 6-15)至“合”位,将“开关门模式切换”开关(图 6-16)至“网络位”,尝试开门,车门打开,按照作业程序进行作业。

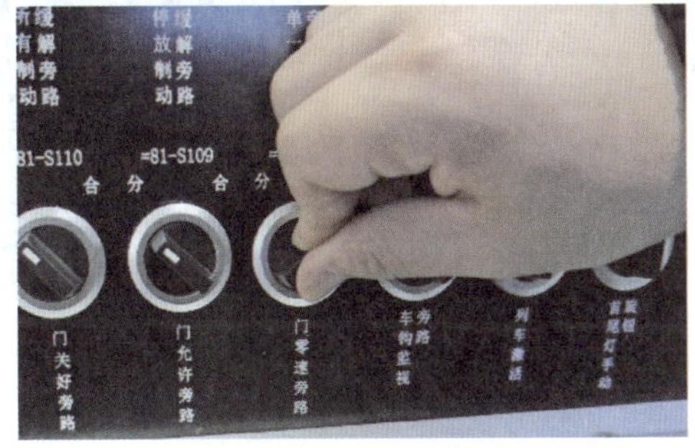

图 6-15 “门零速旁路”开关

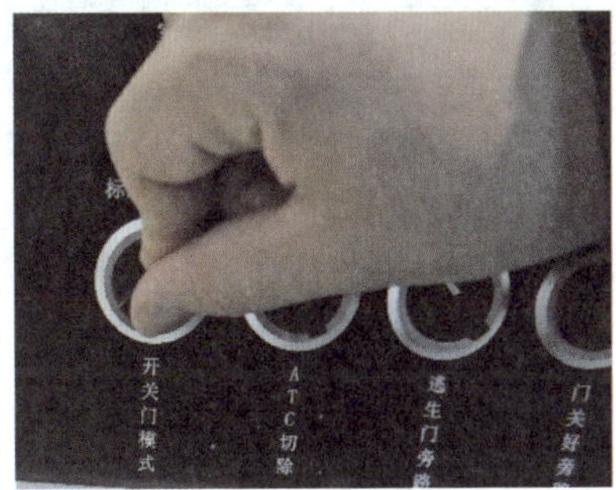

图 6-16 “开关门模式切换”开关

(8)站台作业完毕后恢复“门零速旁路”开关至“分”位。

(9)动车成功后报行调:“××次在××站上/下行,操作门零速开关后列车能开门,现已完成站台作业并动车,申请退出服务”。

3. 列车整侧车门无法关闭

(1)司机重新按压“开左/右门”按钮,再按压“关左/右门”按钮,按压“开、关门”按钮需保持 3 s 以上。

(2)司机报告行调故障车次、列车位置和故障现象。

(3)司机通过车辆显示屏选择播放预置的“临时停车”紧急广播安抚乘客。

(4)司机将“开关门模式切换”开关至“网络”位,按下“关左/右门”按钮并保持 3 s 以上。

(5)司机将“主控钥匙”打到“关”位,等车辆显示屏黑屏 3 s 后将主控钥匙打到“开”位;按下“关左/右门”按钮并保持 3 s 以上。

(6)处置无效报行调申请清客。

(7)司机通知车站协助清客。

(8)司机看到站台清客“好了”信号后,按压“关左/右门”按钮保持 3 s 以上,关闭站台门。

(9)动车成功后报行调:“××次在××站上/下行,操作‘车门旁路’(图 6-17)后列车已经动车,申请退出服务”。

4. 列车“所有车门关闭”指示灯不亮,列车无法动车

(1)司机确认“关左/右门”灯及“所有车门关闭”灯状态,按压“灯测试”(图 6-18)按钮试灯。

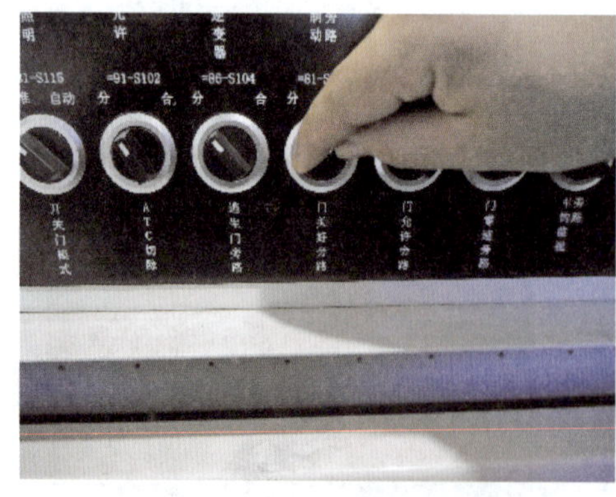

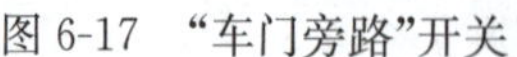
图 6-17 “车门旁路”开关

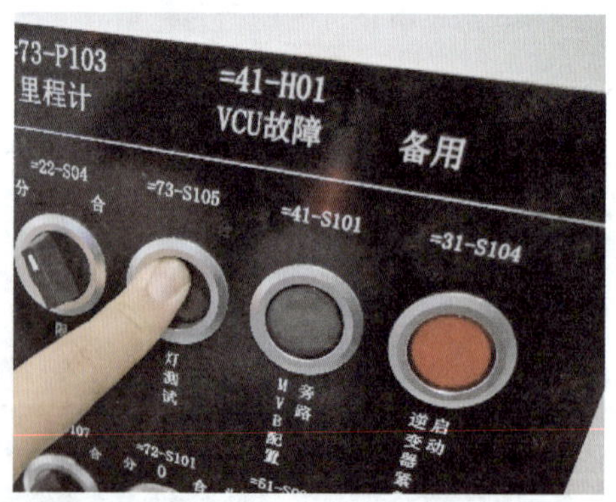

图 6-18 “灯测试”按钮

(2)司机点击车辆显示屏状态查看车门状态界面。

(3)司机报告行调故障车次、列车位置和故障现象。

(4)司机通过车辆显示屏选择播放预置的“临时停车”紧急广播安抚乘客。

(5)司机按压“开左/右门”按钮一次，再按压“关左/右门”按钮一次，按压按钮需保持 3 s 以上。

(6)司机将“主控钥匙”至“关”位，等车辆显示屏黑屏 3 s 后将“主控钥匙”至“开”位；

(7)司机点击车辆显示屏状态查看车门状态界面，将“车门旁路”开关至“合”位，动车。

(8)动车成功后报行调：“××次在××站上/下行，操作‘车门旁路’后现已动车，列车运行正常”。

5. 单节车厢门无法打开

(1)观察侧墙灯显示或显示屏(图 6-19)，判断故障车辆。

(2)切“ATP 门控旁路”，重新开关门一次(图 6-20)。

图 6-19 观察侧墙灯显示

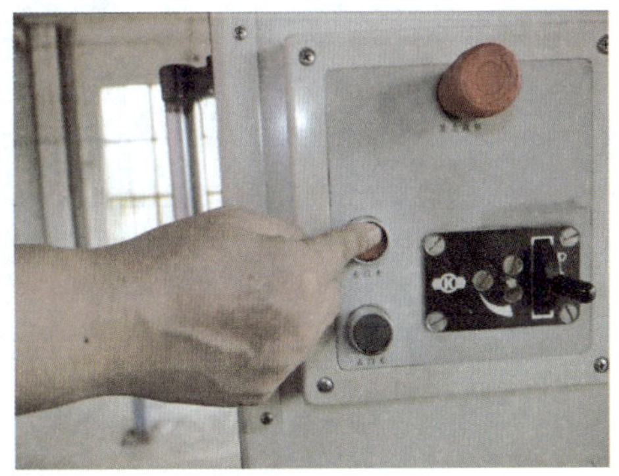

图 6-20 重新开关门

(3)司机广播告知乘客从相邻车厢下车。

(4)检查故障车设备柜内“右侧车门解锁”“关右门警告灯”或“左侧车门解锁”“关左门警告灯”空气开关是否跳开(图 6-21)。跳开则合上，继续运营。

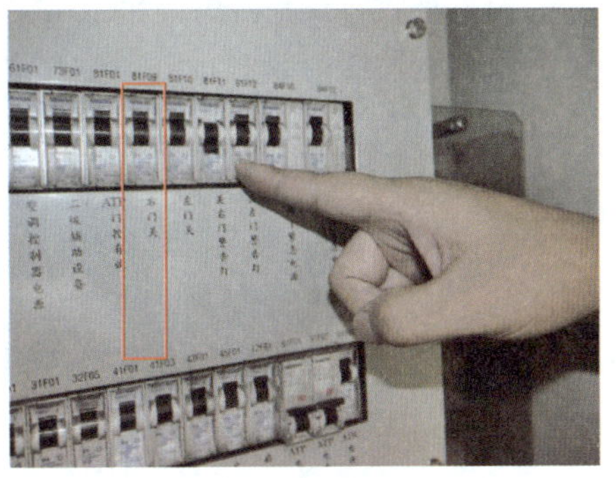

图 6-21 检查空气开关

6.2.2 列车制动故障应急处置

制动故障是列车故障中最为严重的故障，绝大部分列车救援都是由制动故障所引起的。制动故障可分为常用制动不缓解故障、紧急制动不缓解故障和停放制动不缓解故障三种。按发生的部位可分为全列车制动不缓解故障以及单节车制动不缓解故障。司机遇制动故障时可通过 DDU 显示屏、指示灯、双针压力表等来判断列车制动故障的类型及位置。

(1)列车突发紧急制动，车辆显示屏状态栏显示紧急制动，信号显示屏显示紧急制动图标，气压表红色指针指向 300 kPa(3 bar)，列车无法动车。

①司机确认“主断合”绿灯亮、“受电弓升”绿灯亮、“停放制动缓解”绿灯亮(图 6-22)、“所有车门关闭”绿灯亮。

②司机确认车辆显示屏状态网压显示 1 000～1 800 V(图 6-23)，车门状态界面显示所有车门关闭，“气压表”红色指针指向 300 kPa(3 bar)。

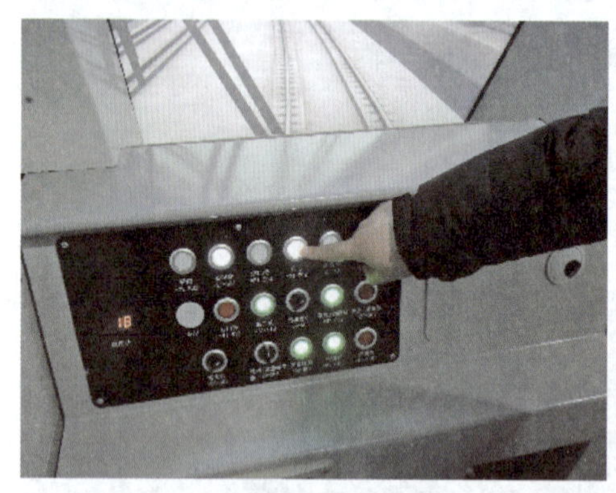

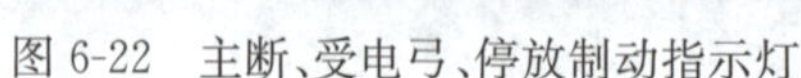

图 6-22　主断、受电弓、停放制动指示灯

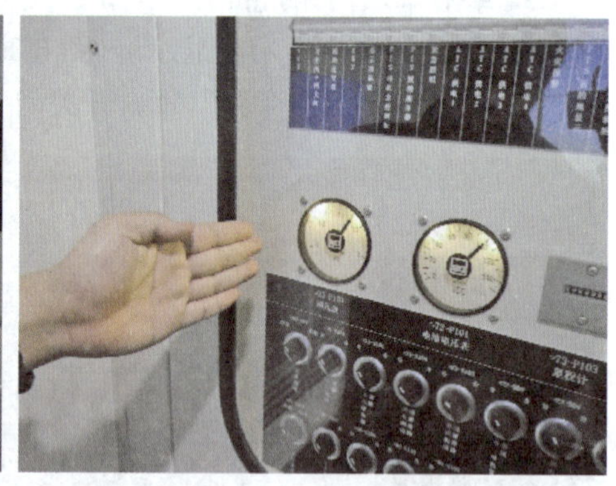

图 6-23　网压显示

③司机报告行调故障车次、列车位置和故障现象并申请中央缓解紧急制动。

④司机通过车辆显示屏选择播放预置的“临时停车”紧急广播安抚乘客。

⑤司机接收行调命令并复诵。

⑥中央无法缓解紧制，司机将“驾驶模式选择”开关(图 6-24)转向“RM”位后尝试动车。

⑦司机将“安全回路旁路”至“合”位后尝试动车。

⑧司机将“信号选择”开关至“信号切除”位后尝试动车。

⑨动车成功后报行调：“××次在××站至××站上/下行区间区间列车已动车，操作‘安全回路旁路’至‘合’位、‘信号选择’开关至‘信号切除’位，申请限速退出服务”。

(2)车辆显示屏显示停放制动图标“P”“停放制动缓解”灯不亮，列车无法动车。

①司机按压“灯测试”按钮进行试灯，查看是否指示灯烧坏，确认停放制动

状态。

②司机点击车辆显示屏查看制动状态界面图标显示为停放移动图标“P”(图 6-25)。

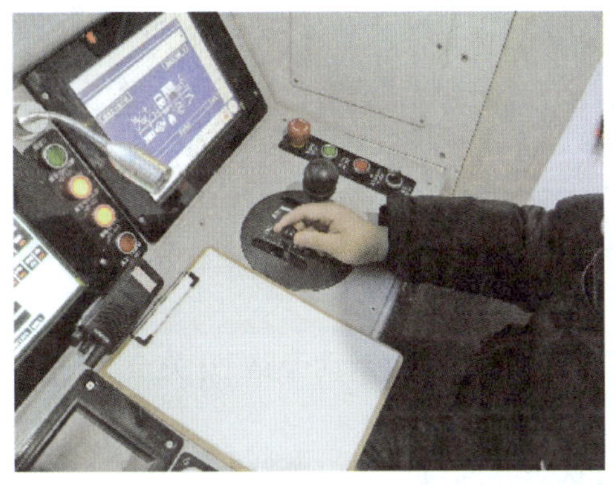

图 6-24　“驾驶模式选择”开关

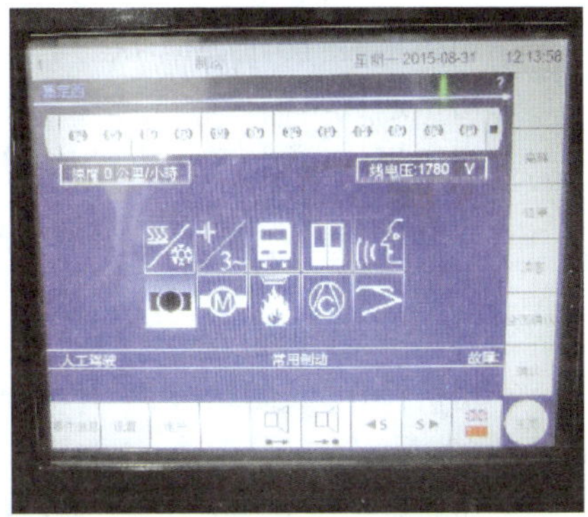

图 6-25　停放制动状态

③司机报告行调故障车次、列车位置和故障现象。

④司机通过车辆显示屏选择播放预置的“临时停车”紧急广播安抚乘客。

⑤司机尝试按压一次“停放制动缓解”按钮(图 6-26)。

⑥若无效则将“停放制动旁路”开关(图 6-27)打至“合”位，以不超过 3 km/h 速度做溜动试验，确认停放制动状态。

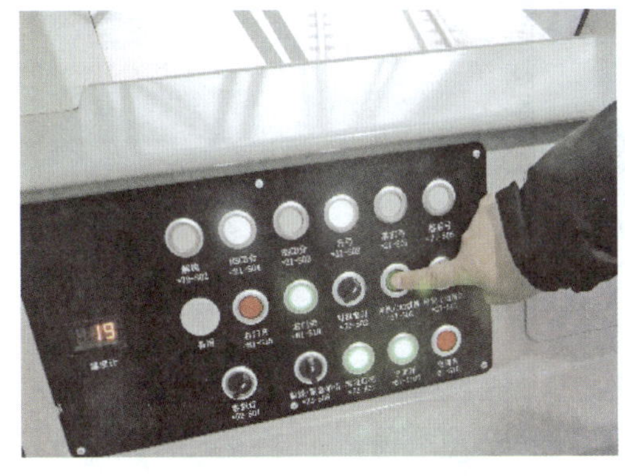

图 6-26　“停放制动缓解”按钮

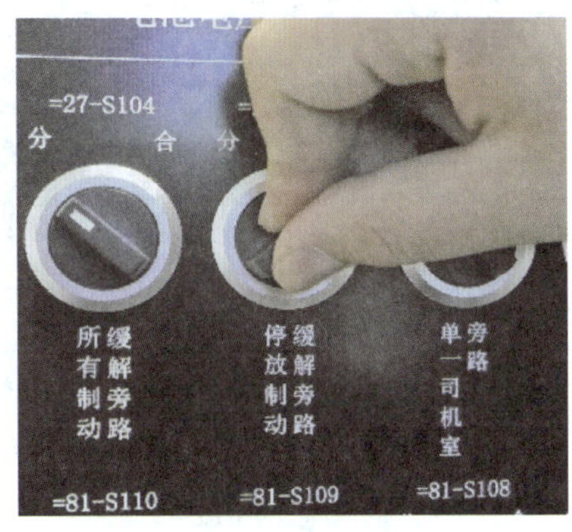

图 6-27　“停放制动旁路”开关

⑦司机将“安全回路旁路”至“合”位后尝试动车。

⑧司机将“信号选择”开关至“信号切除”位后尝试动车。

⑨动车成功后报行调:"××次在××站至××站上/下行区间区间列车已动车,列车设备正常,司机操作'停放制动旁路',列车无抱闸现象,申请退出服务"。

(3)列车牵引 5～8 km/h 后自行产生制动停车,动车过程中列车"所有气制动缓解"灯不亮,车辆显示屏无制动故障显示,列车无法动车。

①司机报告行调故障车次、列车位置和故障现象。

②司机通过车辆显示屏选择播放预置的"临时停车"紧急广播安抚乘客。

③司机报告行调,列车位置、故障现象。

④司机按压"灯测试"按钮进行试灯,查看"所有气制动缓解"灯是否亮。

⑤司机尝试动车,点击车辆显示屏查看制动状态界面上气制动状态显示是否缓解。

⑥司机操作"气制动旁路"开关至"合"位,操作"停放制动旁路"开关至"合"位,尝试动车。

⑦司机点击车辆显示屏状态查看车门状态界面,将"车门旁路"开关(图 6-28)。至"合"位,动车。

⑧动车成功后报行调:"××次在××站至××站上/下行区间区间列车已动车,列车设备正常,操作'气制动旁路'和'停放制动旁路',列车制动缓解,运行正常,申请退出服务"。

(4)车辆显示屏气制动图标显示单节气制动图标红点,列车无法动车。

①司机点击车辆显示屏查看制动状态界面(图 6-29)。

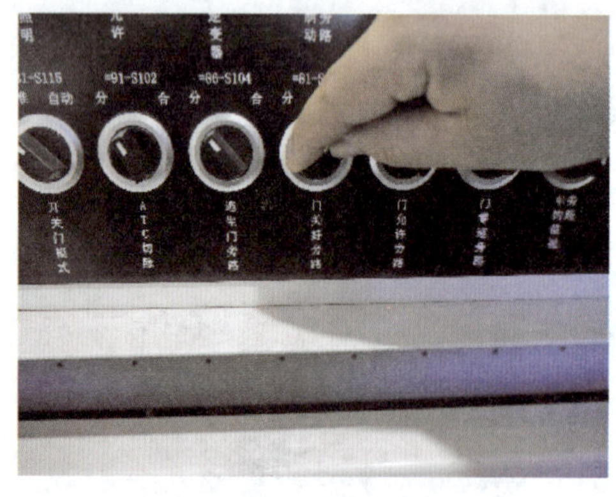

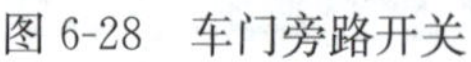

图 6-28　车门旁路开关

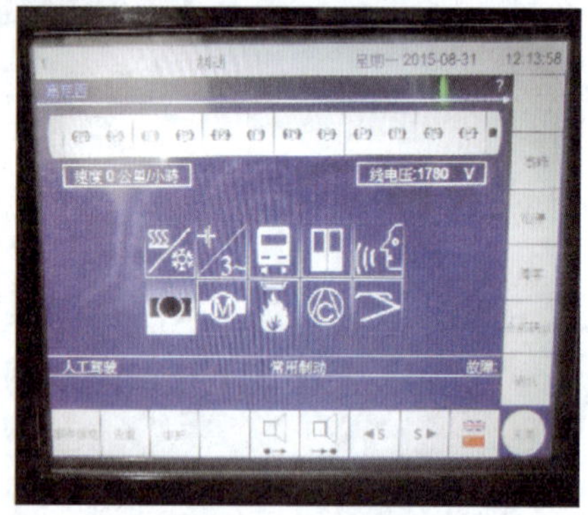

图 6-29　制动状态

②司机报告行调故障车次、列车位置和故障现象。

③司机通过"车辆显示屏"选择播放预置的"临时停车"紧急广播安抚乘客。

④司机检查故障单元车的"智能阀＋网关阀"开关是否跳闸(图 6-30)。

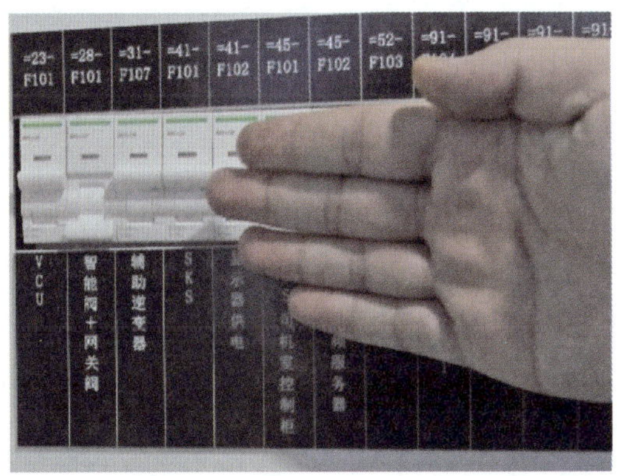

图 6-30　“智能阀＋网关阀”开关

⑤司机向行调申请切除故障单元车气制动缓解阀。

⑥司机切除故障单元车气制动缓解阀(图 6-31)，返回司机室确认切除小锁图标后尝试动车。

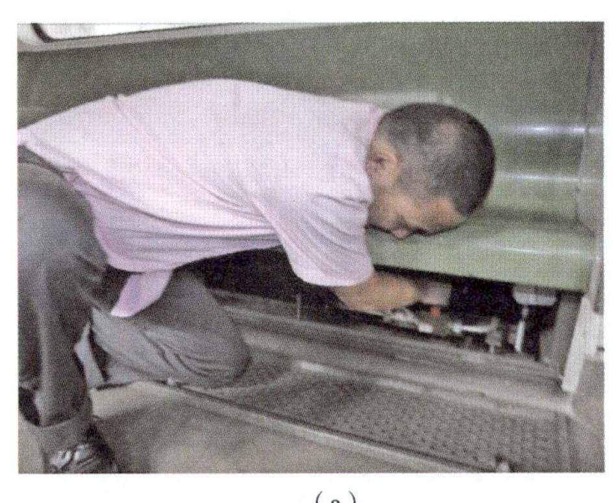

(a)

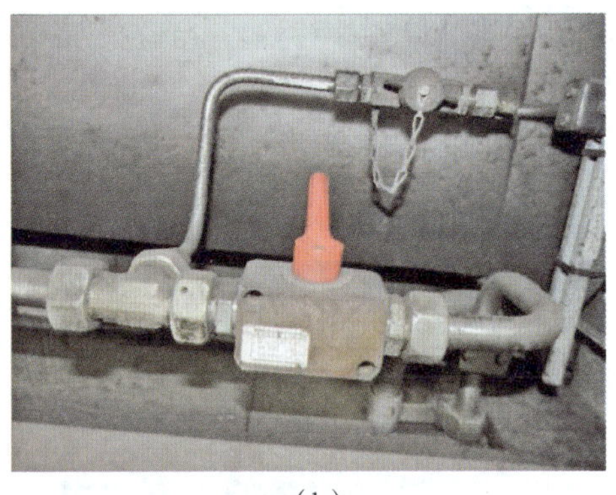

(b)

图 6-31　气制动缓解阀

⑦司机操作“气制动旁路”开关尝试动车。

⑧动车成功后报行调：“××次在××站至××站上/下行区间区间列车已动车，切除了故障车气制动缓解阀并操作‘气制动旁路’，申请限速退出服务”。

6.2.3　牵引系统故障应急处置

牵引系统故障中易发生故障的部件主要为高速开关故障、受电弓故障以及牵引箱故障。

(1)车辆显示屏显示牵引电机 3 个图标红点,列车无法动车。

①司机点击车辆显示屏查看牵引状态界面。

②司机报告行调故障车次、列车位置和故障现象。

③司机通过车辆显示屏选择播放预置的“临时停车”紧急广播安抚乘客。

④司机确认“受电弓升”绿灯亮、“主控钥匙”在“开”位,按压“主断分”按钮。

⑤司机保持按下“MVB 复位”按钮 5 s,操作 MVB 复位。

⑥司机复位 MVB 成功后闭合主断路器尝试动车。

⑦若无效则尝试将“运行模式选择”至“降级”位(图 6-32),并尝试动车。

⑧动车成功后报行调:“××次在××站至××站上/下行区间区间列车已动车,列车设备正常,操作了降级模式,申请限速退出服务”。

(2) ATO 启动灯不亮,尝试 ATO 模式动车且推主控手柄,车辆显示屏显示“牵引封锁/激活故障”,列车无法动车。

①司机尝试牵引,不能动车,报告行调故障车次、列车位置和故障现象。

②司机通过车辆显示屏选择播放预置的“临时停车”紧急广播安抚乘客。

③司机推主控手柄尝试 PM 模式动车。

④司机将“主控钥匙”打到“关”位,待车辆显示屏黑屏 3 s 后,将“主控钥匙”至“开”位,尝试动车。

⑤司机将“主控手柄”至“快速制动”位(图 6-33),之后回零,等 3 s 后,再尝试动车。

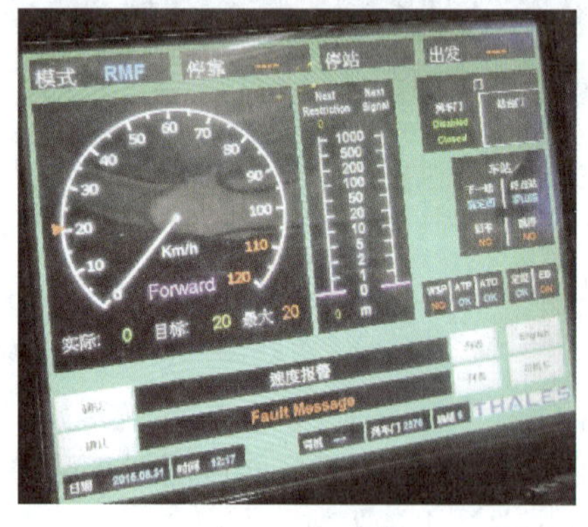

图 6-32 降级模式

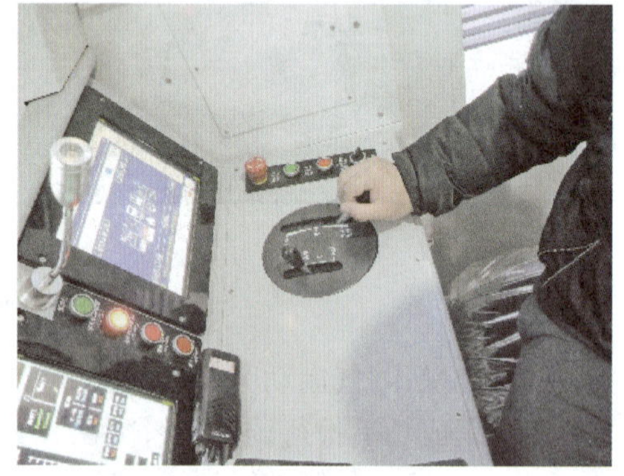

图 6-33 “快速制动”位

⑥司机点击车辆显示屏,查看车门、牵引、制动、辅助电源和空压机状态界面,确认各子系统无异常。

⑦司机将“运行模式选择”至“降级”位,并尝试动车。

⑧动车成功后报行调:"××次在××站至××站上/下行区间区间车辆显示屏显示'牵引封锁/激活故障',操作降级模式后列车已经动车,申请限速退出服务"。

6.2.4　辅助逆变器故障应急处置

车辆显示屏显示辅助逆变器图标红点故障,所有空调只有紧急通风,列车无法动车。

(1)司机点击车辆显示屏查看辅助电源界面(图 6-34),确认所有辅助逆变器图标显示红点。

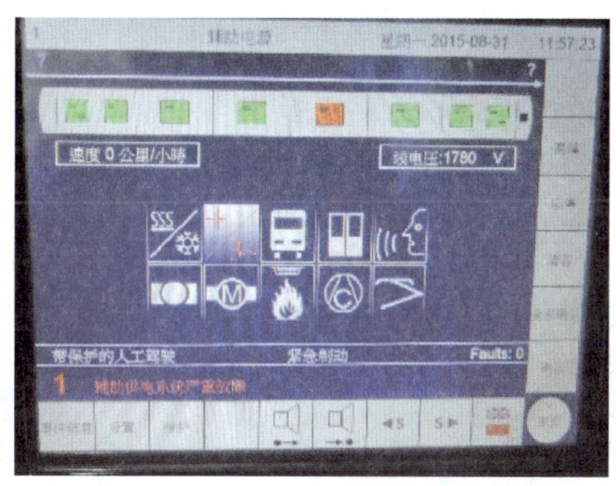

图 6-34　辅助电源界面

(2)司机报告行调故障车次、列车位置和故障现象。

(3)司机通过"车辆显示屏"选择播放预置的"临时停车"紧急广播安抚乘客。

(4)司机确认"受电弓升"绿灯亮、"主控钥匙"在"开"位,按压"主断分"按钮。

(5)司机保持按下"MVB 复位"按钮 5 s,操作 MVB 复位。

(6)司机复位 MVB 成功后闭合主断路器尝试动车

(7)司机将"运行模式选择"至"降级"位,并尝试动车。

(8)动车成功后报行调:"××次在××站至××站上/下行区间区间车辆显示屏显示'牵引封锁/激活故障',操作降级模式后列车已经动车,申请限速退出服务"。

6.2.5　空压机故障

车辆显示屏 HMI 显示 2 个空压机显示红色。气压低于 700 kPa(7.0 bar),2 个空压机都没有启动。

(1)司机按下“空压机强制启动”按钮(图 6-35),若空压机启动,气压回升,必须等主风缸压力大于 700 kPa(7.0 bar)后方可尝试牵引列车。需时刻观察气缸压力,若再次低于 750 kPa(7.5 bar)需重新按下“空压机强制启动”按钮。

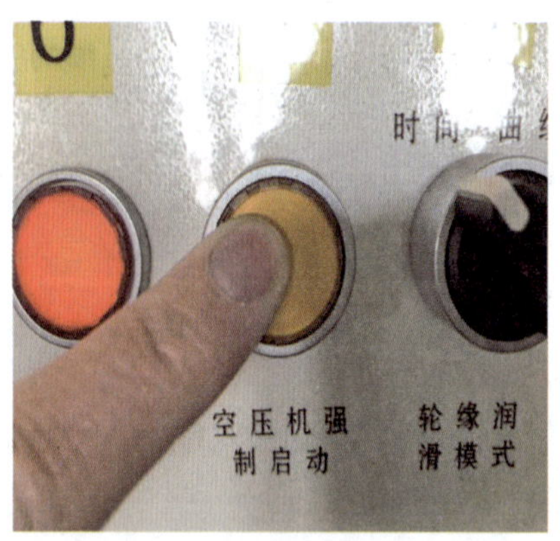

图 6-35 “空压机强制启动”按钮

(2)若故障仍存在,司机需将“紧急牵引”开关至“合”位,若空压机启动,气压回升,必须等主风缸压力大于 700 kPa(7.0 bar)后方可尝试牵引列车。运营至终点站退出运营。

(3)若空压机仍不启动,主风缸压力在 600～700 kPa(6.0～7.0 bar)间(图 6-36),司机需恢复“紧急牵引”开关至“分”位后,列车才可牵引。若空压机启动,气压回升,必须等主风缸压力大于 700 kPa(7.0 bar)(图 6-37)后方可尝试牵引列车。运营至终点站后需退出运营。

图 6-36 主风缸压力为 600～700 kPa(6.0～7.0 bar)

图 6-37 主风缸压力大于 700 kPa(7.0 bar)

(4)动车成功后报行调:“××次在××站至××站上/下行区间区间车辆显示屏显示‘2 个空压机显示红色’,空压机已经启动,主风缸压力大于 700 kPa(7.0 bar),列车已经动车,申请限速退出服务”。

(5)列车在运行途中若主风缸压力低于 700 kPa(7.0 bar),且空压机始终无法启动司机应请求救援。

6.2.6 司机与行车调度通信

1. 调度与司机的通信分类

(1)故障报修

①当列车有故障时司机应主动与行调联系，若故障无法处理时应及时汇报。

②汇报内容：车次号，车体号，车站（说明上下行），故障/事件情况。

（2）调度命令

①调度命令分书面命令和口头命令。口头命令与书面命令同样具有严肃性，均须做到规范发令、严格执行。

②所有命令必须有命令号，书面命令号每月由 1 至 100 顺序循环使用，口头命令每天由 101 至 200 顺序循环使用。

③口头命令为向单个受令对象（一般为列车司机）直接发布的短期性指令，书面命令一般至少有两个受令对象，有时还需送达司机，较长时间影响行车的命令一般为书面命令。

④调度命令要求清楚简洁，要素齐全。一般采用任务制发令。司机需要呼唤应答，对调度命令进行复诵。

（3）调度建议、通知

列车发生故障时，调度员可对相应的处理措施进行提醒和建议，该类建议不作为调度命令，不具有强制执行性，仅作为参考。

2. 调度与司机的通信渠道

（1）正常手段

在正常运营情况下，调度与司机之间采用无线对讲机进行联系。行车调度员通过控制台操作可对列车车载台或手持机进行选呼、组呼、全呼。

（2）紧急手段

在无线对讲机故障或受干扰时，司机可用站台电话、轨旁电话或手机与行调联系，并明确联系方式。

司机需离开司机室及其他可能与行车调度员失去联系的情况下，司机须主动留下手机号。

发生紧急呼叫时，司机需主动与行车调度员联系并说明原因。

6.3　复杂故障的处理

6.3.1　分析复杂故障方法

列车在运行中发生复杂故障时，驾驶员仅通过司机显示屏的提示来判断及处理故障是不够的，还要使用另一个重要的设备—ATC 状态显示单元（ADU），该设备可显示 ATC 系统的工作状态，停车场需掌握 ADU 指示灯显示的各种含义，并且通过司机室及列车侧墙上的各种指示灯仪表，Tc 车、Mp 车、M 车设备柜内的保险状态旁路开关位置，以及列车上的各阀门位置来进行故障的准确判断。

6.3.2 复杂电气系统故障处理

(1)列车本节 Tc 车逆变器故障不能启动。

处理：故障显示屏显示本节 Tc 车逆变器故障，同时全列车客室照明只有一半；将本 Tc 车设备柜内的 31-S01 逆变器切除开关关闭 5～10 s 后将其恢复；如果显示屏故障没有消失并且客室照明还是只有一半，驾驶员可按上述步骤再操作一次；如故障还不能消除，交检修人员处理。

(2)列车运行时突然蓄电池断电。

处理：先检查 Tc 车设备柜内 22-F01 是否跳闸，如未跳闸，可将 Tc 车设备柜 72-S07 车钩监控开关扳至“0”位，以旁路车钩行程开关，再合上 72-S07，检查蓄电池电压是否正常，维持运行至终点站，退出正线；如不行，则请求救援。

(3)列车运行时头灯、尾灯及运行灯均熄灭。

处理：检查 Tc 车设备柜内 51-F01、51-F02 空气开关是否跳开，如跳开合上即可。

(4)牵引指令无效。

处理：查看所有车门关闭，如门未关好，则重新开关门；如门关好，查看安全门解锁 86-H01 灯亮，灯亮安全门没有关闭；如安全门解锁灯不亮，查看 27-F02 空气开关是否跳开，如跳开就合上，牵引指令有效继续运营；如 27-F02 空气开未跳开，查看压力表 B29 指示小于 600 kPa(6 bar)，按低气压故障处理；如压力表 B29 指示大于600 kPa(6 bar)，查看停放制动是否缓解，如停放制动未缓解，按停放制动缓解处理；如停放制动缓解灯 27-S02 未亮，用 27-S02 缓解停放制动，27-S02 指示灯亮，列车可继续运营。

(5)主风缸压力小于 600 kPa(6 bar)，列车制动不缓解。

处理：等待 1 min(此时不可尝试缓解制动、开关车门)，判断列车主风缸压力情况：

①有上升趋势，则待主风缸压力正常后继续运营。

②超过 3 min 未恢复正常压力则清客就近退出运营。

③1 min 内压力没有上升趋势则请求救援。

(6)列车蓄电池合不上。

处理：首先检查该 Tc 车司机室内列车控制空气开关 72-F01 是否跳闸，如跳闸则手动合上，重新合 72-S01 检查蓄电池是否合上；如 72-F01 未跳闸，则有三种可能：车钩监控回路故障、车钩某触点接触不良、列车车钩真正脱离；这时可将 Tc 车设备柜内的车钩监控旁路开关 72-S07 扳至“0”位，以旁路车钩监控回路；再接通

72-S01 检查蓄电池电压是否正常；如正常则可维持运行至终点站，退出正线运营回库处理。

(7)列车蓄电池电压低于 84 V。

处理：驾驶员可采用逆变器紧急启动方法来启动列车；首先将 72-S01 转到“0”位分断，按下逆变器紧急启动按钮 31-S02；此时该单元 Mp 车受电弓单弓升起，31-S02 内指示灯亮；驾驶员等待逆变器启动；如逆变器启动失败，按上述方法重新操作；驾驶员必须在逆变器启动后的 30～60 s 之内将 72-S01；打开主控制器钥匙 22-A01-S1 转到“接通”位，按下升弓按钮 21-S04，将受电弓全部升起；在蓄电池充电过程中，驾驶员应注意尽量减少逆变器的负载，如关闭列车照明、关闭主控制器、关闭空调等；经过一段时间的充电后，驾驶员方能打开主控制器钥匙继续操作。

(8)列车 ATP 故障造成列车制动不能缓解。

处理：先查 91-F01、91-F02 是否跳开，跳开则合上；再将 ATP-1 开关扳至 ATP-2 开关，关钥匙 16 s 后再合上，看能否缓解，如果不行则报告行车调度员切除 ATP 运行。

(9)列车区间运行时 CCU 故障灯亮。

处理：列车运行中列车中央控制单元 CCU 故障，CCU 故障灯亮，列车运行在区间时驾驶员可通过观察客室照明来判断是否是列车显示屏故障，列车显示屏故障时客室照明良好；驾驶员将 22-S08 开关扳至紧急牵引位；等待显示屏变为紧急牵引模式(灰屏)。驾驶员将方式方向手柄扳至前进位，主手柄放至常用制动位；确认建立 ATP 模式，按下 C 阀，等待几秒后 Tc 车制动缸压力降至 0 后驾驶员才能推牵引手柄，应特别注意按下 C 阀后，一定要等待 Tc 车双针压力表红针降为 0 后才能推牵引，否则列车将不能缓解；按下 C 阀等待十几秒后，Tc 车双指针压力表红针没有降为 0，驾驶员可报行车调度员请求切除“ATP”后再按下 C 阀等待几秒后，观察制动缸压力是否降为 0；如果驾驶员切除 ATP 按 Fc 阀后制动缸压力还没有降至 0，收车重新启动列车后驾驶员观察列车 CCU 故障是否存在，如果故障消除继续运行。(注意恢复 ATP 或经总调允许切除 ATP 运行)重新启动列车后 CCU 故障依然存在，驾驶员可按上述紧急牵引方式操作，如果列车缓解继续运行至前方站；如果列车还不能缓解驾驶员根据制动不缓解的判断方法处理；列车按紧急牵引模式运行至站台后，驾驶员将 22-S08 旋钮开关恢复至正常位，按下站台侧开门按钮，车门全部打开；乘客正常上下车后列车继续运行至终点站；驾驶员按下开门按钮后列车车门没有打开或只打开几扇车门，报行车调度员，清客后根据调令行车。

(10)列车启动后两 min 显示屏不工作。

处理：首先驾驶员检查列车 Tc 车设备柜内的彩色显示屏空气开关 41-F03 是否跳开，若跳开就将其恢复后等待 2 min 再检查显示屏是否正常工作；若空气开关

41-F03 未动作检查 41H-01 是否亮，亮将列车退出正线运行。

(11)列车启动后，速度至约 10 km/h 时，显示屏显示“手柄强迫回零”，列车自动停车，副驾驶台停放制动缓解 27-S02 不亮，侧墙蓝灯不灭。

①切除“停放制动缓解旁路”27-S03(Tc 车设备柜内)，在 ATP 手动驾驶模式下，施加 15%牵引，如列车牵引力正常，运行至终点退出运营。

②若牵引力不足，清客，就近退出运营。

(12)列车折返后或转换主控制器钥匙后，司机显示屏显示“钥匙关断 3 s”“司机手柄强迫回零”，综合显示页面显示四节动车牵引控制单元红点。

①关断主控制器钥匙，等司机显示屏熄灭后重新打开主控制器钥匙。

②分合一次高速开关。

(13)当列车在牵引或制动工况下，“高速开关分”指示灯(21-S01)亮，“高速开关合”指示灯(21-S02)灭。

①重新分合一次高速开关。

②如无法全部合上，观察显示屏，如合上两只或以上的运营至终点，退出运营；如合上一只的则清客，就近退出运营。

③如四只全部无法合上，清客救援。

(14)当列车在牵引或制动工况下，“高速开关分”指示灯(21-S01)、“高速开关合”指示灯(21-S02)突然均不亮，显示屏显示高速开关严重故障，“综合显示”页面显示部分高速开关跳开。

①重新分合一次高速开关。

②如无法全部合上，观察显示屏，如合上两只或以上的运营至终点，退出运营；如合上一只的清客就近退出运营。

(15)显示屏显示单节车牵引中级故障，列车限速 60 km/h。

①关主控制器钥匙，等司机显示屏熄灭后再打开。

②分合一次高速开关。

③故障依旧，运行至终点站后退出运营。

(16)显示屏显示一、二单元 Mp、M 车牵引严重故障，列车 200 kPa(2 bar)不缓。

①关断主控制器钥匙，等司机显示屏熄灭后重新打开主控制器钥匙。

②分合一次高速开关。

③检查 Tc 车司机室设备柜内“基准值转换器”22-F05 是否跳开，如跳开就合上，合上后故障依旧或未跳开，紧急牵引，ATP 手动驾驶列车运行至终点，退出运营；无法合上，申请救援。

(17)显示屏显示“受电弓严重故障、高速开关严重故障”。

①确认列车牵引是否正常，若正常，继续运营至终点处理。

②落弓后重新升弓，合高速开关操作，如仍无法恢复，用紧急牵引，ATP手动运营至终点，退出运营。

(18)显示屏黑屏或显示异常。

①检查司机室电气设备柜内“SIBAS KLIP 分站”41-F01 和“彩色显示器”41-F03 是否跳开，跳开恢复。

②关主控制器钥匙，等待至少 7 s 后再打开主控制器钥匙，观察显示屏是否正常。

③确认列车是否可以正常牵引，若正常，运营至终点处理。

④经行调同意，紧急牵引，ATP 手动，运营至终点，退出运营。

6.3.3 复杂机械系统故障处理

(1)列车主控制器在开启位，钥匙断于孔内或无法取出。

①列车继续运营至终点。

②若需改变运行方向，切除“司机室控制”22-F01 和该端 Tc 车司机室设备柜(客室侧)内的空气开关 81-F13，将列车的操作控制权交另一端司机室，禁止恢复故障端“司机室控制”22-F01 和 81-F13，该端恢复原先的折返的办法，继续正常运营。

(2)列车全列停放制动无法缓解。

处理：驾驶员按下停放制动缓解按钮，27-S02 按钮内指灯未亮，停放制动施加灯亮说明列车全列停放制动没有缓解，观察主风缸压力表风压是否大于 450 kPa(4.5 bar)，如大于 450 kPa(4.5 bar)检查 Tc 车设备柜内停放制动缓解空气开关 27-F01 是否跳开，如跳开则手动合上。按下停放制动缓解按钮 27-S02，检查指示灯是否亮，如果指示灯还没有亮则有可能是由于停放制动缓解监控回路出现故障，将停放制动缓解旁路开关扳至“0”位，旁路该监控回路。

(3)疏散门解锁灯亮。

处理：司机室内疏散门解锁指示灯亮；检查前后司机室安全疏散门行程开关行程是否到位，将 Tc 车继电器柜内 86-S04 疏散门旁路开关切至“0”位，直至司机控制台疏散门解锁指示灯 86-H01 灭，观察列车能否缓解，缓解后可维持运行至终点站。

(4)列车关门后，关门指示灯(右门关 81-S03、左门关 81-S04)不亮，侧墙门未关好指示灯(黄色)灭。

①按“灯泡测试”按钮 73-S05，判定列车关门按钮内指示灯是否损坏。

②以上无效，清客，切除“关门旁路”81-S10 与“ATP 旁路”91-S01，退出运营。

(5)列车停站时驾驶员未按关门按钮，列车自动关门。

①切“ATP门控旁路”81-S09后，重新开门。

②常按开门按钮，维持车门开启。

③若故障多次(4～5次)出现，终点退出运营。

(6)按下发车按钮(或推牵引)后，列车制动200 kPa(2 bar)不缓解，显示屏无故障显示，各指示灯指示正常。

处理：切“ATP门控旁路”81-S09，重新开关车门，故障消失后，继续运营；若故障依旧，切“关门旁路”81-S10(Tc车设备柜内)和“ATP旁路”91-S01(Tc车设备柜内)，清客退出运营。

6.4 疑难故障的处理

6.4.1 分析疑难故障方法

疑难故障的分析不但要综合以上简单故障判断、复杂故障分析的方法，融会贯通、灵活运用以外，还要通过“听”“看”“闻”来判断一些无法从表象来确认的故障。如：在运行中听到有异声，看到有异常情况，闻到有异味等，都要做出及时的判断，以正确的方法加以应对。

6.4.2 疑难机械系统故障处理

(1)列车运行过程外接电源盖松开。

处理：列车常用制动不缓解，故障显示屏无故障显示并各指示灯显示正常，驾驶员可将Tc车设备柜客室一侧打开，检查31-K03继电器是否吸合，如果没有吸合说明至少有一个外接电源盖打开；驾驶员必须到Mp车下部手动合上车间电源盖(具有危险电压，注意生命安全)，继续运行。

(2)单车停放制动无法缓解。

处理：驾驶员按下停放制动缓解按钮27-S02，按钮内指示灯没有亮，同时停放制动施加按钮内指示灯也没有亮，说明至少有一节车未缓解停放制动，通过观察列车侧墙灯停放制动施加灯(蓝灯)来判断是哪一节列车的停放制动没有缓解，到该停放制动没有缓解的车，检查设备柜内的停放制动缓解空气开关27-F19是否跳开，如27-F19正常还未缓解列车时应到车下PP箱打开手动缓解B19停放制动缓解阀门。

(3)列车全列停放制动无法施加。

处理：按下停放制动施加按钮27-S01，此时缓解按钮灯亮，施加灯不亮；观察列车侧墙停放制动施加灯(蓝色)不亮，观察Tc车设备柜内停放制动空气开关

(27-F01)是否跳开，如跳开则合上；重新施加停放制动，如故障无法排除，到每节车PP箱进行手动施加停放制动。

(4)列车到站停车后，按下列车开门按钮(右门开 81-S01、左门开 81-S02)后整列车门全部没有打开。

①检查列车是否对位准确，若对位不准，手动对位后开门。

②检查列车是否收到开门码，如未收到，则扳动“ATP 门控旁路”81-S09 将 ATP 门控旁路后，首先按下关门按钮并维持一段时间(约 5 s)，再按下开门按钮开门。

③检查 Tc 车设备柜内“ATP 门控有效”81-F01、“右侧车门解锁”81-F03、“左侧车门解锁”81-F04 是否跳闸。

④轻拍列车开门按钮处侧墙，先多按几下列车关门按钮(右门关 81-S03、左门关 81-S04)，然后再按列车开门按钮(右门开 81-S01、左门开 81-S02)开门；若为左门未打开，使用右侧备用左门开按钮 81-S12 开门。

⑤到另一单元 Tc 车扳动“ATP 门控旁路”81-S09，将 ATP 门控旁路后，进行“开关门”作业，若车门无法开启，按下关门按钮维持一段时间(约 5 s)，再按下开门按钮进行开门作业，清客后退出运营。

⑥以上无效，拉下车门紧急拉手(或通过乘务员钥匙孔)，在每节车中打开一扇车门，清客退出运营。

⑦若紧急措施均无效，拉下车门紧急拉手(或通过乘务员钥匙孔)，在每节车中打开一扇车门，清客后退出运营。

(5)列车关门后，列车关门指示灯(右门关 81-S03、左门关 81-S04)不亮，侧墙门未关好指示灯(黄色)不灭，无法判别哪扇门未关好。

①将“ATP 门控旁路”81-S09 切除，重新开关门。

②对侧墙黄灯不灭的车辆，逐扇拍门，正常后继续运行。

③若紧急措施无效，清客后切除“关门旁路”81-S10 与“ATP 旁路”91-S01，退出运营。

(6)列车关门后，列车关门指示灯(右门关 81-S03、左门关 81-S04)不亮，单扇车门未关闭(红色指示灯不灭)，侧墙门未关好指示灯(黄色)不灭。

①观察显示屏和侧墙客室车门外红色指示灯判定故障车门。

②切除该门，继续正常运行。

③如有异物则取出关门，若无法取出，切除“关门旁路”81-S10 和“ATP 旁路”91-S01，切除该门，派人看护。(如关门指示不正常应清客)

④若车门气缸坏，钢丝绳断，将故障车门切除，继续运营。

⑤门槛条变形，切除“关门旁路”81-S10 和“ATP 旁路”91-S01，切除该门，派人

看护(如关门指示不正常应清客)。

注:在去处理车门故障前,必须先按关门按钮,再关断主控制器钥匙。

如需派人监护一扇车门时,则向行调提出申请,行调同意后,通知车站派人上车监护(如关门指示不正常应清客)。若紧急措施无效,驾驶员向行调汇报并得到命令后,清客后切除“关门旁路”81-S10 与“ATP 旁路”91-S01,退出运营。

(7)列车在区间内运行,列车突然紧急制动停车,司机显示屏显示“某车门紧急拉手拉下”“车门严重故障”“ATP/ATC 故障”。

处理:根据司机显示屏判断故障车门,驾驶员首先通过广播告知乘客“请恢复车门紧急拉手”,若 10 s 内未恢复,应立即至客室恢复紧急拉手,在车门紧急拉手恢复后,重新建立 ATP/ATO 模式,继续运营。

6.4.3 疑难电气系统故障处理

(1)列车紧急电磁阀失效。

处理:列车各仪表显示正常,驾驶员按下警惕按钮推牵引手柄,此时列车双针压力表红色指针迅速降为 0,列车加速明显困难,制动施加与制动缓解指示灯都没有点亮,按下警惕按钮推牵引手柄,双指针压力表红色指针降为 0 后,立即将牵引手柄拉回“0”位,并按住警惕按钮,同时通过侧墙灯红色(制动施加)指示灯来确认列车哪一节没有缓解,去该节列车将 B9 阀门关闭;如果列车还没有缓解,将司机室设备柜内制动缓解旁路开关扳至“0”位,再次缓解列车,并按有关规定行车。

(2)列车运行时,双针压力表白色指针小于规定范围。

处理:驾驶员先到 M 车,将设备柜打开检查空压机空气开关是否跳开,如跳开则手动合上;检查空压机能否恢复工作,如果再不能则报行车调度员,建议列车清客进入就近折返线由检修人员处理。

(3)列车运行时,双针压力表白色指针大于规定范围。

处理:驾驶员发现压力表白色指针大于规定范围时,分别扳下两个单元的 M 车设备柜内的空压机空气开关再合上,查看压力表的白色指针能否回到规定的范围内;如不能,则手将 A11 阀门打开减压。

(4)列车运行中使用了紧急制动后无法再对列车进行控制,指示灯均不亮。

处理:检查 22-F05 是否跳开,如跳开就合上;如 22-F05 未跳,就在两 Tc 司机室检查紧急停车开关 22-S07、22-S19 是否动作,并释放相关的紧急停车开关;如果 22-S07、22-S19 未动作就检查 27-F01 是否跳开,跳开就闭合;如果 22-F04 跳开,跳开就闭合,继续运营;如未动作就请求救援。

(5)列车按下受电弓升弓按钮,升弓按钮内指示灯和落弓按钮内指示灯都没有亮。

处理:驾驶员可利用灯泡测试按钮73-S05检查升弓落弓按钮内指示灯是否良好。如良好,可通过观察列车顶部受电弓是否全部升起或故障显示屏显示的受电弓状态来判别故障;如确认有一个受电弓没有升起,去该受电弓未升起的Mp车,检查设备柜内的紧急落弓旋开关21-S05是否在“0”位端;如是则恢复到“1”位端;如不是则可检查Mp车空气开关21-F07、21-F03是否跳闸,如跳则手动恢复,再按升弓按钮检查该受电弓是否升起;如果还不升起再到该车检查脚踏泵升弓内的U1阀门是否在正确位置。

(6)列车按下受电弓升弓按钮,升弓按钮内指示灯不亮,而落弓按钮内指示灯亮。

处理:驾驶员应先检查主风缸压力表B29读数是否大于300 kPa(3 bar),如小于300 kPa(3 bar)则可用脚踏泵升弓,若大于300 kPa(3 bar)可检查Mp车空气开关21-F03是否跳开,跳开则重新合上;按下升弓按钮检查按钮指示灯是否点亮;若还不正常可检查一、二单元Tc车司机室内的紧急停车蘑菇按钮22-S07、22-S19,如有一个被按下则按按钮上的指示针指示方向转动按钮使之复位;再次按下升弓按钮,如指示灯亮继续下一步操作。

(7)列车高速开关合、高速开关分内指示灯均熄灭。

处理:列车高速开关合与高速开关分灯均不亮时,首先按下73-S05指示灯测试按钮,进行灯泡测试检查合/分指示灯是否正常;若不亮则运行至终点站后通知日检人员进行检修更换,若指示灯正常则检查KLIP分站空气开关41-F01是否跳开,若跳开造成CCU故障间接造成指示灯显示不正常;若41-F01未跳开则检查Mp车设备柜内21-F02、21-F03及高速开关合空气开关21-F04,若跳开手动合上(高速开关动作后进行手动分合只限于动作一次,人工工作高速开关多次会造成列车故障的扩大,造成更大的影响)。

(8)列车高速开关合指示灯不亮、高速开关分指示灯亮。

处理:检查所有Mp车设备柜21F-01、21-F02、21-F03是否跳开,如跳开,手动闭合21F-01、21-F02、21-F03,再次合开关21-S02,如灯亮,则继续正常启动程序,如灯不亮,则为死车。

(9)列车显示屏显示单节制动控制单元故障。

处理:当驾驶员发现列车单车制动控制单元故障,可检查该车设备柜内的28-F01制动电子控制单空气开关是否跳闸,如跳则合上;如未跳,则将该车的B9阀关闭,运营至终点站,交日检处理。

6.5 叠加故障的处理

6.5.1 分析叠加故障方法

叠加故障的分析要综合以上简单故障判断、复杂故障分析、疑难故障分析的方法,全面的进行分析和判断;掌握故障处理的先后次序,缩短排除故障的时间;一般以先处理影响运行的故障后处理不影响运行的故障,先处理较严重的故障后处理较轻的故障,先处理车上的故障、后处理车下的故障。

6.5.2 叠加机械系统故障处理

(1)列车停站时驾驶员未按关门按钮,列车自动关门;列车关门后,列车关门指示灯(右门关 81-S03、左门关 81-S04)不亮,侧墙门未关好指示灯(黄色)不灭,无法判别哪扇门未关好。

①切“ATP 门控旁路”81-S09 后,重新开门。

②常按开门按钮,维持车门开启。

③若自动关门故障多次(4～5 次)出现,终点退出运营。

④对侧墙黄灯不灭的车辆,逐扇拍门,正常后继续运行。

⑤若紧急措施无效,清客后切除“关门旁路”81-S10 与“ATP 旁路”91-S01,退出运营。

(2)列车在区间内运行,列车突然紧急制动停车,司机显示屏显示“某车门紧急拉手拉下”“车门严重故障”“ATP/ATC 故障”;同时总风压力表白色针在 750～700 kPa(7.5～9 bar) 之间波动比正常时明显频繁。

处理:根据司机显示屏判断故障车门,首先通过广播告知乘客“请恢复车门紧急拉手”,若 10 s 内未恢复,应立即至客室恢复紧急拉手,在车门紧急拉手恢复后,重新建立 ATP/ATO 模式;如若听到列车有明显漏气声,就近清客退出运营,若无漏气继续运营至终点退出运营。

(3)列车到站停车后,按下列车开门按钮(右门开 81-S01、左门开 81-S02)后整列车门全部没有打开;列车全列停放制动自动施加,无法缓解。

①检查列车是否对位准确,若对位不准,手动对位后开门。

②检查列车是否收到开门码,如未收到,则扳动“ATP 门控旁路”81-S09 将 ATP 门控旁路后,首先按下关门按钮并维持一段时间(约 5 s),再按下开门按钮开门。

③检查 Tc 车设备柜内“ATP 允许列车开门”81-F01、“右侧车门解锁”81-

F03、“左侧车门解锁”81-F04 是否跳闸。

④轻拍列车开门按钮处侧墙，先多按几下列车关门按钮（右门关 81-S03、左门关 81-S04），然后再按列车开门按钮（右门开 81-S01、左门开 81-S02）开门；若为左门未打开，使用右侧备用左门开按钮 81S12 开门。

⑤到另一单元 Tc 车，则转动“ATP 门控旁路”81-S09，将 ATP 门控旁路后，进行“开关门”作业，若车门无法开启，按下关门按钮维持一段时间（约 5 s），再按下开门按钮进行开门作业，清客后退出运营。

⑥以上无效，拉下车门紧急拉手（或通过乘务员钥匙孔），在每节车中打开一扇车门，清客退出运营。

⑦全列停放制动没有缓解，观察主风缸压力表风压是否大于 450 kPa（4.5 bar），如大于 450kPa（4.5 bar）检查 Tc 车设备柜内停放制动缓解空气开关 27-F01 是否跳开，如跳开可手动合上，按下停放制动缓解按钮 27-S02，检查指示灯是否亮，如果指示灯还没有亮则有可能是由于停放制动缓解监控回路出现故障，将停放制动缓解旁路开关扳至“0”位，旁路该监控回路。

6.5.3　叠加电气系统故障处理

（1）显示屏显示单节车牵引中级故障，列车限速 60 km/h，“高速开关分”指示灯（21-S01）、“高速开关合”指示灯（21-S02）突然均不亮，显示屏显示高速开关严重故障，“综合显示”页面显示部分高速开关跳开。

①关主控制器钥匙，等司机显示屏熄灭后再打开。

②重新分合一次高速开关。

③如无法全部合上，观察显示屏，如合上两只或以上的运行至终点退出运营；如合上一只的清客就近退出运营。

④用 ATP 手动模式操纵列车。

（2）列车显示屏显示单节制动控制单元故障；一、二单元 Mp、M 车牵引严重故障，列车 2 bar 不缓。

关断主控制器钥匙，等司机显示屏熄灭后重新打开主控制器钥匙。